新時代を生きる

知的・発達障害のある子の ウェルビーイング 教育・支援実践

編著：西村 健一・水内 豊和

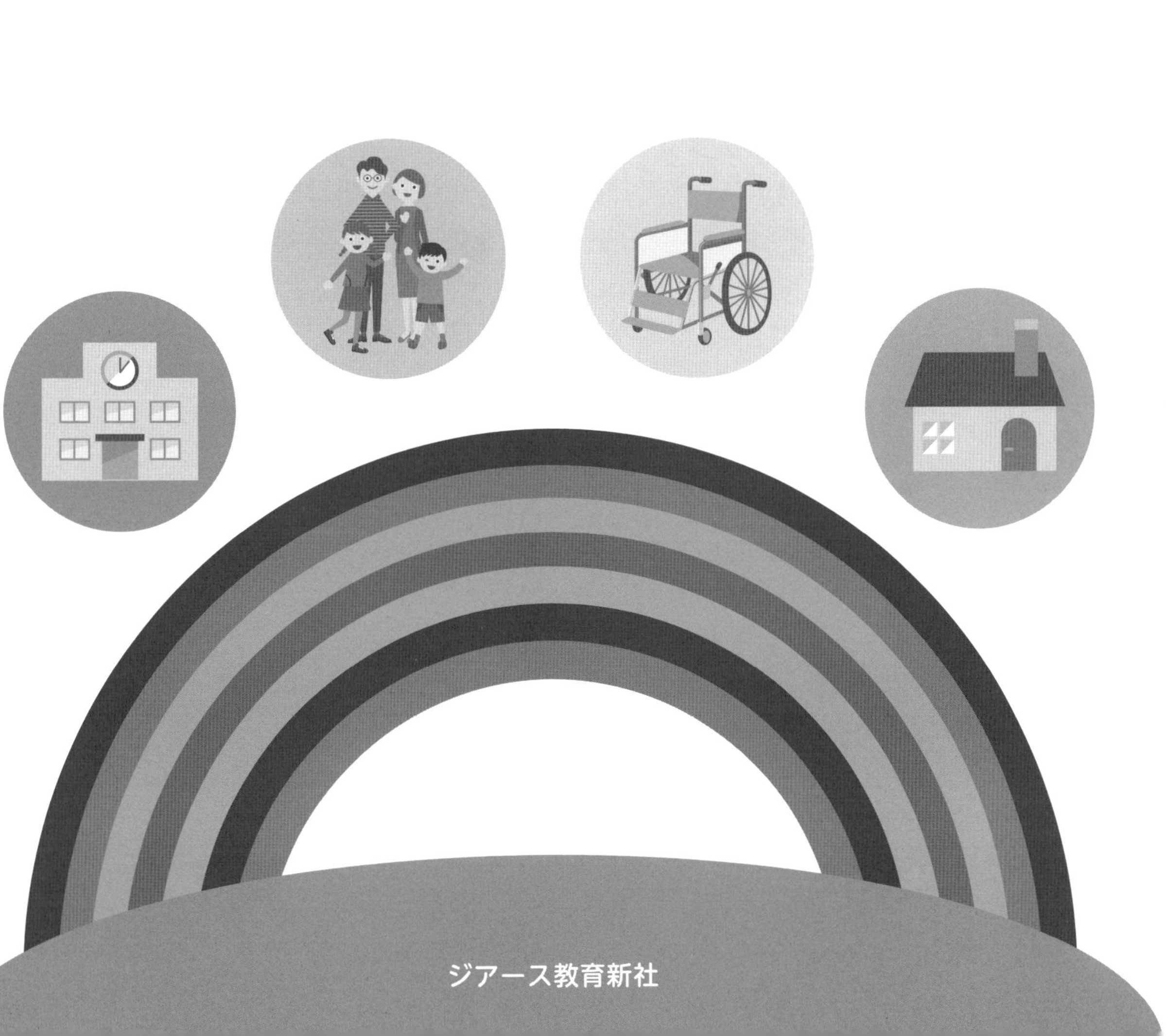

ジアース教育新社

はじめに

みなさんは、ミヒャエル・エンデの『モモ』を読んだことがあるでしょうか？　このお話は主人公のモモが時間泥棒と戦う名作です。少々分厚い本ですが、読み始めるとストーリーや描写の面白さに引き込まれます。そして読み終えた後には、「今後の時間をどのように過ごすのか」を自問することになるでしょう。そして、「モモ」には、経済成長を優先しすぎると人間とって必要な大切なものを失いかねないという大切なメッセージが含まれていることにも気が付きます。

日本を含めて世界は、経済成長モデルのもと国内総生産（GDP）を増やし物質的に豊かになることを目指してきました。しかし、その結果はどうだったでしょうか。自然破壊、経済格差など、多くの問題を抱えるようになってきたのです。今、社会は岐路に立っています。

今後の社会の在り方を議論する中で、ウェルビーイング（well-being）は重要なキーワードになっています。ウェルビーイングとは、「身体的、精神的、そして社会的に完全に良好ですべてが満たされた状態である」と定義されます。近年では、世界各地で、ウェルビーイングを教育の重要項目として取り上げるようになりました。

例えば、アメリカの学会や校長会、教育長等の専門職団体の合同組織である National Policy Board for Educational Administration（NPBEA）が作成した教育リーダーの専門職基準においては、「教育リーダーは子供の学力向上とウェルビーイングの実現のために存在する」と明記されています。また、後に詳述する OECD（経済協力開発機構）による OECD Education 2030 プロジェクトでも、教育を通して 2030 年にウェルビーイングを達成する目標を掲げています。

国内においてもウェルビーイングの実現に向けた教育の在り方が検討されてきました。その結果、教育振興基本計画（2023 年 6 月閣議決定）では、「日本社会に根差したウェルビーイングの向上」がコンセプトとして掲げられました。教育振興基本計画は、我が国の教育の進むべき方向を示す総合計画であり、羅針盤的な存在です。このように、ウェルビーイングは議論の段階から社会実装の段階に入ったと考えられます。

それでは、知的・発達障害のある人のウェルビーイングを実現していくためには、どのような支援をしていけばよいのでしょうか？

内閣府（2011 年）は有識者による「幸福度に関する研究会」を立ち上げ、「幸福度に関する研究会報告—幸福度指標試案—」を公表しました。この報告書では「個々人がどういう気持ちで暮らしているのか」に着目し、「経済社会状況」「心身の健康」「関係性」の重要性を指摘しています。知的・発達障害のある人にとっても、衣食住が満たされ、心身ともに健康で、周囲との良好な関係があることは必要です。しかし、それだけでよいのでしょうか？　そもそも、ウェルビーイングは、一人一人、それぞれに異なるものです。加えて、知的・発達障害のある人はそれぞれが実に多様な存在です。１＋１＝２のように、必ずウェルビーイングが達成される法則はないのです。ウェルビーイングは人の数だけあるのです。

また、時間の経過に伴い、知的・発達障害のある人のウェルビーイングは変化していきます。例えば、乳幼児期はミニカーを収集していた人も、学齢期にはスポーツカーに興味を持ち、青年期には鉄道マニアになることもあるでしょう。知的・発達障害のある人は生涯にわたって発達をする（生涯発達）存在であることを再認識する必要があります。

さらに、知的・発達障害のある人のウェルビーイングを支える社会的なシステムを作っていくことが大切になります。本人や学校だけの問題として考えるのではなく、地域や社会との関連で考えていくことが求められます。

つまり、知的・発達障害のある人のウェルビーイングを実現していくためには、多様性に応じた支援を行い、生涯発達の視点を持ちながら、学校・家庭・地域など社会システムが連携していくことが求められるのです。

本書では、知的・発達障害のある人のウェルビーイングを支える理論や実践を紹介しています。第１部では、学校、生活（アクティブライフ）、運動（スポーツ）、余暇、地域、特性に応じた指導、国の施策など、ウェルビーイングの理解に役立つ理論を解説しています。

第２部・第３部では、全国の実践者からウェルビーイングの視点に立った事例を集めています。特別支援学校、小学校、地域の各スポーツ団体、自動車学校、知的障害者の「大学」、アウトサイダーアートなど、様々な事例を通して、ウェルビーイングの支援につなげる具体的なヒントを得ることができるでしょう。

さあ、今後の教育のキーワードになる「ウェルビーイング」を実現するために一緒に学びましょう。

2023年8月　　西村 健一

＜引用・参考文献／サイト＞

露口健司・藤原文雄（2021）子供の学力とウェルビーイングを高める教育長のリーダーシップ─校長、教職員、地域住民を巻き込む分散型リーダーシップの効果─，2，学事出版.

内閣府（2011）幸福度に関する研究会報告─幸福度指標試案─.
https://www5.cao.go.jp/keizai2/koufukudo/koufukudo.html

中島晴美（2022）ウェルビーイングな学校をつくる─子どもが毎日行きたい、先生が働きたいと思える学校へ─．教育開発研究所.

ミヒャエル・エンデ（1976）大島かおり（翻訳）モモ─時間どろぼうとぬすまれた時間を人間にとりかえしてくれた女の子のふしぎな物語─．岩波書店.

文部科学省（2023）教育振興基本計画
https://www.mext.go.jp/a_menu/keikaku/index.htm

Contents

第3部　ウェルビーイングを支える活動と連携しよう！

第1部

ウェルビーイングについて知ろう！

第1章

知的・発達障害のある子のウェルビーイング

島根県立大学人間文化学部 教授　西村 健一

1．ウェルビーイングの定義

近年、インターネットや書籍などでウェルビーイング（well-being）に関する記述を見かけるようになりました。ウェルビーイングという言葉は、企業の経営方針や研修会でよく使われています。教育関連の学会においてもウェルビーイングを含めたテーマが取り上げられるようになってきました。

さて、ウェルビーイングとは何でしょうか？　一般的には、「ウェルビーイング＝幸せ」のようにイメージされているように感じます。しかし、医療関係者にとっては「ウェルビーイング＝健康」ですし、福祉関係者にとっては「ウェルビーイング＝福祉」と理解されています。まず、本論を進めるにあたり、ウェルビーイングとは何かを考えていきましょう。

ウェルビーイングは、1946年に世界保健機関（WHO）憲章に初めて示されました。

HEALTH IS A STATE OF COMPLETE PHYSICAL, MENTAL AND SOCIAL WELL-BEING AND NOT MERELY THE ABSENCE OF DISEASE OR INFIRMITY.

（健康とは、完全な肉体的、精神的及び社会的福祉の状態であり、単に疾病又は病弱の存在しないことではない）

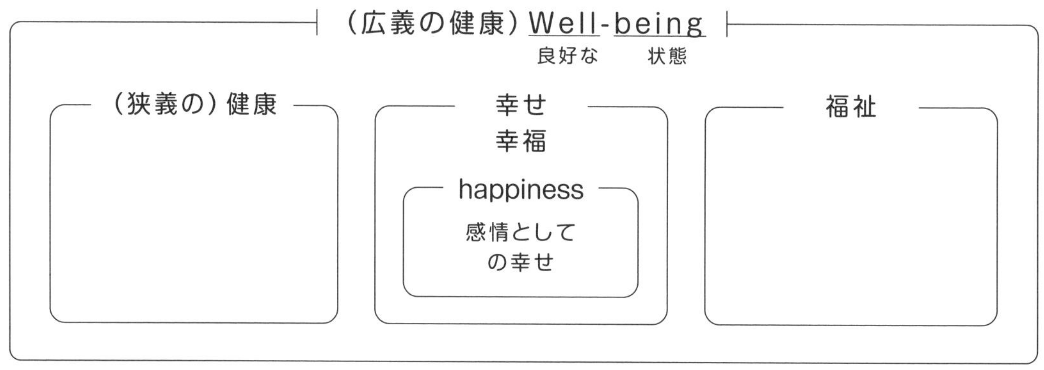

図１　ウェルビーイングとは何か（前野ら, 2022の図を参考に作成）

また、前野ら（2022）は「健康とは、単に疾病や病弱な状態ではないということではなく、身体的、精神的、そして社会的に完全に良好ですべてが満たされた状態である」と説明した上で、ウェルビーイングの説明として図1を示しています。

つまり、ウェルビーイングは、「幸せ」という感情的な部分だけではなく、身体的にも精神的にも社会的にも満たされた状態を示すのです。本書では「社会の中で、心も身体もよい状態にあること」をウェルビーイングの定義とします。

2.「VUCA」時代の教育

さて、みなさんは、2030年の近未来を予想できるでしょうか？　未来への期待や希望を抱くことはできると思いますが、正確に予測することはほぼ不可能です。なぜならば、変化に関係する要因が多すぎるからです。例えば、ICT技術の進歩、人口の変化、経済活動などの状況が2030年にどうなっているのかは全く分かりません。近年では、だれも予期していなかった新型コロナウィルスの流行により教育の現場は大きな影響を受けています。そして、一つの要因が、また別の変化を引き起こしているのです。

ここで、筧（2019）の著書から「チャド湖のエピソード」を紹介しましょう。

アフリカ大陸中央部に位置するチャド湖は過去30年間温暖化による砂漠化の影響で湖の水位が下がり、急激に小さくなってしまった。湖の豊かな水の恩恵を受け農業や漁業に従事していた多くの住民が、水不足に悩まされ、仕事を失い、水を運ぶため教育機会を失い、その土地を離れ、大都市へと移り住んだ。大都市には貧困層が増え、街がスラム化し、治安も悪化した。

その結果、都市でのつながりが希薄で貧しい生活の中で、多くの若者がイスラム過激派組織の勧誘を受け、テロ活動へと加わった。そして、世界各地でテロ行為が急激する一因となったのだ。

いかがでしょうか？　砂漠化と世界の平和は関係ないことのように思えます。しかし、一つの状況が変わることにより、世界の状況は予想を超えて一変していくのです。この予測不可能な時代は「VUCA」と表されます。「VUCA」は、Volatility（変動性）、Uncertainty（不確実性）、Complexity（複雑性）、Ambiguity（曖昧性）の4つの頭文字をとったものです。

この「VUCA」時代の教育を方向付けるものとして、日本には学習指導要領があります。特別支援学校小学部・中学部学習指導要領（2017年告示）の前文には、これからの時代に求められる教育として「一人一人の児童又は生徒が，自分のよさや可能性を認識するとともに，あらゆる他者を価値のある存在として尊重し，多様な人々と協働しながら様々な社会的変化を乗り越え，豊かな人生を切り拓き，持続可能な社会の創り手となることができるようにすることが求められる」と示されています。

つまり、これからの教育には「VUCA」時代を他者と協力しながら主体的に乗り越えていく力の育成が求められているのです。そして、教育において育成を目指す資質・能力として「知識及び技能」「思考力、判断力、表現力等」「学びに向かう力、人間性等」が示されています。学びを通して得た「知識や技能」をどのように活用するのかが問われているのです。

なお、学習指導要領で示された資質・能力は、それぞれ独立をしているのではなく、相互に関わり合う存在です。つまり、学習内容（コンテンツ）に加えて、学習することで「何ができるようになるのか（コンピテシー）」を重視しているのです。そして、日本の学習指導要領のコンピテシー重視に影響を与えたものがOECD Education 2030プロジェクトです。

OECD（経済協力開発機構）は、2015年からOECD Education 2030プロジェクトを進めています。そもそも、OECDは各国の経済発展を目的とした組織であり、第二次世界大戦後の経済復興を主な目的とし、各国のGDPの増加など経済的な面を重視してきました。しかし、単なる経済成長は貧困格差を拡大させ自然環境の悪化につながるなど、必ずしも人間のウェルビーイングにつながらないことも分かってきました。

そこで、OECDは経済的な成長だけを目指すのではなく、人々のウェルビーイングを作り出す包括的成長を掲げるようになりました。その流れを受けた、OECD Education 2030プロジェクトでは、成果の一つとして「ラーニングコンパス（学びの羅針盤）」を示しています。

「ラーニングコンパス（学びの羅針盤）」は、知識、スキル、態度及び価値観を３つの構成要素としています。ラーニングコンパスは「生徒が、単に決まりきった指導を受けたり、教師から方向性を指示されたりするだけでなく、未知の状況においても自分たちの進むべき方向を見つけ、自分たちを舵取りしていくための学習の必要性」を示しています。そして、「ラーニングコンパス（学びの羅針盤）」は2030年のウェルビーイング達成を掲げているのです。

我が国の学習指導要領は、OECD Education 2030プロジェクトの影響を色濃く受けました。例えば、ラーニングコンパスの知識、スキル、態度及び価値観の３つの構成要素の議論が、日本の学習指導要領における「知識及び技能」「思考力、判断力、表現力等」「学びに向かう力、人間性等」と関連しています。日本は世界の一員である以上、教育においても世界の動きが反映されます。今、世界の教育はウェルビーイングに向かっており、日本の教育も無関係ではいられないのです。

3. 知的・発達障害のある人のウェルビーイング

我が国でも、知的・発達障害のある人のウェルビーイングに関する研究は行われていました。例えば、香川大学教育学部附属特別支援学校（2007～2009年）は「暮らしを支える共動支援をめざしてII―WANTSの実現を支援する取り組み―」という研究をしています（この研究は、筆者が学校の研究主任をしていた時に行ったものです）。WANTSという言葉は「(知的障害がある）本人が抱いている思いや願い」という意味です。そしてWANTSの実現する教育を考える際に、身辺自立、基礎的な知識理解、技能の習得、体力つくり等は必要であるとした上で、技能や知識は自分の思い描くゴールに行き着きやすくするための手段であるとしています。この考え方は、OECD Education 2030プロジェクトにおける「知識、スキル、態度及び価値観を3つの構成要素として、2030年のウェルビーイングに向かっていく」姿勢と重なるのではないでしょうか？

さて、ここから知的・発達障害のある人のウェルビーイングで必要なことを考えたいと思います。前述の香川大学教育学部附属特別支援学校の研究では「共動支援」という言葉を使いました。共動とは「(単に）情報のやりとりだけに終わらないよりよい連携を意味し、学校と保護者、その他の支援機関が共に立案し共有した目標の達成に向かって動くこと」です。

現在、広く使われている「個別の教育支援計画」は、障害のある児童生徒の一人一人のニーズを正確に把握し、教育の視点から適切に対応していくという考えの下、長期的な視点で乳幼児期から学校卒業後までを通じて一貫して的確な教育的支援を行うことを目的とするものです。そして、個別の教育支援計画の中には、学校関係者だけではなく、保護者、福祉関係者、医療関係者など様々な関係者が記されることになります。

このように、知的・発達障害のある人の発達を考える際には、本人だけでなく、本人を取り巻く環境に注目することが必要です。それは、ウェルビーイングを捉えるうえでも基本となる考え方となります。本人と環境の関係を様々な部分からなる一つのシステムととらえて、各要素が相互作用をしつつ全体のシステム組織化されているという考え方を「システム論」と呼びます。ブロンフェンブレンナー（Bronfenbrenner）が提唱した「生態学的システム論」は、よく知られたシステム論の一つです。

「生態学的システム論」は、マトリョーシカ人形のように「入れ子構造」になっていると表現されます。一番内側にある本人を、何層にも環境が包み込んでいるイメージです。ブロンフェンブレンナーは、子どもを取り巻く環境を①マイクロシステム、②メゾシステム、③エクソシステム、④マクロシステムと整理しました。そして、時間的な視点（クロノシステム）を加えて「生態学的システム論」と示しています（図2）。

生態学的システム論の考え方を使いながら具体例を説明しましょう。Aさんは体育の

1.マイクロシステム:子どもを直接取り巻いている環境(学校、家族、友達など)
2.メゾシステム:マイクロシステムの相互関係(学校の先生と家族の関係など)
3.エクソシステム:マイクロシステムやメゾシステムに影響を与えている社会状況(保護者の勤務条件など)
4.マクロシステム:社会がもつ価値体系(子育ての文化、法律など)

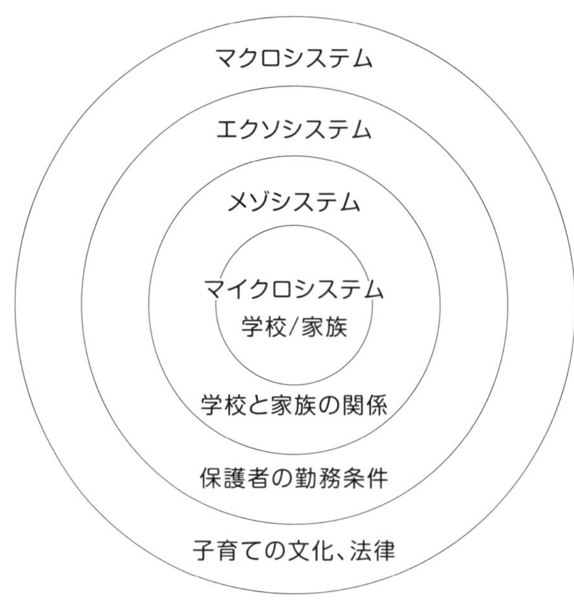

図2　生態学的システムの例(時間の経過とともに変化)

授業でサッカーに取り組みました(マイクロシステム)。学校の先生は、Aさんのサッカーの様子を動画にとり「上手にできるので、本人の余暇活動にできそうですよ」と家族に伝えました(メゾシステム)。Aさんのお父さんは、職場が「働き方改革」を進めているので(エクソシステム)、毎日早く家に帰ってきてサッカー遊びをすることができます。ある日、Aさんとお父さんはサッカースポーツ少年団の見学に行きました。そのチームには障害の有無にかかわらず受け入れる伝統(マクロシステム)がありました。Aさんもスムーズにサッカーチームに所属をすることができました。今では試合にも出て、サッカー中心の生活を楽しんでいます。このように、本人だけに注目をするのではなく、周囲の環境にも配慮をすることが必要です。

それでは、本書における考え方を整理しましょう。本書では、「生態学的システム論」を参考にしながら、知的・発達障害のある子のウェルビーイングを分かりやすく解説、紹介すること主眼に置いています。そこで、本書の事例は「本人やクラス等における短期の取組(マイクロシステム)」と「包括・概括的で長期にわたる取り組み(マイクロシステム以外)」に大別して紹介することにしました。その結果、いずれかの側面からみて知的・発達障害のある子どものウェルビーイングに、直接的にも間接的にも影響を及ぼす、実に 35 にもわたる様々な取り組みを本書は収録することができました。

現代は、「人生 100 年時代」が到来したと言われます。知的・発達障害のある人の「人生 100 年時代」をどのように考えていくのか、ウェルビーイングをキーワードとして一緒に考えていきましょう。

＜引用・参考文献・資料／サイト＞

香川大学教育学部附属特別支援学校（2010）暮らしを支える共動支援をめざしてⅡ—WANTS の実現を支援する取り組み．香川大学教育学部附属特別支援学校　第 15 回．研究紀要．

筧裕介（2019）持続可能な地域のつくり方—未来を育む「人と経済の生態系」のデザイン．英治出版．

世界保健機関憲章　https://www.mofa.go.jp/mofaj/files/000026609.pdf

全日本特別支援教育研究連盟（2018）特別支援学校 新学習指導要領ポイント総整理 特別支援教育．東洋館出版社．

白井俊（2020）OECD Education 2030 プロジェクトが描く教育の未来—エージェンシー、資質・能力とカリキュラム．ミネルヴァ書房．

前野隆司・前野マドカ（2022）ウェルビーイング．日本経済新聞出版．

文部科学省（2018）特別支援学校幼稚部教育要領　小学部・中学部学習指導要領　平成 29 年 4 月告示．海文堂出版．

文部科学省初等中等教育局教育課程課教育課程企画室　OECD Education 2030 プロジェクトについて．https://www.oecd.org/education/2030-project/about/documents/OECD-Education-2030-Position-Paper_Japanese.pdf

文部科学省初等中等教育局特別支援教育課 「個別の教育支援計画」について．https://www.mext.go.jp/b_menu/shingi/chousa/shotou/054/shiryo/attach/1361230.htm

ユリー・ブロンフェンブレンナー（著）Urie Bronfenbrenner（原著）磯貝芳郎・福富譲（翻訳）（1996）人間発達の生態学（エコロジー）—発達心理学への挑戦．川島書店．

臨床発達心理士認定運営機構（監修）山崎晃・藤崎春代（編集）（2017）臨床発達心理学の基礎．ミネルヴァ書房．

第2章

ウェルビーイングと教育振興基本計画

島根県立大学人間文化学部 教授　西村 健一

1. 変化の激しい時代

今、私は羽田空港の出発ロビーで座っています。ノートパソコンとスマートフォンをカバンから取り出し、インターネットに接続してこの原稿を書くのです。このように、現代はICTなどの技術の発展により、あらゆる場所で快適な環境が整う世の中になりました。

しかし、近年私たちは全く予期をしていなかった困難にも遭遇しています。例えば、近年では新型コロナウイルスが流行しました。学校の一斉休校など、誰が事前に予測できたでしょうか？また、海外に目を向けると、ロシアによるウクライナ侵攻も起こりました。この出来事は世界規模の混乱をもたらしており、国内でも物価などに影響が出ています。

教育においても同様に大きな変化が起こっています。例えばコロナ禍の学校では、黙食の推奨や学校行事の中止などにより、人との交流や体験活動が大きく減少しました。その影響については、今後も注視していく必要があるでしょう。また、OpenAI社の「ChatGPT」などの生成系AIの登場により、文章作成や写真・描画など、これまで人間が担ってきた役割をAIが（部分的に）代替する可能性もでてきました。このような変化の激しい時代の中、今後どのように教育を進めていけば良いのでしょうか？その答えを示しているのは、教育振興基本計画です。

2. 今後の教育の方向性 ～教育振興基本計画～

新たな教育振興基本計画は、令和5年6月16日に閣議決定されました。これは、教育基本法（平成18年法律第120号）第17条第1項に基づき、理念の実現と、我が国の教育振興に関する施策の総合的・計画的な推進を図るため、日本政府として策定する計画です。

この教育振興基本計画では、2つのコンセプトが示されました。一つ目は「2040年以降の社会を見据えた持続可能な社会の創り手の育成」、そして二つ目は「日本社会に根差したウェルビーイングの向上」です。

（1）2040 年以降の社会を見据えた持続可能な社会の創り手の育成

戦後からバブル経済の頃まで、日本は経済的に順風満帆で GDP（国内総生産）も右肩上がりでした。しかしバブル崩壊後、日本は「失われた 30 年」と言われる経済的な停滞期に入りました。そして、国際社会における経済的な優位性も徐々に失われつつあります。教育振興基本計画には、このように厳しい現状を踏まえた上で、以下のように打開策が示されています。「（前略）将来にわたって財政や社会保障などの社会制度を持続可能なものとし、現在の経済水準を維持しつつ、活力あふれる社会を実現していくためには、一人一人の生産性向上と多様な人材の社会参画を促進する必要がある」。つまり、これからの日本を支えるためには、人材の育成が重要であると述べているのです。これからの人材に求める資質能力は、「主体性」、「リーダーシップ」、「創造力」、「課題設定・解決能力」、「論理的思考力」、「表現力」、「チームワーク」などとされています（教育振興基本計画 p.8 より引用）。

（2）日本社会に根差したウェルビーイングの向上

一方で、GDP に表されるような経済的な豊かさ以外にも注目が集まるようになります。それが、日本社会に根差したウェルビーイングです。教育振興基本計画において、日本社会に根差したウェルビーイングは「身体的・精神的・社会的に良い状態にあることをいい、短期的な幸福のみならず、生きがいや人生の意義など将来にわたる持続的な幸福を含むものである。また、個人のみならず、個人を取り巻く場や地域、社会が持続的に良い状態であることを含む包括的な概念である」と説明されています。なぜ「日本」に根ざしたウェルビーイングと、「日本」を協調しているのでしょうか？

これまで日本は諸外国に比べてウェルビーイングに関する数値が低いとされてきました。しかし、本当にそうでしょうか？これまで、国際比較調査で重視される内容には、「自尊感情」や「自己効力感」など欧米的な文化的価値観が反映されていました。「自尊感情」や「自己効力感」などは、個人が獲得・達成する能力等に基づくウェルビーイング要素（獲得的要素）です。

一方、日本では、昔から「つながり」「絆」「団結」「協力」など、自分だけではなく他人や地域などを含めて考える文化がありました。これには、「同調圧力」など負の側面はあるものの、一般的には日本人が必要としてきたものでした。そこで、教育振興基本計画では、「自尊感情」や「自己効力感」に加えて、「利他性」、「協働性」、「社会貢献意識」など周囲との協調的要素も重要視することにしたのです。

教育振興基本計画では、獲得的要素と協調的要素の両立を目指した「調和と協調（Balance and Harmony）」に基づく日本型のウェルビーイングが提唱されました。この考え方は、我が国の特徴や良さを活かすものとして、今後国際的に発信していく方針が示されています。

教育振興基本計画では、日本社会に根差したウェルビーイングの具体的な 11 要素についても示されました。「幸福感（現在と将来、自分と周りの他者）」「学校や地域でのつながり」「協働性」「利他性」「多様性への理解」「サポートを受けられる環境」「社会貢献意識」「自己肯定感」「自己実現（達成感、キャリア意識等）」「心身の健康」「安全・安心な環境」です（図１）。今後は、教育の結果として特に子どもたちの主観的な認識が変化したかについてエビデンスを収集していくことが大切です。

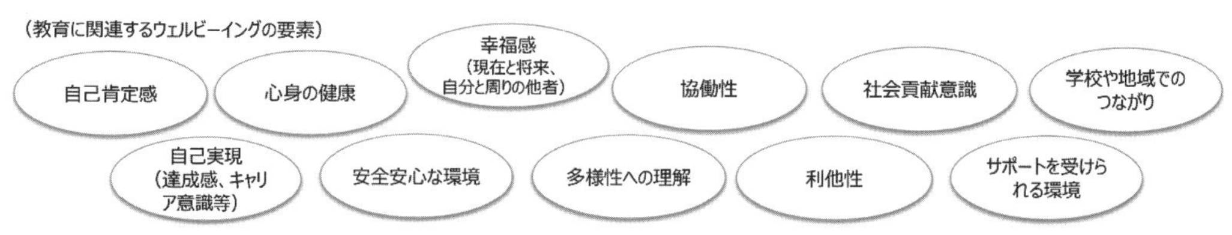

図１　日本社会に根差したウェルビーイングの要素
（次期教育振興基本計画について（答申）参考資料・データ集，p.33より）

また、本計画においては、学校教育においてウェルビーイングを高めていくために教師をはじめとする学校全体のウェルビーイングが重視されています。教育振興基本計画の作成にも携わった内田ら（2022）によれば、教師のウェルビーイングの構成要素として大きく「主観的幸福感」「自己実現と自己受容」「多様なつながりと協働・向社会性」「安心・安全な環境」の４つを挙げています。教師や学校のウェルビーイングについては、今後も注目されていくでしょう。

そして、学校、家庭や地域、社会へとウェルビーイングの輪が広がっていき、その広がりが多様な個人を支え、将来にわたって世代を超えて循環していくという姿の実現が求められているのです（図２）。

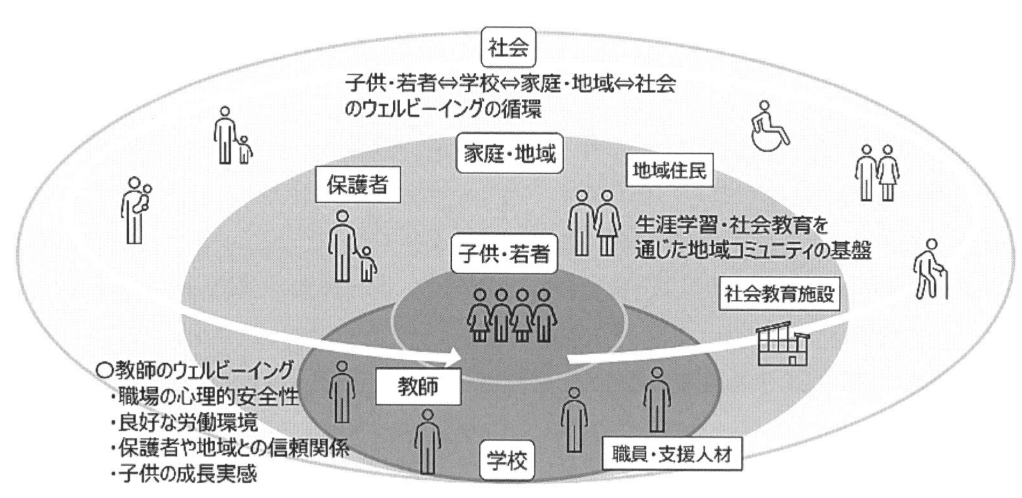

図２　子供や若者を支えるウェルビーイングの広がり
（次期教育振興基本計画について（答申）参考資料・データ集，p.34より）

3. 本書と教育振興基本計画

本書では、教育振興基本計画に示されたウェルビーイング 11 の要素例を意識した事例を収録しました。例えば、山崎氏の教育実践（本書 pp.90-93）では、知的障害特別支援学校の「味噌作り」の単元を通して、自分の心身の健康に関心を持ち、学校や地域のつながりを学ぶことができました。門脇氏の教育実践（本書 pp.145-148）では、小学校の特別支援学級における「生命の安全教育」を通して、自分の第二次性徴や男女の違いを学習する中で、自分以外の人に関心を持ち、多様性への理解を促すことができました。さらに、本書では、学校教育以外にも法律の変遷や社会教育などを扱っており、各事例も学校外のものを意欲的に収録しています。

そもそもウェルビーイングは教育に限定した話題ではなく、地域、労働、福祉、医療など様々な分野で議論されています。ウェルビーイングとは、個人から文化までを包括した概念であり、教育振興基本計画はウェルビーイングに包含されるのです。

また、本書では、ブロンフェンブレンナー（Bronfenbrenner）が提唱した「生態学的システム論」を、ウェルビーイングを考える基礎的な理論として捉えています（本書 pp.13-14)。教育振興基本計画における考え方と共通した部分もありますが、「生態学的システム論」は教育を包含していると筆者らは考えています。

4. まとめ

教育振興基本計画は、日本の教育における羅針盤であり、令和５年度〜９年度における教育について方向性を示しています。教育振興基本計画には、障害者の生涯学習の推進（p.20）など興味深い内容が多く含まれています。教育振興基本計画に関するホームページでは「計画ポイント解説 〜ウェルビーイング編〜」などの分かりやすい動画も公開されています。教育振興基本計画は、知的・発達障害のウェルビーイングを考える上で大変参考になりますので、ぜひ一度ウェブサイトを開いてみてください。

＜参考文献／サイト＞

内田由紀子・中央教育審議会委員「計画ポイント解説 〜ウェルビーイング編〜」
https://www.youtube.com/watch?v=AF2-S1EGGiE
内田由紀子・ジェルミー ラプリー（2022）教育政策におけるウェルビーイング．中央教育審議会教育振興基本計画部会（第４回）配付資料．
https://www.mext.go.jp/content/20220715-mxt_soseisk02-000024006_2.pdf
次期教育振興基本計画について（答申）参考資料・データ集 , pp31-36，令和５年３月８日
https://www.mext.go.jp/content/20230308-mxt_soseisk02-000028073_3.pdf
文部科学省「教育振興基本計画」 https://www.mext.go.jp/a_menu/keikaku/

第3章 運動発達と知的・発達障害

島根県立大学人間文化学部 教授　西村 健一

1．社会参加とウェルビーイング

人間は生まれつき社会的な動物です。シマウマなど野生動物は出生直後から立ち上がりますが、人間の赤ちゃんは無力です。すべて周囲の大人に世話をされることで少しずつ成長します。つまり、人間は、他人と共生することが前提の社会的な動物なのです。

人間の発達期は、①出生前期、②新生児期、③乳児期、④幼児期、⑤児童期、⑥青年期、⑦成人期、⑧老年期の８期に分けられますが、一人で生きていける時期はありません。周囲の人と関係を持ちながら、生涯にわたり発達をするのです。

ウェルビーイングを高めるためには、周囲の人との関係性を良好に保つことが大切です。ここでは、放浪の俳人「尾崎放哉」を例に考えてみましょう。

尾崎放哉は、山陰出身の孤高の俳人であり、五・七・五のリズムから離れた自由律俳句を数多く残しました。有名な句「咳をしても一人」の作者でもあります。彼は、放浪の中で周囲の人との関係性を断ったため、孤独を扱う俳句が多くあります。彼の心中を表した次の俳句があります。

何がたのしみに生きてると問はれて居る

しかし、晩年の尾崎放哉は、地元の寺の住職（仏者宥玄）や近所の子どもたちとの触れ合いを深めたことが知られています。彼は、自身の人生を充実させるために、周囲の人との関係を築く必要性に気が付いたのかもしれません。

周囲の人と関係性を築くうえで、一緒に運動をすることは重要です。幼児であれば、「追いかけっこ」「砂遊び」「虫の採集」など一緒に活動をしながら仲間を作ります。児童期・青年期になると「野球」「サッカー」などのチームスポーツを通して友情をはぐくむかもしれません。青年期・成人期・老年期では、山登り同好会やゲートボールなど、体力に応じた運動を好むでしょう。

2．運動を共にする困難さ

しかし、知的・発達障害のある人は、周りの人と一緒に運動をすることに困難を抱えることがあります。その原因として、「ルールが理解できない」「話が理解できない」「抽象的な言葉が分からない」「自分の意見が正しく言えない」など様々な原因が考えられます。その中でも大きな問題として、運動自体が苦手ということが挙げられます。

（1）身体の動きにくさ

高橋ら（2013）は、発達障害者の「身体の動きにくさ」とそれに関する困難・ニーズを調査しています。その結果、発達障害のある人には「手指の運動の不器用さ」「眼球運動の困難さ」「左右関係の困難さ」などの困難さがあることが分かりました。身体の動きにくさは作業速度の遅さにつながり、結果として図工や家庭科では期限までに作品を仕上げられないなどの困難さが出てきます。また、足首や股関節が硬く、他の人に比べてひどく疲れやすいことも明らかになりました。

（2）発達性協調運動症

近年、発達性協調運動症（Developmental Coordination Disorder：以下、DCD）の存在が知られるようになりました。DCD の特徴は極めて不器用であるということです。米国の 5 ～ 11 歳の子どもにおける DCD の有病率は 5 ～ 8 %であり、女児よりも男児に多いことが知られています。他の発達障害との併存も指摘されています。左右別々の動きをする場合に困難さが見られることが多く、絵を描いたり、ハサミで紙を切ったりする微細運動、走ったり跳んだりする粗大運動に困難さが見られます。DCD の診断基準を以下に示しました。

A．協調運動技能の獲得や遂行が，その人の生活年齢や技能の学習および使用の機会に応じて期待されるものよりも明らかに劣っている．その困難さは，不器用（例：物を落とす，または物にぶつかる），運動技能（例：物を掴む，はさみや刃物を使う，書字，自転車に乗る，スポーツに参加する）の遂行における遅さと不正確さによって明らかになる．
B．診断基準 A における運動技能の欠如は，生活年齢にふさわしい日常生活活動（例：自己管理，自己保全）を著明に，持続的に妨げており，学業または学校での生産性，就労前および就労後の活動，余暇，および遊びに影響を与えている．
C．この症状の始まりは発達段階早期である．
D．この運動技能の欠如は，知的発達症（知的能力障害）や視力障害によってはうまく説明されず，運動に影響を与える神経疾患（例：脳性麻痺，筋ジストロフィー，変性疾患）によるものではない．

『DSM-5-TR™ 精神疾患の診断・統計マニュアル』（医学書院）より

運動の失敗は、自分だけでなく周囲からも明確に分かります。そのため、失敗経験が積み重なると、運動が嫌いになり、本人の自己評価も下がります。その結果、いじめ、自信のなさ、友人がいない、教師からの低評価のリスクも増えてきます。発達期の低い自己評価は、青年期以降も持続する危険性もあるのです。

3. 周りの人と一緒に活動をするために ～ユニバーサル柔道アカデミー島根の実践から～

それでは、知的・発達障害のある人が周囲の人と一緒に運動に参加するためには、どのような工夫が必要でしょうか？　ここでは、島根県出雲市で行われているユニバーサル柔道アカデミー島根の実践を通して考えていきます。ユニバーサル柔道アカデミー島根は、月４回ペースで開催している、柔道をベースに様々な運動を楽しめる場です。親子での参加もあり、終始和やかな雰囲気の中、障害の有無にかかわらず、ゆっくり柔道に親しむことができます。

指導者は有段者４名、参加登録者は８名です。ある日の練習メニューは以下の通りです。

活動内容(80分)
① ジェスチャーゲーム
② ジグザグ走行
③ ボール落としゲーム
④ 足跡つなぎリレー
⑤ アニマルトレーニング
⑥ 受け身練習
⑦ 投げ技練習

それでは、ユニバーサル柔道アカデミー島根の実践をもとに、知的・発達障害のある人が周囲の人と一緒に活動に参加する工夫を紹介していきます。

（1）活動に参加したくなるメニューを用意する

ユニバーサル柔道アカデミー島根には、多くの個性的な人が参加しています。師範の飯塚守先生は柔道５段の猛者ですが、子どもが楽しめる活動メニューを考えるプロでもあります。もし、子どもが「ぼく、しなーい」と言った場合でも、「あ、そう、しないのね～」と言いながら、周りの子どもや大人を活動に巻き込んで盛り上げていきます。そして、子どもが近づいてくると、タイミングを逃さず「さ、やってみて」と自然に仲間に入れていくのです。

（2）見通しのもてる活動を用意する

飯塚先生の指導は、「この線の上に並んでね」など具体的です。また、「３回やったら終わり」など、始まりと終わりがはっきりしています。毎回の練習パターンも決まっていますので（挨拶→準備体操→活動→挨拶）、子どもたちも安心をして参加することができます。

（3）道具を効果的に使う

飯塚先生のワンボックス車には、フラフープ、バランスボール、フリスビー、長縄など、活動に使う道具が積み込まれています。そして、フラットな柔道場に道具を置くことで場の構造化をしていくのです。

例えば、練習前にフラフープを並べておきます。そして、「フラフープの中に座りましょう」という指示を出すと、全員に一度で伝わります。リレーをする際には、「次の人のところまで走りましょう」ではなく、「次の人へボールを渡しましょう」という指示を出すことで、子どもたちの活動意欲を引き出しています。

（4）子どもに応じて活動内容を工夫する

例えば、スキップができない子どもがいた時には、無理に続けさせることなく、両足ジャンプに変更します。また、長縄跳びができない子どもがいた時には、上手な子とペアにして跳ぶようにします。もう少しでできそうな時は、「みんな応援しようね」といって、しっかりと時間をかけます。このように、活動の難易度やかける時間を調整することで、成功をして終わるというルーチンが守られています。

ユニバーサル柔道アカデミー島根の取り組みでは、大人も子どもも笑顔です。不器用な子どもであっても、失敗して自己評価を下げる場面は確認できませんでした。一人一人の気持ちを尊重しながら、常に受け入れる体制をとっておく。分かりやすく見通しがもてるように配慮する。運動に参加した時には、成功で終わるように活動レベルを調整する。そのような場があるからこそ、様々な子どもたちが喜んで参加できているのです。

4．まとめ ～運動を共有するために～

私たちは、仲間と一緒に運動をすることで楽しさも倍増します。知的・発達障害のある人も同様なのです。私たちは、知的・発達障害のある人の身体・運動特性を理解したうえで、適切に運動の支援をすることが求められます。運動の成功体験を積み重ね、自分から運動に取り組みたくなる自発的な意欲を育てることが必要です。

宇野（2013）は、発達障害のある子の自己効力感、自尊感情を高める指導や支援は、その障害特性への配慮、環境調整、フィードバックの分かりやすさなど、彼らのニーズに応じた工夫が必要であると指摘しています。知的・発達障害のある人のウェルビーイングを高めるために、「一緒に運動をしてよかった」と思えるような支援が求められているのです。

<引用・参考文献>

綾屋紗月・熊谷晋一郎（2008）発達障害当事者研究―ゆっくりていねいにつながりたい．医学書院
宇野宏幸（2013）自尊感情，自己肯定感，自己効力感を高める指導・授業づくりを考える－発達障害のある子どもがいるクラスを中心に－．発達障害研究，35，287-295.
尾崎放哉（2015）こころザワつく放哉―コトバと俳句．春陽堂書店.
北洋輔・澤江幸則・古荘純一（2022）DCD・不器用な子も楽しめるスポーツがある社会のために―運動に悩む子・先生・コーチへのメッセージ，8，金子書房.
高橋智・石川衣紀・田部絢子（2011）本人調査からみた発達障害者の「身体症状（身体の不調・不具合）」の検討．東京学芸大学紀要 総合教育科学系，62（2），73-107.
高橋智・井戸綾香・田部絢子・内藤千尋・小野川文子・竹本弥生・石川衣紀（2013）本人・当事者調査から探るアスペルガー症候群等の発達障害の子ども・青少年のスポーツ振興の課題　SSF スポーツ政策研究，2（1），204-213.
日本精神神経学会（2023）DSM-5-TR™ 精神疾患の診断・統計マニュアル　American Psychiatric Association．医学書院.
本郷一夫・田爪宏二（2018）臨床発達心理士認定運営機構（監修）認知発達とその支援．臨床発達心理士認定運営機構，25，186-202，ミネルヴァ書房.
悠木一政（構成）工藤市郎（脚本・画）（1982）放哉さん―俳人放哉と仏者宥玄の交友．すずき出版.

第4章 知的・発達障害のある人における アクティブライフに求められる支援

筑波大学体育系 准教授　澤江 幸則
アスペ・エルデの会　杉山 文乃

1. 知的・発達障害のある若者の生涯スポーツの現状

（1）知的障害および発達障害とは

知的障害とは、知的機能障害が発達期（概ね 18 歳まで）にあらわれ、日常生活に支障が生じているために、何らかの特別な援助を必要とされる状態です（厚生労働省, 2007)。一般的には、標準化された知能検査（例：ビネー系知能検査やウェクスラー系知能検査など）によって算出された知能指数と、日常生活能力（主に自立機能と運動機能、意思交換、探索操作、移動、生活文化、職業など）のいずれにおいても暦年齢相応から著しく低い状態をさします。自治体によって異なりますが知能指数はおおむね 70 ～ 75 までのもので、それと日常生活能力の状態をもとに、軽度から最重度の程度を判定することが多いです。国際的には、知的障害を単に IQ だけで判断せず、個々のニーズを適切な支援に結びつけて判断することが求められています。さらに知的障害は個人の絶対的特性ではなく、知的制約と、物理的・社会的環境との相互作用によって生じていると考えられるようになっています（AAID, 2002)。

発達障害とは、発達期に生じる脳機能の障害であって、発達領域において限局的、広汎的な機能が暦年齢相当から低い状態です。一般的には、自閉スペクトラム障害（ASD）や注意欠陥 / 多動性障害（ADHD)、限局性学習障害（SLD)、発達性協調運動障害（DCD）などがそれに該当します。それぞれに定義が存在し、例えば ASD に関しては、興味と関心の限局と社会性の障害を主訴としており、DCD はいわゆる身体的不器用さといった協調運動の障害を主訴としており、それらのことにより日常的な適応において何らかの支障を生じている状態です。発達障害は、その障害の程度により、また置かれている物理的・社会的環境によって、その障害程度は異なることから、知的障害同様、環境との相互作用を想定したうえで状態を捉えることが望まれます。

（2）アクティブライフ

生涯を通じてより豊かな生活を送るために、主体的な活動をとりいれたアクティブライフ（英語的には Active for Life）を充実することは、その人のウェルビーイングに直結します。ところで活動というと、野球やサッカーなどの体を使った活動、そうなると特に組織化された競技スポーツをイメージしやすいかもしれません。しかしここでいう活動とは、運動すること自体を楽しんだり、それだけで満足を感じたり、あるいは健康上のメリットを得るために、自分の好きな運動をすることを含むのです（カナダスポーツ協会，2019)。こうした考え方に従えば、障害の有無にかかわらずウェルビーイングを高めるためには、より多くの人達が運動・スポーツを楽しむことが望まれます。したがって、ここでいうアクティブライフの指標となりうるものは運動･スポーツ実施率や、それらへの関心となるでしょう。

2022年度のスポーツ実施に関する調査（リベルタス・コンサルティング，2023）をみてみると、20歳以上の成人の場合、週1回以上、運動・スポーツを実施している割合は、知的障害のある人で31.6%、発達障害のある人で33.8%でした。ちなみに過去一年間、運動やスポーツを行っていない人の割合は、知的障害のある人で42.3%、発達障害のある人で41.8%でした。また運動･スポーツを実施していない者のうち、運動･スポーツに関心がない者の割合をみると、知的障害のある人で83.3%、発達障害のある人で79.7%でした。

(3）知的・発達障害のある若者の運動・スポーツ実施状況

知的・発達障害のある子どものうち、学校教育期にあたる18歳ぐらいまでは、学校体育や運動時間をもっている放課後等デイサービスによって、一定程度の運動やスポーツ参加機会が保障されています。しかし18歳以降になると、途端に運動機会が減ることを保護者の心配の声として聞きます。実際に上述したように、週1回程度の運動実施者は全体の3分の1にとどまっており、過去1年間実施していない者は4割程度いるのです。そして、その実施していない人たちの8割程度は運動・スポーツへの関心がない者たちなのです。その理由はいくつかありますが､ひとつは学校教育期での運動･スポーツ機会が、卒後の運動･スポーツ参加意欲につながっていない可能性があります（杉山，2016)。また体育授業が、必ずしも障害特性に応じた課題設定や環境構成、合理的配慮が整っていないことや、将来の職業キャリアに特化した持久力等の体力増強がメインになった内容に偏重し、本来、選択的・主体的に運動・スポーツを楽しむ時期に、その経験が少なくなってしまっていることもその要因のひとつかもしれません。

加えて、知的・発達障害のある子どもに対する運動・スポーツ指導においては、まだ確立した専門的な方法論がなく、現場の個々の教師の経験則に委ねられているという現状が指摘されています（時本ら，2022)。そのため、全体的に知的・発達障害のある子どもが生涯を通じてアクティブに運動を楽しめるための指導は、まだまだ現場各処によってムラがあると言わざるを得ません。また特に知的障害のある者が地域で運動・スポーツに参加しようした場合、介助者が必要であり、その多くが保護者であることが多いです。しかし障害のある者の加齢とともに保護者が付き添える場は限られており、特に運動･スポーツとなると、限定的にならざるを得ないのが現状です。そのため、知的･発達障害のある若者は、限られた運動・スポーツスキルのなか、限られた指導者や限られた場で運動・スポーツを実施しているのが現状ではないかと考えられます。

2. 取り組み事例

そのようななか、知的・発達障害のある若者が、地域にあるスポーツ・レジャー施設などの地域資源を活用して、持続的に、そして選択的に運動・スポーツを楽しんでいる事例があります。そこでは知的・発達障害のある若者の保護者と支援者によって組織化された団体が、定期的に運動・スポーツプログラムを提供しています。その団体では「余暇活動はさせられるものではなく、えらぶもの」を理念に、参加者が少しでも主体的に取り組めるためのアプローチを行っています。具体的には、地域の同年代の若者が選択的に実施している運動やスポーツを取り入れることで、障害というフレームから活動種目を限定しないこと、地域との距離を縮めることを意図しています。例えば、サーフィンが行える地域やサイクリング設備が整った地域では、それらを活動プログラムの中に取り入れました。他にも地域にボルダリング施設があったことや、大人向けのフィールド・アスレチック施設があったことから、そうした活動プログラムを取り入れました。これらは2013年頃から開始し、現在まで持続的にプログラムを実施しています。

しかしながらサーフィンやサイクリング、ボルダリングなど、学校教育期で経験がないため、当事者や保護者を含めて、参加することに二の足を踏むことが予想されていました。特にASDのある者は、新規課題に対する抵抗感や、運動に対する苦手意識が高いと、より参加が難しいと言えます。そのため、この団体では、3ステップ・アプローチという手法を実施しています。その手法とは、最終的に一般的な環境で運動スキルを発揮するために、知的・発達障害特性から構造化の考えを取り入れ、手がかりをもとにした行動形成を、課題指向的介入法で3ステップに分けて実施するやり方です。具体的には、ファースト・ステップとして、参加者たちの障害特性に応じて構造化された環境下で運動スキル学習を行います。セカンド・ステップで、実際のフィールドを、参加者たちの障害特性に応じて可能な範囲で構造化して体験します。そして最後のサード・ステップにおいて、実際のフィールドで一般の状況下で体験します。例として、サーフィンプログラムの場合、ファースト・ステップとして、室内にテニスボールなどを敷き詰め、その上でサーフィンボード（フィンを外す）を滑らせるようにしてサーフィンを体験させました。もちろんはじめはボードの上に立たないでうつ伏せ肘立ちで体験させ、その経験を通して、参加者にサーフボードに乗って滑るポジティブな感覚を与えることを目標としました。その感覚が手がかりとなって、実際の海での活動に参加できるようになることがセカンド・ステップの目標となります。そのため、セカンド・ステップでは、他の利用者がほとんどいない、海水浴シーズンがオフ時期に行いました。そのことで他の利用者に気兼ねすることなく、遠浅で波がなだらかな場所（地元のサーファーから情報を得たりする）で実施することができました。そしてサード・ステップでは、一般的な状況のなかで、他の利用者とともに、サーフィンを興じるのです。さらに、サーフィンを指導してくれる人は、知的・発達障害の理解のあることを前提にリクルートしました。たまたま特別支援学校の教員で、障害等がある人の体育や運動、スポーツ等の参加において、工夫や環境構成を行う方法論である「アダプテッド体育・スポーツ」に対する理解と技術を有する人が身近にいたので依頼しました。身近にそうした人がいない活動の場合は、地域の人材を発掘し、事前に活動方針や参加者の特徴などを繰り返し説明し、理解を求めました。またスタッフは、上述したアダプテッド体育・スポーツに関心のある体育学生を中心にし、参加者にポジティブなフィードバックを行うように指導・支援することを求めました。その背景には、知的・発達障害のある若者の多くは学校教育期を中心に、運動のできなさやぎこちなさを指摘されることが多く、運動することに対する自信、いわゆる運動有能感が低い状態にある者が少なくないのです（澤江・村上, 2016)。またスタッフには、参加者の運動スキルを高度に高めることを目標にするのではなく、一定程度の運動スキル（「ほどほど」運動を楽しめるレベル）を獲得できるように課題や環境構成を中心に様々な工夫や関わりを行うことを意識してもらいました。当たり前ですが、日常的に楽しむ運動活動の場であれば、必ずしも競技志向性や勝利至上主義のレベルの運動スキルは必要とされないのです。

3. アクティブライフを支えるための支援

以上のことから、知的・発達障害のある若者のアクティブライフを支えるためには、個々の知的・発達障害特性を理解するとともに、それが（特に成人期以降であれば）物理的・社会的環境との相互作用において生じることを前提に、彼らに対する支援をより環境要因から考えることが求められます。また成人になってから、運動・スポーツへの興味・関心を高めることは決して楽な作業ではありません。卒後 30 年以上の生活において積極的に運動に関わるための意欲を育む学校体育のあり方について検討を要します。そして最後に、知的・発達障害のある若者が住む地域において、住民や運動・スポーツ関連資源との有機的な相互作用を展開し、知識だけにとどめず相互経験を通じて、知的・発達障害のある人を地域住民として受け入れられることが求められます。

<参考文献／サイト>

厚生労働省（2007）平成 17 年度知的障害児（者）基礎調査結果の概要.
http://www.mhlw.go.jp/toukei/saikin/hw/titeki/index.html
澤江幸則・村上佑介（2016）学齢期における発達障害のある子どもの運動発達上の困難さとその支援. 臨床発達心理実践研究, 11(1), 21-26.
杉山文乃（2016）青年期以降の自閉症スペクトラム障害者の余暇場面における困難さとその支援：運動やスポーツに対する価値観に着目して. 臨床発達心理実践研究, 11(1), 27-31.

時本英知・葛西崇文・増田貴人（2022）知的障害者スポーツにおけるコーチの専門性に関する意識：サッカー指導で重視する内容についてのインタビュー調査を踏まえて．アダプテッド・スポーツ科学，20(1), 53-66.

リベルタス・コンサルティング（2023）障害者スポーツ推進プロジェクト（障害児・者のスポーツライフに関する調査研究）報告書．

American Association on Mental Retardation 2002 Mental retardation: definition, classification, and systems of supports, 10th ed. own.（栗田広・渡辺勧持共訳，2004 精神遅滞 - 定義，分類および支援体制，第 10 版．日本知的障害福祉連盟）

LONG-TERM DEVELOPMENT IN SPORT AND PHYSICAL ACTIVITY 3.0. (online) Sport for Life acknowledges the financial support of the Government of Canada.
https://sportforlife.ca/wp-content/uploads/2019/06/Long-Term-Development-in-Sport-and-Physical-Activity-3.0.pdf

第5章 余暇の重要性とその支援

島根県立大学人間文化学部 准教授　水内 豊和

1. 余暇とウェルビーイング

2005年の発達障害者支援法成立、そして2007年の特殊教育から特別支援教育への転換などにみられるように、発達障害者の存在が認識され、支援が拡充されてきています。2016年の障害者差別解消法による障害者への差別禁止と合理的配慮の提供の義務化は、発達障害者の社会生活の充実と社会参加を一層後押しするものです。発達障害者支援法に基づき設置される発達障害者支援センターにおいては、①発達障害の早期発見、早期の発達支援等に資するよう、発達障害者及びその家族その他の関係者に対し、専門的に、その相談に応じ、又は情報の提供若しくは助言を行うこと、②発達障害者に対し、専門的な発達支援及び就労の支援を行うこと、③医療、保健、福祉、教育、労働等に関する業務を行う関係機関及び民間団体並びにこれに従事する者に対し発達障害についての情報の提供及び研修を行うこと、④発達障害に関して、医療、保健、福祉、教育、労働等に関する業務を行う関係機関及び民間団体との連絡調整を行うこと、などの機能が規定され、その役割を遂行するための職員が配置されており、発達障害者の相談・支援の中心的役割を担っています。しかしながら、ここには教育、就労面での支援は明記されている一方で、余暇の側面についての記述は見られません。この例に限らず、「働く」「暮らす」については行政も学校もそして保護者も関心を払い、実態把握と個に応じた指導や支援を行っているのに、「遊ぶ」はそれに比してさほど十分ではないようです。

筆者は業務の一つとして、ある企業の障害者雇用における、採用から職場定着、定期的な心理面談をしていました。入職時の面接では、「あなたは、お休みの日はどのようにして過ごしていますか？」「趣味や特技、最近ハマっていることを教えてください」ということを必ず尋ねるようにしています。経験上、趣味や余暇が（その人の年齢から期待される一般的な余暇像からではなく）、その人自身にとって充実している人は、職場適応がとても良いと感じます。また、私がこれまで視察などで話を聞いた障害者雇用の先進的な取り組みをする企業の人事担当者もたいてい同様のことを述べていました。

実際、適応行動の状態を客観的に評価することができる、「Vineland-Ⅱ　適応行動尺度」においても「遊びと余暇」の状態を適応行動として評定する一つの領域として設けているように、「遊ぶ」（余暇）は、「働く」「暮らす」と同じく、自分らしい生活を送る上で欠かせない要素の一つであることは疑いようもないことです。本書におけるウェルビーイングは第1章の1でも定義しているように、「社会の中で、心も身体もよい状態にあること」ですから、余暇の充実は、ウェルビーイングにおいて、とても重要となります。

2. 余暇を支援するとは

知的・発達障害のある人の余暇の実態として、地域資源の利用や人間関係が限られている者が多くいることや、休日に一緒に過ごす人が、保護者とだけ、あるいは兄弟姉妹とである者がほとんどであることなど、余暇生活の実態の乏しさが明らかにされています（武蔵・水内，2009など）。

このような実態に対し、平成30年度特別支援学校学習指導要領解説には、「「余暇」は生活を豊かにするとともに、学校生活や将来の職業生活を健やかに過ごすうえでも重要である。」（文部科学省，2018）とされ、余暇に関する教育指導を行うための方針が確認できます。実際、特別支援学校の高等部の授業の一環で、「余暇支援」と称してとりあえず経験をさせるという目的で、ボウリングとカラオケに連れて行くということは少なくありません。これについて筆者は20年ほど前に、高等部のある先生に「なぜボウリングとカラオケなのですか？」と尋ねてみたことがありましたが、「毎年やっていることだし、とりあえずこの2つは経験させるべきじゃないですか」と言われ、納得のいく合理的な回答ではなかったことをいまだに思い出します。

「余暇を支援する」とは、どういうことなのでしょう。

近年では確かに知的・発達障害のある人についても、地域生活を送る上で、就労に関してだけでなく、余暇支援への関心が高まっています。実際、CiNii（国立情報学研究所（NII）が運営する学術データベース）などで「障害」＋「余暇」とキーワードで検索すると、多数の論文がヒットするようになりました。しかし余暇における活動内容に関連したスキルの取得や向上に狙いを定めた研究が多いという指摘もあります（山田・前原，2023）。筆者は、余暇を支援するということは、単に余暇のスキルを教えたり、活動のレパートリーを増やしたりするだけのものではなく、社会生活の充実を促すものであると考えます。知的・発達障害のある人たちの、社会参加や社会生活の充実、つまりはウェルビーイングにつながる余暇を過ごせるようになるための支援のあり方が模索されていく必要があります。

3. 余暇の促進要因、阻害要因

筆者が大学で心理相談を行っていたAさんは、言語表出はないものの、視覚的理解と記憶がとても優れていて、一度見たものを描画で再現するのに長けていました。彼は来談のたびに、自作のペーパークラフト（電車だったり、車だったり、シャンプーの容器だったり、テレビ本体とその中のCM一場面の完全な描写だったり）を持参して筆者にプレゼントしてくれます。

そんなAさんが、知的障害特別支援学校高等部に在籍していた時のエピソードです。大人の余暇サークルに彼がたまたま体験に来た時、ちょうど「大人のガンダム講座」の日で、午前中はガンプラ作成教室、午後はガンダム名場面ディベート大会でした。その時、彼にもガンダムのプラモデルを作らせたら、とても素早くかつ器用に組み立てることができました。それを見た母親は「ガンダムなんて見たこともないので興味もないと思っていたし、プラモデルなんて到底できるはずないと思ってこれまで買ったこともありませんでした」とたいそう驚かれました。

プラモデルを作ったことのある人からすれば分かると思いますが、完成品の絵と作り方の手順が図できちんと示されているので、視覚的情報処理能力が高い人には難しいことではないケースは少なくありません。筆者は、彼ならきっとできると確信していたので（ただ「ガンダム」を好きかどうかは未知数でしたが）、このエピソードをその時の高等部の先生にもお伝えしました。そうするとこの先生がまた素敵な方で、学校での余暇支援として学校でもプラモデル作成を認め、続けてくれました。そして卒業後、働いた給料で、お城や車のプラモデルに至るまで様々なジャンルのプラモデルを買って作り、今につながる余暇となっています。

国際生活分類（ICF）（p.39，図１）に準拠して考えてみた時、もしくは第１章の生態学的モデルで考えてみた時、余暇に対する本人の実態把握や希望・ニーズ、環境因子や参加の機会の把握はどの程度されているでしょう。このAさんの事例のように、発達障害や知的障害のある子どもの遊びや余暇に対する支援では、特に障害特性や個人の嗜好（こだわりを含む）を大事にしつつ（これは重要）、かつその近接領域も提示してみることは試してみてもよいと思います。ただし、そこに自己選択・自己決定が保障されるなどの人権の尊重が遵守されることは言わずもがな重要です（水内，2023a）。

4. 余暇を支える際に気をつけること

研究においても、適応的な社会生活を送っている自閉スペクトラム症のある人は、充実した余暇の時間を過ごしていることが示されています（水内ら，2012）。しかし、その一方で、知的な遅れのない自閉スペクトラム症のある人は、定型発達者と比して特有の認知特性を持つことから、余暇活動に二次的な歪みや偏りを生じたり、知的能力に見合わない形での困難さを示したりすることが多いという指摘もあります（日戸，2009）。さらに別府（2007）は、従来、自己理解に弱さがあるとされてきた知的な遅れのない自閉スペクトラム症児が、独特のやり方や内容ではあるものの自己理解や自己を持っていることを指摘しています。このように発達障害のある人の中には、自身が余暇の時間を思うように過ごせていないなどというネガティブな実態を理解しながらも、それを改善する手立てがなく、その結果、充実した余暇の時間を過ごせていない者も存在することが考えられます。実際、筆者も、余暇についての理想自己と現実自己とのギャップに辛さを感じている発達障害のある成人を少なからずみてきました。

そこで筆者は、知的な遅れのない自閉スペクトラム症成人を対象に、余暇の理想と現実について質問紙調査とインタビュー調査を行いました（高緑・水内，2016)。その結果、彼らの思い描く「一般的な余暇」像として「飲み会、デート」「友達と過ごす」などといった他者との交流を伴う余暇イメージを挙げた対象者の中には、周囲の者からすればそれほど余暇の実態が充実していないとは言えないにもかかわらず、本人の実感としての余暇に対する満足度が低くなるという傾向が見られました。例えばＢさんは「一般受けしやすい趣味」「自分磨きをする、友人と楽しく過ごす」という余暇のあり方を理想と考えています。実際のＢさんは資格試験に挑戦したり友人と旅行に出かけたりしており、少なくとも他者からは余暇の理想と実態とが乖離しているようにはみられません。しかしＢさん本人が捉える余暇の満足度は高いとは言えない結果でした。これはＢさんの形成する「友人と過ごす」という「一般的な余暇」像や過去の経験からくるひとりで過ごすことへの強い抵抗感、「一般受けする趣味」への憧れが、余暇に関する自己評価を下げる一因となっていると考えられました。一方で、「一般的な余暇」像を「気分転換」、「仕事を忘れる」など余暇の機能面に着目して形成している対象者の多くは、周囲の者が客観的に捉えた余暇の実態と本人の考える余暇の満足度に関する自己評価とが合致する傾向にありました。余暇の満足度に関する自己評価が低いＢさんは、「友達と過ごせるなら内容はなんでもいい」「会いたい時に気軽に会える、支え合える女性がほしい」といった、人間関係の質的な面への執着がみられました。このことから「一般的な余暇」像について、誰と過ごすか、何をするかといった質的な面ではなく、余暇のもたらすリラックスなどの機能の面から形成している者は、実感としての満足度は高い傾向にあるということが推察されました。

この研究からも言えるように、単に余暇スキルを教えたり、余暇のレパートリーを増やしたりすることがゴールなのではなく、あたりまえですが、当事者の心理面や本人を取り巻く環境など、多角的な視点からの実態把握（アセスメント）に基づき、お仕着せではない、その人のWANTSに沿った余暇のあり方、それを支えることが求められます。

本書では、学校教育段階を中心としつつ様々なライフステージにおいて、また学校以外の場所における余暇活動も含めて、今とこれからの余暇の充実、そしてウェルビーイングにつながる、そんな実践が多数採録されています。ぜひ参考にしてください。

<引用・参考文献>

高緑千苗・水内豊和（2016）高機能自閉スペクトラム症成人の余暇実態に関する研究．日本発達障害支援システム学会編　発達障害支援システム学研究，15（2），43-49．

日戸由刈（2009）アスペルガー症候群の人たちへの余暇活動支援―社会参加に向けた基盤づくりとして―．精神科治療学，24（10），1269-1275．

別府哲（2007）高機能自閉症児の自己の発達と教育・支援．田中道治・都筑学・別府哲・小島道生編．発達障害のある子どもの自己を育てる―内面世界の成長を支える教育・支援―．ナカニシヤ出版，68-81．

水内豊和（2023a）余暇×障害　心豊かな生活の文脈で支援を考える．身近なコトから理解するインクルーシブ社会の障害学入門―出雲神話からSDGsまで―．ジアース教育新社，76-81．

水内豊和（2023b）生涯発達時代のよくわかる！発達障がい入門（第24回）知的障害・発達障害者と余暇①－余暇は支援するものか－．週刊教育資料－ Educational public opinion，1705，12-13．

水内豊和（2023c）生涯発達時代のよくわかる！発達障がい入門（第25回）知的障害・発達障害者と余暇②－社会生活の充実につながる余暇支援－．週刊教育資料－ Educational public opinion，1707，12-13．

水内豊和・神山忠・笹森理絵・中村順子・中島育美・芝木智美・高緑千苗・水内明子（2012）適応的な社会生活を送る発達障害者の成功要因の検討―当事者へのインタビュー調査から―．日本自閉症スペクトラム学会編　自閉症スペクトラム研究，9，45-54．

武蔵博文・水内豊和（2009）知的障害者の経済的自立と家庭での役割や余暇活動の実態に関する調査研究．香川大学教育実践総合研究，19，39-48．

文部科学省（2018）特別支援学校学習指導要領　各教科等編．

山田有輝也・前原和明（2023）知的障害者の余暇に関する文献レビュー ―実践研究に焦点を当てて―．秋田大学教育文化学部研究紀要教育科学部門，78，97-103．

第6章 ウェルビーイングの状態把握と支援

島根県立大学人間文化学部 准教授　水内 豊和

1．ウェルビーイングの把握の必要性

第２章でもみたように、令和５年６月 16 日に示された、教育振興基本計画では、2040 年以降の社会を見据えた教育政策におけるコンセプトとも言うべき総括的な基本方針として「持続可能な社会の創り手の育成」と並んで「日本社会に根差したウェルビーイングの向上」を掲げており、ウェルビーイングは、教育関係者にとって必ず理解しておくべき重要事項と位置付けられました。

この教育振興基本計画では、「ウェルビーイングとは身体的・精神的・社会的に良い状態にあることをいい、短期的な幸福のみならず、生きがいや人生の意義など将来にわたる持続的な幸福を含むものである。また、個人のみならず、個人を取り巻く場や地域、社会が持続的に良い状態であることを含む包括的な概念である」と定義しています。

さらに教育振興基本計画では、日本社会に根差したウェルビーイングの要素として、「幸福感（現在と将来、自分と周りの他者）」「学校や地域でのつながり」「協働性」「利他性」「多様性への理解」「サポートを受けられる環境」「社会貢献意識」「自己肯定感」「自己実現（達成感、キャリア意識など）」「心身の健康」「安全・安心な環境」を挙げています。そしてこれらを教育を通じて向上させていくことが重要であり、その結果として特に「子供たちの主観的な認識が変化したかについてエビデンスを収集していくことが求められる」としています。

2．ウェルビーイングたる状態とはどういうことか

教育振興基本計画が示す定義を端的に示せば、第２章でも述べているように、ウェルビーイングとは「社会の中で、心も身体もよい状態にあること」です。身体面が良い状態にあること、裏を返せば身体面で悪い状態にないこと、というのは、医療・健康分野から導出されるさまざまな客観的で数値化可能な指標において把握できそうです。身近なところでは、体重、血圧、血糖値などもそうですし、身体面の健康の維持増進においては１日の歩数や摂取カロリーなども理解しやすい目安になります。今日ではAppleWatch などのウェアラブル端末でリアルタイムに容易に把握することができま

す。

では、心（こころ）はどうでしょう。心のあり様については、正直なところ、筆者もどのようにウェルビーイングたる状態かを把握することができる、これが決定版、というような指標を提示することはできません。なぜなら、心のあり様は、生理、心理、社会のすべての側面に影響しあっており、また個人と環境との相互作用により変化するため、刻一刻と異なっているからです（その限界に折り合いをつけるため、多くの心理検査では、過去1週間もしくは2週間の生活を振り返って回答を求めるという手続きのものが多く見られます）。

それでも、発達障害・知的障害のある子どもや大人を支援する際、どのような知識やスキルがどの程度身についたかという視点だけでなく、その人の心理面の状態を客観的に把握することは、本人不在のお仕着せな支援にならないためにも重要なことと考えます。従来、心理学で心のあり様を測定する場合、多くは不安や抑うつなどの負の感情（否定的感情）を扱うことが多くみられましたが、今日では精神面の健康をとらえるためには正の感情（肯定的感情）にも着目する必要が指摘されています（遠藤，2001）。そしてまさにこの正の感情として、主観的幸福感（Subjective Well-being）が挙げられます。また、自尊感情（Self-esteem）、QOL（Quality of Life: 生活の質）といった関連する概念の理解も重要になります。

ここでは、筆者が、知的障害・発達障害児・者やその家族を支える臨床発達支援の現場において、対象児者の心のあり様、特に正の感情について把握する際によく用いる、自尊感情、QOL、そして主観的幸福感について標準化された心理検査や尺度を紹介します。ただし、具体的な項目や使用方法などは、著作権に抵触しますので掲載できません。また心理検査をする上で実施者の適格性が問われるもの※や、入手可能なものであっても、その使用に際しては開発者に許諾を得ることが必要なものもありますので、ご注意ください。

3．ウェルビーイングと関係する概念とその評価

（1）自尊感情

自尊感情とは、自己に対して肯定的な評価を抱いている状態を指します。発達臨床場面で発達障害のある子どもと関わっていると、ふとした折に「どうせ僕はバカだから」といった自己を卑下することばを聞くことがあります。読む、書く、聞く、話すなどの学習に必要な基礎的な能力の習得と使用に困難さのある学習障害、社会性やコミュニケーションの面で困難さのあるASD、多動や衝動性、不注意といった困難さのあるADHDのある子どもたちは、その特性が家庭や学校、社会において理解されず適切な支援がなされないと不登校や非行のような不適応状態に陥いることがあります。これを

「二次障害」といいます。発達障害のある子どもに対する支援において、自尊感情の大切さが指摘されています。この自尊感情が低下すると、意欲が低下し、良いところもあるはずの自分の能力を十分に発揮しようとしなくなります。そうすると成功体験の減少にもつながり、ますます悪循環に陥ります。また自尊感情には、「他者からの評価」が大きく影響します。

小島・納富（2013）はASD児も対象として使用できる自己評定式の10項目からなる自尊感情尺度を作成しています。掲載誌である『LD研究』は現在インターネット上で公開されていますので、入手し閲覧することができます。

（2）QOL

世界保健機構（WHO）はQOLを「個人が生活する文化や価値観のなかで、目標や期待、基準または関心に関連した自分自身の人生の状況に対する認識」と定義しており、本書でも触れたWHO自身が定義する健康の概念と一致します。WHOは、成人を対象とした、身体的領域、心理的領域、社会的関係、環境領域の4領域の24項目と全体的傾向を問う2項目を加えた26項目から構成される「WHOQOL26」を開発し、その日本語版も刊行されています（田崎・中根，1997）。しかし購入と使用は心理学に精通した者に限定されます。

子ども用のQOL尺度として「日本語版KINDL®」があります。身体的健康、精神的健康、自尊感情、家族、友達、学校生活の6つの領域からなり、幼児版QOL尺度、幼児版QOL尺度（親用）、小学生版QOL尺度、中学生版QOL尺度、小・中学生版QOL尺度（親用）と、それぞれの生活年齢ごと、かつ本人評定だけでなく親評定ができる尺度まで用意されているのが特徴です。本尺度は、書籍として一般に販売されています（古荘ら，2014）。しかし使用上の留意点もありますので、書籍をよく確認してください。

（3）主観的幸福感

主観的幸福感は、人間が心理的に最良の状態で機能していること、つまり幸福を表す言葉とされています（中村ら，2015）。石井（1997）によれば、主観的幸福感とは個人の認知構造や心理状態を反映するQOLの、より主観的な側面であるとしています。伊藤ら（2003）は「主観的幸福感尺度」を作成しています。この尺度は15項目からなり、青年から成人を対象として簡便に主観的幸福感を測定することができます。掲載誌である『心理学研究』は現在インターネット上で公開されていますので、入手し閲覧することができます。

4．知的・発達障害児者におけるウェルビーイングの把握・評価

ここに紹介してきた心理検査や尺度は、どれも文章を読んで理解して回答することが求められます。実施方法に厳密であろうとすれば私たちが対象としている知的障害者や

発達障害者にはなかなか難しい側面があります。質問項目に対してルビをふる、分かち書きにする、フォントを変える、読み上げるなど、特性に応じた配慮や支援が必要になるかもしれません。そうした配慮や支援があったとしても、特にウェルビーイングに関するような心のあり様を尋ねる質問項目は、具体的ではないものが少なくありません。その際、支援者は、項目についてできる限り対象者にとって身近となる例を挙げて説明したとしても、その例に対する回答になってしまうなど、なかなか難しいのが実情です。

さらには、質問項目には、回答を数値化してデータ処理をしやすいように、程度や頻度を表現する形容詞が多用されています。程度では「とても」「かなり」「やや」、頻度では「いつも」「時々」「たまに」などです。心理学の分野では、こうした形容詞を用いた多段階評定を用い、その選択肢間の距離を等しいとみなして処理しやすいように数字化して尺度にしています。これを間隔尺度といいます。しかし、厳密に言えば、同じ形容詞に対して抱く程度や頻度の意識は同じではありません（織田, 1970)。加えて、知的障害者や発達障害者は、選択肢にある形容詞そのものの意味理解が容易ではないこともあります。スマイルマークなどのアイコンで選択肢を代替表示したり、数直線上の位置を選ばせたりするなどのアレンジも必要になるかもしれません。

また、心理検査や同様の心理状態を把握しようとする何がしらかの手続きを実施するためには、本人もしくは代諾者によるインフォームド・コンセント（説明と同意）が不可欠です。さらには、こうした心理検査を実施すること自体が、自己理解をネガティブに促進することにつながり、結果的に自尊感情を低めてしまうこともあります。このような心身にネガティブに作用する可能性のことを「侵襲性」といい、そのリスクが予見され、医師や心理士のような専門家による十分なフォローができないようであれば、用いるべきではありません。

ここではウェルビーイングに関係する心理検査を中心に実態把握や評価の方法について紹介してきましたが、インタビューや行動観察、作品などの成果物、他の支援者や家族などからの他者評価でも十分意味があるものです。したがって、ここで示した心理検査などはそれ単体で用いられるものではなく、他の心理尺度や行動の頻度回数強度などの指標、関係者などからの社会的評価などと併せて用いられる必要があります。また何がウェルビーイングに影響を及ぼしているのかは、冒頭でも述べたように複合的です。例えば小島（2018）は、自尊感情と主観的幸福感について、ASD 者と定型発達者とで比較した結果に差異はないこと、また両群ともに自尊感情が高いと主観的幸福感も高くなる、つまり「相関関係」にあるということを示しました。このように、ある指導や支援を行ったのちに、これらの尺度の得点の変化があったとして、それが、ウェルビーイングの良さに直接作用したと結論づけられるほど単純に因果関係を説明できる証左とはなりません。介在する要因は潜在的なものも含めて多数あると考えることが妥当です。したがって、こうした尺度や検査は、あくまで傍証として使用されるべきものです。

5．ウェルビーイングを「支援する」とは

ここで挙げたウェルビーイングに関係する自尊感情、主観的幸福感、QOL といった概念や、それらを測定する心理尺度を構成する一つ一つの項目は、それ自体が支援や指導の目標になるようなものではありません。例えば自尊感情は家庭生活や学校生活がうまくいくことによって結果的に高まることはあっても、自尊感情を高めるために何か有効で効果的な汎用性のあるメソッドがあるわけでありません。また発達支援や教育など、ある目的や方向性を持った支援や指導であったとして、それは対象者の今だけでなくこれからという視点を持って、ウェルビーイングにどのように寄与するのかを考慮する必要があります。そのためには、対象者の障害特性を含め、多角的な実態把握は欠かせません。その際、国際生活機能分類（ICF）の図になぞらえて、強み・弱みの両側面について多角的に実態把握をすることは、本人の WANTS の実現にとって必要な支援を「過不足なく」提供する上で非常に有効です。ここでは、第３部事例 16 でも取り上げている運転免許取得のための運転教習の合理的配慮「つばさプラン」の取り組みから一つ、事例を挙げて具体的に説明します。

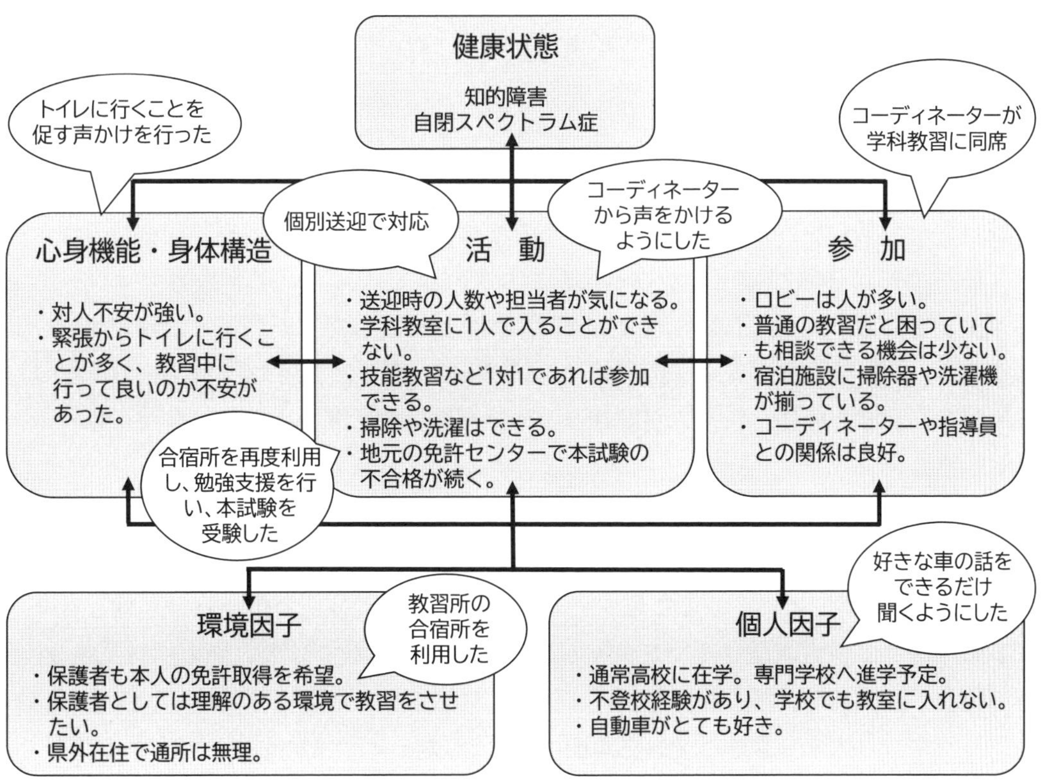

図１　ICF相関図によるたくやの実態把握と支援

（1）対象者の概要

たくや（仮名、18歳・男性）は、知的障害を伴うASDがあります。対人的な不安が強く、緊張すると頻回にトイレに行きます。通常高校から専門学校へ進学する希望をもっていたものの、実際には高校時代は不登校状態でした。たくやは自動車に大変興味を持っており、また生活環境として車がないと不便な居住地でもあって、好きな自動車に乗って生活の幅を広げたいという希望を持っていました。また、保護者も本人の免許取得に賛成していました。ただし、つばさプランを利用して免許取得を目指すためには、居住地が遠方であったため、教習所の近くに合宿して教習を行うことにしました。

（2）教習生活にみる実態

たくやのICF相関図（図1）に示すように、活動と参加の部分に教習所での課題が大きいことが分かります。特に送迎時の人数や担当指導員が気になる、学科教室に一人で入ることができない、人数の多いロビーで過ごすことが苦手といった本人の困りがありました。一方たくやの強みとしては、素直な性格からコーディネーターや指導員との関係も良好で、1対1であれば教習に参加できたため、技能教習は専門コーディネーターの同乗なしで行うことができました。また、寮生活における掃除や洗濯など生活に関することは自立していました。

（3）提供した配慮・支援

具体的な支援は図1の吹き出しに示す通りです。コーディネーターは学科教習が始まる前に声かけをし、トイレに行くことを促しました。送迎に関しては、毎回バスに乗車予定の人数を伝えて安心させたり、コーディネーターができるだけ個別で送迎をおこない対応したりしました。たくやは尋ねたいことがあってもロビーでコーディネーターを呼び自分から話しかけることは苦手であったため、困っていることや質問がないかコーディネーターから頻回に声をかけるようにして対応しました。学科教習ではコーディネーターが同席して対応しました。空き時間はロビーではなく、個室を準備し利用を促しました。コーディネーターや指導員は、信頼関係の構築と、苦手な学科学習のモチベーションを高めるために、たくやが好きな車の話を積極的に聞くようにしながら関わるようにしました。

（4）支援の有効性

教習に要した期間は、つばさプラン利用者の平均的期間が1カ月程度のところ、たくやは25日間と早期に終了することができました。また、技能教習では乗り越しもなく順調に上達し、検定試験は1回で合格しました。学科試験では仮免許の学科試験3回、本試験を5回挑戦し合格しました。

たくやの最も大きな課題はメンタル面でしたが、コーディネーターが同席することで、学科教室に入ることができ、スムーズに教習に参加することができました。また、個別送迎で対応することで休むことなく教習所に通うことができ、声かけによってトイレの問題にも悩むことなく落ち着いて教習生活を送ることができました。学科の個別指導は卒業後の本試験までを含め、22時間実施しました。コーディネーターと1対1で学習を進めるため、モチベーションを保ったままチャレンジすることができました。

運転免許を取得した結果、専門学校へは電車ではなく車で通学できるようになりました。たくやは一人でカー用品ショップに行くことが新たな趣味になりました。さらには母の買い物や病院への送迎もしています。このように、たくやは免許取得によって行動範囲が大きく変わりました。余暇が充実し、家族の中での役割も増え、さらには電車という苦手な人混みを避けることも自分で解決することができたことになります。

このように適切な実態把握に基づいて、本人や家族との合意のもと過不足ない支援を行ったことにより、終始円滑な運転教習のプロセスを辿り、運転免許取得に至りました。またこの成果に伴い、自尊感情も高まるとともに、QOLも向上し、この稿を執筆している時点においては、自他共に認めるウェルビーイングたる状態であろうことは間違いありません。

※心理検査は、心理アセスメントに関する知識と経験を備えた心理専門家のみが購入し利用することができます。また実施と解釈に必要な知識と経験は検査によって異なるため、心理検査を販売する会社では、求められる使用者のレベルを検査ごとに明らかにし、A～Cのレベルで示しています。例えば、WISC-Ⅴ知能検査やVineland-Ⅱ適応行動尺度の日本版を刊行する日本文化科学社では、レベルAとは保健医療・福祉・教育等の専門機関において、心理検査の実施に携わる業務に従事する方、レベルBとはレベルAの基準を満たし、かつ大学院修士課程で心理検査に関する実践実習を履修した方、または心理検査の実施方法や倫理的利用について同等の教育・研修を受けている方、レベルCとはレベルBの基準を満たし、かつ心理学、教育学または関連する分野の博士号、心理検査に係る資格（公認心理師、臨床心理士、学校心理士、臨床発達心理士、特別支援教育士）、医療関連国家資格（医師、言語聴覚士等）のいずれかを有する方、あるいは国家公務員心理職（家庭裁判所調査官等）、地方公務員心理職（児童心理司等）の職で心理検査の実施に携わる方と定めています。詳しくは、日本文化科学社ならびに金子書房のホームページをご覧ください。

<引用・参考文献>

石井留美（1997）主観的幸福感研究の動向．コミュニティ心理学研究，1，94-107．
伊藤裕子・相良順子・池田政子・川浦康至（2003）主観的幸福感尺度の作成と信頼性・妥当性の検討．心理学研究，74(3)，276-281．
遠藤公久（2001）主観的幸福感．松井豊編．心理測定尺度集Ⅲ―心の健康をはかる〈適応・臨床〉．サイエンス社，90-93．

織田揮準（1970）日本語の程度量表現用語に関する研究．教育心理学研究，18，166-176.
小島道生（2018）自閉スペクトラム症者の自尊感情と主観的幸福感．LD 研究，27（4），491-499.
小島道生・納富恵子（2013）高機能広汎性発達障害児の自尊感情、自己評価、ソーシャルサポートに関する研究—通常学級に在籍する小学 4 年生から 6 年生男児について—．LD 研究，2(23)，324-334.
田崎美弥子・中根允文（1997）WHO QOL26 手引改訂版．金子書房.
中村文香・奈良依瑠子・五十嵐哲也（2015）有能感タイプと主観的幸福感の関連—信頼感の差異に注目して—．愛知教育大学教育臨床総合センター紀要，6，47-54.
古荘純一・柴田玲子・根本芳子・松嵜くみ子(2014)子どもの QOL 尺度—その理解と活用—．診断と治療社.
文部科学省（2023）教育振興基本計画． https://www.mext.go.jp/a_menu/keikaku/
水内豊和（2023）生涯発達時代のよくわかる！発達障がい入門（第 26 回）知的障害・発達障害者のウェルビーイング①－ウェルビーイングの状態の評価－．週刊教育資料－ Educational public opinion, 1709，12-13.
水内豊和（2023）生涯発達時代のよくわかる！発達障がい入門（第 27 回）知的障害・発達障害者のウェルビーイング②－ウェルビーイングを支える－．週刊教育資料－ Educational public opinion，1711，12-13.

第7章 我が国における障害者スポーツにおける動きについて ～国の動きを中心に～

スポーツ庁 スポーツ戦略官
（併）健康スポーツ課 障害者スポーツ振興室長　佐々木 邦彦

1. 我が国における障害者スポーツの黎明期 ～1964年の東京五輪と国際身体障害者スポーツ大会～

我が国で、障害者スポーツが注目を集め始めた一つのきっかけは、昭和39（1964）年の東京オリンピックの後に開催された、国際身体障害者スポーツ大会です。この実現は、大分県の医師、中村裕博士の存在を抜きに語ることはできません。

整形外科医であった中村裕博士は、昭和35（1960）年、リハビリの研究のため、英国のストーク・マンデビル病院を訪れ、脊髄損傷患者に医療とリハビリにスポーツを取り入れた取組に衝撃を受け、帰国後早速取り入れようとしたものの、なかなか理解は広がりませんでした。その中でも、粘り強く行政、医療関係者等への説得を行いながら、昭和36（1961）年に大分県身体障害者体育協会（現 大分県障がい者スポーツ協会）を設立し、「第１回大分県身体障害者体育大会」の開催にこぎつけました（都道府県レベルの大会は、東京（昭和26年）、埼玉（昭和27年）に続き、大分が３か所目でした）。人々の関心をさらに高めるため、当時世界で唯一の障害者スポーツ大会とされた「国際身体障害者スポーツ大会（国際ストーク・マンデビル競技大会）」に大分県の車いす選手２名を派遣し、日本選手の参加を実現しました。

中村博士は、さらに昭和39（1964）年の東京五輪後の国際大会開催に向け、努力を続け、脊髄損傷の車いすの選手対象の第13回国際ストーク・マンデビル競技大会とすべての身体障害者を対象とした国内大会の２部で実施されました。後になって、この大会は第２回パラリンピックとして位置付けられました。中村博士はその後も、５回続けて選手団長を続けるなど、我が国のパラリンピック、パラスポーツの父として、障害者スポーツの振興に確固たる功績を遺したほか、「No charity But a chance」という、地域における障害者の社会参画の理念を具体化した社会福祉法人太陽の家の設立においても、大きな足跡を遺しました。

このほか、黎明期の動きとして、昭和54（1979）年に設置された国立身体障害者リハビリテーションセンター（その後の国立障害者リハビリテーションセンター）においても、初山泰弘医師（その後、第３代総長）を中心として、ストーク・マンデビル病院への研修などを通し、障害者にとってのスポーツの意義が重視され、同センターの医師や看護師・運動療法士等が国際大会に参加する日本選手団に協力する道を拓くなど、障害者スポーツの礎を支えました。また同センターにおいては、その後、リハビリにおけるスポーツの導入や入所者へのスポーツ指導、障害者スポーツ指導者講習会の実施など、黎明期の障害者スポーツの先進的かつ中核的な取組を多様に展開しました。

そのほか、ろう者のスポーツにおいては、1926年に第1回ろうあ者体育競技大会が開催されるなど、早くから、関係者の努力の下で取組が進められ、1967年には、第1回全国ろうあ者体育大会として、現在の大会の姿に近い形となるなど、スポーツ機会の充実に向け、早くから歩みを進めてきたことが注目されます。

2．全国身体障害者スポーツ大会の開催と全国知的障害者スポーツ大会（ゆうあいピック）の開催、全国障害者スポーツ大会への統合

昭和39（1964）年に東京で開催された国際身体障害者スポーツ大会の成功を受け、我が国の身体障害者のスポーツの振興の観点から、翌昭和40（1965）年度から「全国身体障害者スポーツ大会」を開催する方針が厚生省から示されました。第1回大会は同年11月6・7日に岐阜県で開催されました。身体障害者スポーツに比べて立ち遅れていた知的障害者のスポーツ機会についても、次第に全国レベルでの開催が望まれるようになり、厚生省は、「国連・障害者の十年」の最終年を契機として、平成4（1992）年から「全国知的障害者スポーツ大会（ゆうあいピック）」が創設されました。

一方、国際的な動向として、従来行われていた身体障害者のスポーツ大会に知的障害者の参加が見られるようになってきたことから、平成10（1998）年、厚生省事務次官の私的懇談会「障害者スポーツに関する懇談会」において、「21世紀初頭をめどに競技性も加味しつつ統合実施を行うべきである」と提言され、平成13（2001）年の宮城大会から両大会を統合して「全国障害者スポーツ大会」として実施されることとなりました。統合にあわせて、これまで参加が要望されていた精神障害者と内部障害者の参画についても議論がなされ、平成14年より、精神障害者のバレーボールをオープン競技として実施し、平成20（2008）年からは正式競技として実施され、令和元年からは個人競技として卓球が導入されました（同年大会が中止のため、実際には令和4年の栃木大会より実施。）。また、内部障害者のぼうこう又は直腸機能障害の個人競技（陸上競技、アーチェリー、フライングディスク）についても、平成20年より参加が認められました。

そのほか、故ケネディ米大統領の妹ユニス・ケネディ・シュライバー氏により、1968年に、アメリカで、知的障害のある人のスポーツを通じた社会参加を応援する「スペシャルオリンピックス」が設立され、知的障害のある人達に様々なスポーツトレーニングとその成果発表の場である競技会を年間通じて提供する活動が行われてきました。1994年には、日本国内本部組織「スペシャルオリンピックス日本」が発足し、翌年には、

初の第1回夏季ナショナルゲームが熊本で開催され、2005年には、第8回冬季世界大会を長野県で開催するなど、取組の広がりを見せました。

3. スポーツ基本法、スポーツ基本計画の策定

2016年の東京の夏季オリンピック・パラリンピック招致への立候補を契機として、スポーツ基本法の制定の機運が高まり、平成23（2011）年6月、スポーツ振興法の全面改正により、スポーツ基本法が議員立法で制定されました。スポーツ基本法において、障害者スポーツについては、第2条において、「障害者が自主的かつ積極的にスポーツを行うことができるよう、障害の種類及び程度に応じ必要な配慮をしつつスポーツが推進されなければならない」との理念が掲げられました。それまでのスポーツ振興法においては、障害者スポーツに係る特段の規定がなかったことを考えると、障害者スポーツが明確なスポーツ行政の領域に加わった嚆矢と言えます。基本法では、スポーツの推進に関する施策の総合的かつ計画的な推進を図るため、スポーツ基本計画を定めることも規定され、翌年3月に、第一期スポーツ基本計画が策定されました。

ここでは、10年間の基本方針と5年間に実施する施策を示しており、障害等を問わず広く人々がスポーツに参画できる環境を整備することが基本的な政策課題とされました。

なお、障害者スポーツ関連の具体的な取り組むべき施策としては、

○地域のスポーツ施設が障害者を受け入れるための手引きや用具等の開発・研究の推進

○健常者と障害者がともに利用できるスポーツ施設の在り方について検討

○健常者と障害者が同じ場所でスポーツを行う方法やスポーツ障害・事故防止策等について、大学等での研究成果や人材を活用する取り組みを推進

○競技性の高い障害者スポーツについてトップアスリートの発掘・育成・強化の推進

などが掲げられました。ちなみに、第一期基本計画では、障害者に特化したスポーツ実施率の目標は特段明示されてはいませんでした。

4. 障害者スポーツ行政の厚生労働省からの移管とスポーツ庁の発足

そのころ、パラリンピック競技大会をはじめ、障害者スポーツにおける競技性の向上が目覚ましく、障害者スポーツ施策を福祉やリハビリテーションの観点に加え、スポーツの振興の観点からも一層推進していく必要が高まってきた平成26（2014）年4月からは、スポーツ振興の観点から行われる障害者スポーツに関する事業が厚生労働省から

文部科学省（スポーツ・青少年局）に移管され、障害者スポーツ振興室が設置されました。

具体的には、全国障害者スポーツ大会の開催、日本障がい者スポーツ協会（現 日本パラスポーツ協会）への補助、地域における障害者スポーツの普及促進などについては文部科学省が担うことし、厚生労働省は地域生活支援事業による地方自治体の取組、国立障害者リハビリテーションセンターにおける取組を担うこととされました。

他方、スポーツ基本法の附則第２条において「政府は、スポーツに関する施策を総合的に推進するため、スポーツ庁及びスポーツに関する審議会等の設置等行政組織の在り方について、政府の行政改革の基本方針との整合性に配慮して検討を加え、その結果に基づいて必要な措置を講ずるものとする。」とされたことから、スポーツ行政組織の在り方が検討され、平成27（2015）年10月に文部科学省の外局として、スポーツ庁が発足しました。スポーツ庁では、引き続き障害者スポーツに関する事務を取り扱うこととなったほか、スポーツ行政を総合的に推進する立場から、その司令塔として、障害者スポーツに関する総合的な推進を図ることとなりました。翌28年度の障害者スポーツ関連予算においては、特に、地域において障害者がスポーツに取り組みやすい環境を整備するため、都道府県･政令指定都市においてスポーツ関係者と障害福祉関係者が連携･協働体制を構築し、地域において一体となって障害者スポーツを推進するための取組を支援するなど、関係機関間の連携を促しました。そして、こうした地域における障害者スポーツの普及促進の方向性について具体的検討を行うため、「地域における障害者スポーツの普及促進に関する有識者会議」を設置し、平成28（2016）年３月に報告書を取りまとめました。この報告書では、障害者スポーツの推進は障害者の生きがいや生活の質の向上、地域社会の活性化、健康長寿社会や共生社会の構築にも貢献するとの考え方のもと、障害児のスポーツ活動の推進、障害者のスポーツ活動の推進、障害者と障害のない人が一緒に行うスポーツ活動の推進、障害者スポーツに対する理解促進、障害者スポーツの推進体制の整備等に関する各取組方策が示されました。この提言を踏まえ、障害のある人が効果的に日常的なスポーツ活動を行うため、身近な特別支援学校等を有効活用した障害児者の地域スポーツクラブ活動の実施や特別支援学校等における体育・運動部活動の実施に係る取組が促進されました。

5．東京大会の開催決定とレガシーの創出に向けた様々な動き、第二期スポーツ基本計画の策定と障害者スポーツの拡大

スポーツ基本法制定、障害者スポーツ行政の移管・一元化の動きとほぼ時を同じくして、平成24（2012）年２月に、東京は再び、2020年オリンピック・パラリンピック大会に立候補し、平成25（2013）年９月、ブエノスアイレスで開催された総会にて、

開催都市に決定しました。招致においては、障害者スポーツの一元化、オリパラ一体が強くアピールされました。

文部科学省では、オリパラ開催の2020年をターゲットイヤーとして、様々なレガシー創出に向けた検討や取り組みが推進され、障害者スポーツに関連するものも生まれてきました。

まず、平成29年3月に策定された第二期スポーツ基本計画（平成29年4月からの5か年）では、スポーツ庁として初の基本計画策定となりましたが、大会のレガシーとして、一億総スポーツ社会の実現を掲げるとともに、「する」「みる」「ささえる」の概念や、スポーツの価値の具現発信を打ち出しました。併せて、厚生労働省からの移管後最初の基本計画として、障害者スポーツの振興等を重点施策として明示しました。特に、障害者の週1回以上のスポーツ実施率を40％程度（若年層（7～19歳）は50％程度）とする政策目標を初めて掲げました。

そして、文部科学省、スポーツ庁関係では、2020年からの学習指導要領改訂も踏まえ、全国の特別支援学校でスポーツのみならず文化・教育活動も含めた全国的な祭典の開催を目指し、特別支援学校を拠点としたスポーツクラブの創設や、幅広い地域住民が参加する運動会等の取組（「Special 2020 プロジェクト」）が推進されました。具体的には、平成28（2016）年度に省内に推進本部が設置され、スポーツ庁のみならず、省横断的に施策の検討が行われ、翌年度以降、各種施策として推進されました。

こうした動きを受けて、より特別支援学校の運動・スポーツ活動を充実する観点から、全国大会の支援についても進められ、平成28年度から「全国特別支援学校ボッチャ大会（ボッチャ甲子園）」がスタートし、一部の障害種にとどまっていた特別支援学校児童生徒を対象とする全国大会整備のさきがけとなりました。

そして、オリンピック・パラリンピック開催が近づくにつれ、レガシー創出に向けたムーブメントの形成、障害者スポーツ団体への支援も深化していきました。

まず、東京招致に際し、当時の安倍総理の提唱で始まった「Sports for Tomorrow」プログラムでは、開発途上国をはじめとする世界のあらゆる世代の人々に、スポーツの価値とオリンピック・パラリンピック・ムーブメントを広げることを目指し、SFTコンソーシアム（官民協動体）を設立するなどの取組が進められました。パラスポーツに関する様々な国際交流も積極的に進められました。また、オリンピック・パラリンピック教育も積極的に進められ、全国各地のオリンピック・パラリンピック教育推進校において、競技体験、教員向けセミナーなどが実施されました。

パラリンピックを控えた競技団体への支援は拡大を続けました。競技力向上の観点からは、令和元年6月には「NTC屋内トレーニングセンター・イースト」が完成し、オリンピック競技とパラリンピック競技の一体的なトレーニング・強化活動の拠点の構築が進みました。

また、日本財団の支援を受けて活動を開始した「日本財団パラリンピックサポートセンター」（その後、「日本財団パラスポーツサポートセンター」に改称）では、運営基盤に課題があったパラリンピック競技団体の持続可能な運営体制構築のため、平成27（2015）年11月に共同オフィスを開設し、事務局人件費の支援や会計・翻訳など共通業務のバックオフィス機能の提供などの支援を通じて、競技団体の基盤強化に貢献したほか、パラスポーツ専用体育館「日本財団パラアリーナ」をオープンさせ、パラアスリートの練習環境向上に大きく寄与しました。

このように障害者スポーツに対する国民や社会の関心が高まる中、国としても社会全体で障害者スポーツの支援に取り組む体制を整え、特に、スポーツ団体や民間企業と連携して社会全体の取組に発展させる観点から、平成28（2016）年10月、水落文部科学副大臣をトップとする「文部科学省障害者スポーツ推進タスクフォース」を設置し、組織面・財政面で脆弱な障害者スポーツ団体への民間企業等からの支援について集中的に検討を行い、障害者スポーツ団体と民間企業のマッチングや、障害者スポーツ団体の事務局機能の強化などが提言されました。

しかしながら、これらの企業支援の拡充、団体の基盤強化などに関しては、現在も引き続き我が国の障害者スポーツの抱える課題として横たわっている状況です。

その他にも、平成29（2017）年4月の松野文部科学大臣メッセージ（当時）「特別支援教育の生涯学習化に向けて」を契機に、スポーツ活動も含む障害者の生涯にわたる多様な学習活動支援に向けた動きが活発化しました。特に、これら生涯学習支援活動に対する文部科学大臣表彰が平成29年度に創設され、スポーツ活動を含む障害者の生涯学習を支える活動が表彰対象となるなど、広く障害者スポーツを支援する施策の対象や輪郭は広がっていきました。

6. 障害者施策をめぐる国の動きに合わせた動き

平成20年代に入ると、スポーツ施策の観点の動きとは別途、障害者施策をめぐる国際的な動向、それを受けた国の動きも大きくなってきました。平成18（2006）年に採択され、平成20（2008）年に発効した障害者権利条約を受け、我が国は、障害者基本法の改正や障害者差別解消法の制定（平成25年6月成立、28年4月施行）などの法整備を進めました。特に障害者差別解消法では、「不当な差別的取扱いの禁止」「合理的配慮の提供」について、行政に対しては法的義務が課されました（民間事業者は努力義務とされました）。同法では、障害者の自立と社会参画にかかわるあらゆる分野が対象となり、スポーツ分野についても、「文部科学省所管事業分野における障害を理由とする差別の解消の推進に関する対応指針」が策定されました。その中で、留意事項として、

○合理的配慮は、一人一人の障害の状態や必要な支援、活動内容等に応じて決定され

るものである。本人・保護者等とよく相談し、可能な限り合意形成を図った上で決定し、提供されることが望ましい。

○障害者が使用する用具等が施設の管理・維持に与える影響の程度については、具体的場面や状況により異なるものであるため、当該場面や状況に応じて、柔軟に対応することが重要である。

と示されました。

平成30（2018）年に入り、いわゆる国における障害者雇用に関する事案が頻発したことを受け、文部科学省では、省全体として障害者の活躍の場の拡大に向けた取組を着実に進めていく必要があると考えられたことから、平成31年1月、省横断的に浮島文部科学副大臣（当時）をヘッドとする「障害者活躍推進チーム」が組織され、この中で、障害のある人のスポーツ活動を支援する観点から、「障害者のスポーツ活動推進プラン」が策定され、①小・中・高等学校に在籍する障害のある児童生徒のスポーツ実施環境の整備、②障害のある人がスポーツを実施するための拠点の整備、③スポーツイベントにおける障害者の観戦のしやすさの向上などの提言を行い、障害者スポーツの用具の拠点の整備などが進められました。

7．新型コロナウイルス感染症拡大に伴う影響と東京2020パラリンピック競技大会の開催

令和2（2020）年の新型コロナウイルス感染症の拡大は、発展を続けてきた我が国の障害者スポーツの在り方にも大きな影響を与えました。

はじめに、東京2020オリンピック・パラリンピック競技大会が、1年の延期となりました。このため、オリンピック・パラリンピックを契機としていた各種事業については、終期の見直しなどが行われました。また、全国障害者スポーツ大会が、台風で中止となった令和元（2019）年の茨城大会以降、3回連続で中止または延期となりました（令和2年の鹿児島大会が延期（令和5（2023）年へ延期）、令和3年の三重大会が中止。）。

また、障害者を取り巻くスポーツ環境にも変化が押し寄せ、例えば、広域における障害者スポーツの拠点施設である障害者スポーツセンターにおいても、感染防止の観点から、入館に当たって何らかの制限を課したり、所在地域外住民の利用を制限するなどの措置が行われ、障害者スポーツや「ともにするスポーツ」の広がりに影響を与えました。

スポーツの場や実施の状況にも変化があり、令和3年度のスポーツ庁調査によると、スポーツ施設でこれまで行われていた運動・スポーツを自宅で代替する動きが見られ、スポーツ実施率の向上、自宅での運動・スポーツ活動の実施率の向上が見られました。

そのようなコロナ禍の影響が残る中、1年の延期を経て、令和3（2021）年8月、東京パラリンピック競技大会が開催されました。その多くが無観客で行われましたが、

一部の自治体では、児童生徒の観戦も行われました。一方で、テレビなどでのパラリンピック観戦により、多くの人々が障害者スポーツを身近に感じる機会となり、実際、藤田（2023）の調査によれば、例えば、ボッチャは、平成26（2014）年には1.4%の認知度でしたが、令和3（2021）年には46.2%まで上昇し、全国的にほぼ認知度に差異がなく、飛躍的に普及が進んでいます。また、東京都の調査では、東京2020パラリンピック競技大会を見たと答えた人は4割を超え、リオ2016パラリンピック競技大会より大幅に増加したほか、8割を超える人が競技を楽しめたと回答し、大会の開催効果として、「障害者への理解促進」が41.3%、「パラスポーツの普及促進」33.2%、などが挙げられ、パラリンピックが人々に大きな影響を与えたことがうかがえます。その他の調査*においても、東京パラリンピック大会観戦後の感想について、「障害の有無に関わらずスポーツは一緒にできると感じた」が70.3%、「障害者への偏見がなくなった、身近な存在に感じた」が68.3%であり、パラリンピックが健常者と障害者、人々と障害者スポーツの距離を確実に縮めています。このように、東京パラリンピック競技大会の開催は、多様性やスポーツを通じた共生社会の実現の意義などについて、人々の理解を深めることに寄与したと言え、こうしたレガシーをどのように引継ぎ、発展・継承していくかが今後の課題となりました。

＊ 2021年度障害者スポーツを取巻く社会的環境に関する調査研究（ヤマハ発動機スポーツ振興財団　調べ）
https://www.ymfs.jp/project/culture/survey/017/pdf/ymfs-report_20220315_index.pdf

8．コロナ禍からの回復、第三期スポーツ基本計画と高橋プランの策定 ～ユニバーサルスポーツの推進などオリパラのレガシーの継承・発展に向けて～

コロナ禍の中で、様々な困難を抱えながら開催されたパラリンピックを経て、スポーツを通じた共生社会への理解の広がりは、東京大会の最大のレガシーの一つとして認識されるに至りました。このような状況下、令和4（2022）年に策定された第三期のスポーツ基本計画策定においては、スポーツを通じた共生社会の実現、多様な主体におけるスポーツの機会創出などの施策が掲げられたほか、障害者のスポーツ実施率についても、週1回以上のスポーツ実施率40%程度（若年層は50%程度）に加えて、年1回以上のスポーツ実施率を70%程度（若年層は80%程度）と定めました。また初めて障害者スポーツを体験したことのある者の割合について目標（20%程度）が掲げられました。

こうした基本計画で掲げられた方向性や施策をさらに体系化、深堀する観点から、令和4（2022）年6月、高橋はるみ大臣政務官（当時）をヘッドとする「障害者スポーツの振興方策に関する検討チーム」が設置され、8月に報告書がとりまとめられました。

この中で、健常者と障害者のスポーツを可能な限り一体のものとして捉え、「ユニバーサルスポーツ」の考え方を施策全般において推進することや、障害者スポーツの普及に当たっては障害者のスポーツへのアクセスの改善に向け、DX等の活用も含め多面的に取り組む方向性などを示しました。そして、障害者スポーツ団体の基盤や地域における障害者スポーツ体制を着実に整備しながら、障害者スポーツの普及・振興と、アスリートの発掘・育成・強化を両輪として進めることを明確にしています。また、無関心・非実施層対策として、スポーツを習慣化する好機である学齢期のスポーツ機会の充実の必要性から、特別支援学校等の運動部活動の地域連携・地域移行の対応を通じ、その活動の充実を図ることとされました。

そして、報告書を受け、スポーツ庁では、オリパラ後の地域における障害者スポーツの振興拠点としての障害者スポーツセンターの整備に向け、令和5（2023）年12月にスポーツ審議会健康スポーツ部会に障害者スポーツ振興ワーキンググループ（WG）を設置し、障害者スポーツセンターの役割や機能などについて議論を進めています。また、令和5年度からは、場にとらわれず、障害のあるなしにかかわらず、「ともにするスポーツ」の推進に向けて、オープンスペースを活用したインクルーシブなスポーツ環境の整備や、デジタル技術を活用した障害者スポーツ団体と民間企業の連携などについても新たな取り組みを進めています。加えて、重度障害者など、参画が困難な障害者のスポーツ実態に関する把握のほか、特別支援学校等の運動部活動の地域連携・地域移行についても、モデルとなる取組の創出を進めているところです。

また、障害者スポーツ団体と民間企業との連携は、平成28年の報告書でも指摘された通り、課題が引き続いている状況ですが、ポストオリパラ時代を迎え、障害者スポーツ団体と民間企業や社会との間に、新しい連携の形が生まれつつあります。例えば、特定非営利活動法人日本ブラインドサッカー協会は、企業研修の提供のほか、スポンサー企業等と連携して、視覚障害にかかわる壁を溶かすプロダクトやサービスの新規事業創出を支援する「VISI-ONEアクセラレータープログラム」や視覚障害者全般のお悩み相談窓口である「おたすけ相談窓口」を運営するなど、スポーツにとらわれない幅広い取り組みを広範に推進しているほか、スペシャルオリンピックス日本では、Be with ALL® 事業を通じて、支援企業との協働を通じた支援企業への価値提供を推進しています（例えば、航空会社の社員とスペシャルオリンピックスのアスリートの交流を通じ、航空会社としての、知的障害のある人への接客に当たっての知見やノウハウを提供する取り組みなどを実施しています。）。従来、単に「支援される側」であった団体が、今後は企業と協働し、「共に価値を生み出す」活動に重点を置いていくものと考えられます。

今後、令和6（2024）年4月1日からは、改正障害者差別解消法が施行され、差別的取り扱いの禁止と合理的配慮の提供が民間事業者に対しても義務化されることとなります。例えば車いす利用者の体育館利用などに未だ障壁があることが指摘される中、こうした動きが、障害者スポーツの現場に対して、より障害者スポーツの推進を着実に後押しするものとなるか、その動きを注視していく必要があります。

＜参考文献／サイト＞
笹川スポーツ財団「3．日本のパラリンピック『一人の情熱から始まった』医師・中村裕のエネルギー」
https://www.ssf.or.jp/ssf_eyes/history/paralympic/03.html
スペシャルオリンピックス日本ホームページ「スペシャルオリンピックスの沿革・歴史」
https://www.son.or.jp/about/history/
スポーツ庁「スポーツ基本計画」
https://www.mext.go.jp/sports/b_menu/sports/mcatetop01/list/1372413_00001.htm
スポーツ庁「障害者スポーツの振興方策に関する検討チーム報告書」
https://www.mext.go.jp/sports/b_menu/sports/mcatetop06/list/detail/1379526_00003.htm
スポーツ庁「地域における障害者スポーツの普及促進に関する有識者会議　報告書」
https://warp.ndl.go.jp/info:ndljp/pid/11287678/www.mext.go.jp/sports/b_menu/shingi/002_index/toushin/1369121.htm
スポーツ庁広報WEBマガジン・デポルターレ「「日本のパラスポーツの父」中村裕とは？大分県と障害者スポーツ」
https://sports.go.jp/tag/disability/post-94.html
東京都「東京2020パラリンピック競技大会後の都民意識調査の結果について」(2021年)
https://www.metro.tokyo.lg.jp/tosei/hodohappyo/press/2022/01/28/34.html
特定非営利活動法人日本ブラインドサッカー協会
https://www.b-soccer.jp/ex_program
内閣府「障害者差別解消法－障害を理由とする差別の解消の推進」
https://www8.cao.go.jp/shougai/suishin/sabekai.html
日本財団パラスポーツサポートセンター：団体概要
https://www.parasapo.or.jp/about/#story
日本障がい者スポーツ協会（2021）「障がい者スポーツの歴史と現状」
https://www.parasports.or.jp/about/pdf/jsad_ss_2021_web.pdf
藤田紀昭（2023）障害者スポーツに関する言葉の認知度に関する研究－2014年から2021年度の推移に注目して．日本財団パラスポーツサポートセンター・パラリンピック研究会紀要第19号，8-9.
文部科学省「障害者活躍推進チーム」
https://www.mext.go.jp/a_menu/ikusei/gakusyushien/mext_00992.html
文部科学省「障害者スポーツ推進タスクフォース」
https://www.mext.go.jp/sports/b_menu/sports/mcatetop06/list/detail/1379526.htm
文部科学省「特別支援教育の生涯学習化に向けて」
https://warp.ndl.go.jp/info:ndljp/pid/11402417/www.mext.go.jp/b_menu/houdou/29/04/1384235.htm
文部科学省「文部科学省所管事業分野における障害を理由とする差別の解消の推進に関する対応指針」
https://www.mext.go.jp/component/a_menu/education/micro_detail/__icsFiles/afieldfile/2019/04/11/1339465_0100.pdf
文部科学省「文部科学白書」(平成26・27・28年度、令和2年度版)
(平成26年度)
https://warp.ndl.go.jp/info:ndljp/pid/11293659/www.mext.go.jp/b_menu/hakusho/html/hpab201501/1361011.htm
(平成27年度)
https://warp.ndl.go.jp/info:ndljp/pid/11293659/www.mext.go.jp/b_menu/hakusho/html/hpab201601/1375335.htm
(平成28年度)
https://warp.ndl.go.jp/info:ndljp/pid/11293659/www.mext.go.jp/b_menu/hakusho/html/hpab201701/1389013.htm
(令和2年度)
https://www.mext.go.jp/b_menu/hakusho/html/hpab202001/1420041_00009.htm

第8章 地域の余暇リソースの活用

島根県立大学人間文化学部 教授 西村 健一

1.「3C「夢」club」について

「私の人生で、「3C「夢」club」は、やり残した仕事なんです！」

土江博昭氏は、私に熱く語りかけました。土江氏は、決して大柄ではありませんが、その体から発する熱量は私を圧倒しました。土江氏は、島根県雲南市の元教育長であり、雲南市の教育改革に人生の大半を捧げてきました。特に力を入れてきたのは、学校教育と社会教育を一体的に捉え、雲南市の地域で子どもを育てることです。「学校や家庭、地域、企業、NPO、行政が一体となって、社会教育を充実させることが大切なのですよ！」と土江氏は熱く語り続けます。

雲南市では「放課後子ども教室」(2007年〜) など数多くの事業を成功させ、地域における子どもたちへの社会教育の場を作り上げてきました。2018年度には、「放課後子ども教室」を416回開催し、4,667人（児童生徒3,537人、大人1,130人）が参加しました。しかし、土江氏は、「放課後子ども教室」に知的・発達障害のある子どもが参加していないことに胸を痛めていました。そこで、障害の有無にかかわらず、運動や余暇を楽しめる「3C「夢」club」を始めたのです。

3C「夢」clubは、雲南市の第３セクターである株式会社キラキラ雲南が提供する社会教育プログラムです。雲南市内の特別支援学校、特別支援学級、不登校、経済的に困難な家庭の児童生徒を対象としています。3C「夢」clubは、「Chance：機会を活かす」「Challenge：果敢に挑戦する」「Change：変化・進化する」の各コンセプトの「C」を用いた名前です。知的・発達障害のある子どもたちが、様々な体験場面を通して出会いを繰り返すなかで、自分自身の新しい個性を発見することを目的としています。知的・発達障害のある子どもの社会参加に向けた基礎的な力を培うとともに、学校・家庭・地域・行政などが連携し、誰一人取り残さない地域環境を実現することを目標にしています。

令和４年度の3C「夢」clubの活動は、「水泳と水遊び」「楽しい絵画と楽しい書道」「お花を楽しくいけましょう」「雲南市を歩いて新しい何かを発見しよう」「手芸・ものづくりの世界」「役に立つ楽しい料理教室」「つくって遊ぼう」の７教室で、月２回開催されています。子どもたちは毎回自分で好きな教室に参加できます。ここで、「役に立つ楽しい料理教室」に参加している、花子さん（仮名）の例を紹介しましょう。

2. 花子さんの物語

花子さんは地域の特別支援学校に通う中学部２年生です。おしゃべりの好きな花子さんは、小さい頃から料理が大好きです。花子さんは、月２回の「役に立つ楽しい料理教室」に参加するのを心待ちにしています。なぜならば、料理教室の山田先生は、全国でも名を知られる有名店の料理人だからです。山田先生は、食材の持ち方、包丁の使い方、肉の焼き方など、花子さんが知らないことを毎回ゆっくりと教えてくれます。花子さんは、料理をするたびに、山田先生のお店で働いている料理人になった気分でした。

調理活動を楽しんでいる花子さんを見て、山田先生は提案しました。「今度、僕のお店に来て働いてみる？」。この提案を聞いて花子さんはとても驚き、すごく喜びました。そこで、202X 年の夏休みを使って、１週間お店の厨房で料理人体験をすることにしたのです（図１)。

初日、山田先生から「働く」という意味を分かりやすく教えてもらいました。「料理を作る時には、食べる人が幸せになれるよう心を込めて作ることが大事だよ」。その後、調理人の服装に着替えて、調理体験の始まりです。花子さんの目の前には、見たことのない大きな牛肉の塊が置かれていました。花子さんは、牛肉専用の長い包丁を使って、３センチのサイコロステーキに切り分けていきます。山田先生は、花子さんが困った時だけアドバイスをしてくれました。次の日には、30 個ほどのサザエがまな板の上に並びました。サザエの刺身つくり体験です。このように、毎日いろいろな調理を経験しました。

１週間の料理人体験活動をした花子さんは、とても満足そうでした。見たことのない本物の食材や調理器具に触れたことに加えて、お店で料理人体験を１週間やり遂げたという充実感も味わっていました。一方、山田先生は、他の料理人とも良好な人間関係を築けたことに驚いていました。花子さんが元気な挨拶とともに調理場に来るだけで、厨房の雰囲気が明るくなるのです。

図１　サイコロステーキを焼く花子さん

最終日に、山田先生は「今度はアルバイトとして、私の店で働いてほしい」と花子さんにオファーをしました。花子さんがすぐに返事をしたのは言うまでもありません。

花子さんの事例のように、3C「夢」club は、知的・発達障害のある子どもたちにとって必要な場所になっています。自分の夢に向かってチャレンジをできる環境を整えていくことは、ウェルビーイングを実現するうえで必要なのです。

注：本事例は、個人情報に配慮して記載しています。

3. 3C「夢」clubを対象とした調査研究

島根県立大学の西村研究室は、当初より3C「夢」clubのボランティア活動やプログラム作成などに全面協力をしてきました。そして、ゼミ配属の学生（当時）の原田帆乃歌さん、三浦佳奈美さんと一緒に、3C「夢」clubの地域における役割についても調査研究を実施しました。

3C「夢」clubに関わる各教室の指導者（14名）に自由記述式アンケートを実施し、11名から回答を得ました（回収率78.6%）。アンケート項目は、①名前、②参加している教室のコース名、③参加している子どもの素晴らしいところ、④参加している子どもへの願い、⑤3C「夢」clubの活動に関して気づいたことでした。回収した記述をラベリングしたのち分類をしました。紙面の都合上、③参加している子どもの素晴らしいところの回答の一部、3C「夢」clubで育った子どもの良さについて紹介します（表1）。

表1　3C「夢」clubで育った子どもの良さ

分類		回答
3C「夢」clubで育った子どもの良さ(16)	自己統制(5)	・規律や集団行動への理解が進んでいる(2) ・自主的、自発的に行動する(2) ・自分の能力に合った活動をする(1)
	技術(4)	・花の扱いが上手になった(1) ・思い思いに作品を作る(1) ・2、3作品を描き上げる(1) ・少しのアドバイスで上手く描ける(1)
	指導者との関わり(4)	・子どもと一緒に過ごす時間が楽しく充実している(2) ・子どもから教わることが多い(1) ・指導者とだんだん打ち解けあっている(1)
	異年齢での関わり(2)	・経験者が未経験者に指導する(1) ・道具を他の子どもと共有して使う(1)
	参加(1)	・保護者と離れて活動に参加している(1)

（　）内の数字は回答数

3C「夢」clubで育った子どもの良さとして、最も多いのは「自己統制」でした。知的障害・発達障害のある人にとって、他人や集団にあわせて折り合いをつけることはとても重要なことです。3C「夢」clubでは、自分の好きなことにチャレンジする中で、地域参加に向けた基礎的な力が培われていることを確認することができました。

また、指導者や異年齢との関りがもてていることも大事なポイントです。同学年ではなく、幅広い年齢の人と一緒にウェルビーイングを実現していく貴重な場にもなっていました。

4. ウェルビーイングを大切にする地域づくり

これまで、3C「夢」clubの取り組みを通して、地域における運動・余暇リソースの活用について述べてきました。もちろん、全国各地は社会リソースが異なりますので、3C「夢」clubをそのまま実施することは難しいでしょう。本事例から活用できるところを応用して、ウェルビーイングを大切にする地域づくりを進めましょう。

草郷（2022）は、海外の事例をもとに、地域社会がウェルビーイングを大切にするまちに変わっていくためのポイントを挙げています。

①当事者目線で問題に向き合う

②当事者自身が問題解決に動く

③当該地域と地域外との関係を意識する

④行政と市民の協働

⑤制度、社会、経済、環境の持続性

⑥柔軟で長期的な視点を持つ

地域社会を変えていくためには、長期的視点に立ち、当事者目線、当事者協働、地域間連携という形で地域協働を推し進めていくことが大切であるといえます（草郷, 2022）。誰かがしてくれるのを待つのではなく、知的障害・発達障害のある人の視点に立ちながら、当事者意識をもって行動することが求められるのです。前述の土江氏は、「学校や家庭、地域、企業、NPO、行政が一体となって、社会教育を充実させることが大切なんですよ！」と語っていました。この仲間の輪に、大学も入れてもらえるように今後も頑張りたいと思います。

実は、雲南市には学校教育と社会教育を一体のものとして捉え、体系的に発展させた先達がいました。森信三氏（哲学者）によって「戦後教育界の巨人」と呼ばれた加藤歓一郎氏です。加藤氏は、雲南市日登中学校の校長として着任後、「社会教育を抜きにして学校教育を考えることは難しい」と考えて、公民館を中心とした社会教育に取り組みました（福原, 1998）。加藤氏による「地域で地域の子どもを育てる」考え方は、今も雲南市に文化として脈々と引き継がれています。それは、古から伝わる「たたら製鉄」に揺らめく炎のようです。その炎は熱を保ったまま、次世代にも引き継がれることでしょう。

先日、土江氏と日本海名物の“のどぐろ”料理を囲みながら、今後の3C「夢」clubについて語りました。土江氏の3C「夢」clubにかける想いはますます燃えています。ぜひ、あなたの地域でも、ウェルビーイングを大切にする地域づくりを進めてください。

＜引用・参考文献・資料／サイト＞

草郷孝好（2022）ウェルビーイングな社会をつくる―循環型共生社会をめざす実践. 明石書店.
西村健一（2023）個性を育む創造プロジェクト報告書.
福原宣明（1998）魂の点火者―日登教育と加藤歓一郎先生. 報光社.
3C「夢」club　https://3cyumeclub.studio.site/

第2部

ウェルビーイングを高める指導・支援を実践しよう！

事例 1

時間感覚の体感を重ねて、タイムマネジメントの基礎づくり

熊本大学教育学部附属特別支援学校 教諭　後藤 匡敬

「玄関から保健室まで何分何秒？」のような問いに対して、予想し、実際に測ってみて、予想と実測を照らし合わせる（フィードバック）経験から、タイムマネジメントの基礎、時間の感覚を身に付ける中学部「数学」を中心とした取り組みです。時間の感覚を身に付け、感覚と行動を結び付けることを目指し、メタ認知の力にも結び付けたいと考えました。将来的にはスケジュール感覚や、端末利用のセルフケアなど、就労だけでなく、生活や余暇にも役立つ時間感覚を身に付けることを目指します。2022年夏にオンラインで開催された静岡大学の塩田真吾先生の情報モラル研修を受講した後に実践した事例です。

基本情報

対象：知的障害特別支援学校　中学部　全学年　６人
教科：数学、職業・家庭科（職業分野）「情報」

単元計画

次	内　容	期　日
1	【数学】 実際にかかる時間を測ろう ・玄関から保健室まで歩いた時間 ・下靴から上靴に履き替え玄関から保健室まで歩いた時間	2022年9月1日 2022年9月8日
2	【職業・家庭科（職業分野）「情報」】 「使いすぎ」について考えよう	2022年12月22日

授業・支援の展開

この取り組みは、「子どもより大人の方が時間の感覚が分かるのは、大人の方が経験があるから」という静岡大学の塩田真吾先生のお話を伺い、生徒に時間の感覚を身に付ける経験を積んでほしいと思い実践したものです。研修の中では、受講者であった私自身が、ある時間を予想して経験し、結果をフィードバックするという一連の流れを体感

的に味わいました。そこで、授業で「時間の予想→経験→結果のフィードバック」という一連の流れを生徒が経験できる学習内容を考えました。

（1）数学：実際にかかる時間を測ろう

授業の前半で「時間の予想→経験→結果のフィードバック」のサイクルを完結させ、その流れを定期的に実施し、時間感覚が身に付くようにアプローチしました。

（2）職業・家庭科（職業分野「情報」）：「使いすぎ」について考えよう

静岡大学の塩田先生が開発された教材「特別な支援を要する子どものためのネット・スキル・トレーニング」の「使いすぎ編」を使い、スマートフォンやタブレットの使い過ぎについて考える中で、使いすぎと感じる時間は人によって違うことや、実際に自分がどのくらいの時間使っているのかを意識する機会を作りました。

指導・支援の経過

（1）数学：実際にかかる時間を測ろう

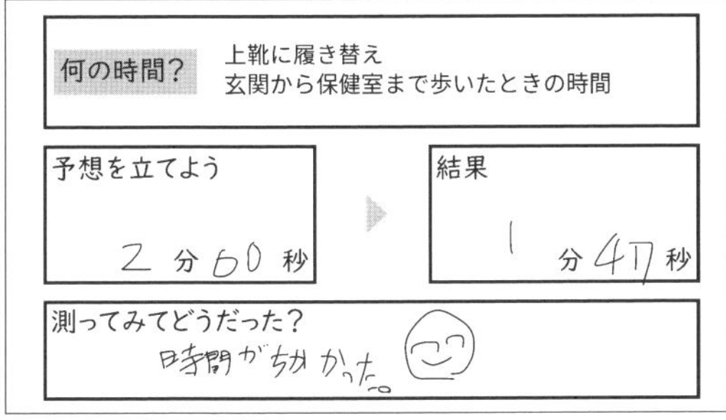

図1　予想と結果を記入

図2　玄関から保健室までの時間を計測

「玄関から保健室まで歩いた時間はどのくらい？」と発問し、それぞれ予想を立てました（図1）。その後、いつもの自分のペースで歩くことを条件とし、実際に玄関から保健室まで歩いてストップウォッチで実測しました（図2）。その結果を返し、「測ってみてどうだった？」と感想を尋ねました。初回の結果は表1のとおりです。

表1　初回の計測結果

初回（9月1日）	予　想	結　果	予想と結果の誤差
Aさん	3分	1分31秒	1分29秒
Bさん	3分30秒	1分35秒	1分55秒
Cさん	1分	1分27秒	27秒
Dさん	2分40秒	1分25秒	1分15秒
Eさん	1分30秒	1分23秒	7秒
Fさん	欠席	欠席	ー

翌週、今度は「下靴から上靴に履き替え玄関から保健室まで歩いた時間」と、初回の条件に一部追加し、同様に「時間の予想→経験→結果のフィードバック」のサイクルで授業を行いました。

表2　翌週の計測結果

9月8日	予　想	結　果	予想と結果の誤差
Aさん	2分30秒	1分22秒	1分8秒
Bさん	2分	1分47秒	13秒
Cさん	1分20秒	1分38秒	18秒
Dさん	2分15秒	1分36秒	39秒
Eさん	欠席	欠席	−
Fさん	立てられない	1分31秒	−

すると、予想と結果を立てることができた４人（A～Dさん）とも、予想と結果の誤差が初回よりも小さくなりました（表２）。全く別の条件ではなく、一部を変えたことで、前回の結果を生かすことができたと思われます。たった２回の実施でしたが、時間の感覚が身に付いた様子が顕著に見られました。一定の条件をそろえながら、部分的に少しずつ条件を変えたり加えたりして、「時間の予想→経験→結果のフィードバック」というサイクルを経験していくことの大切さを感じました。

また、初回よりも条件が加わったにもかかわらず、結果の時間が短くなる生徒がいましたが、２回目で見通しがもてて行動がしやすくなったことが影響していると考えられます。他にも、結果のフィードバックを生徒自身に分かるように伝える大切さや、Fさんのような「結果を間違いたくない」という生徒に対して、「予想だから違うのは当然だよ」と、生徒の感情に配慮しながら伝える支援の在り方も考えさせられました。

（2）職業・家庭科（職業分野「情報」）：「使いすぎ」について考えよう

「特別な支援を要する子どものためのネット・スキル・トレーニング」の「使いすぎ編」をアレンジして活用しました（図３）。スマートフォンなどの使いすぎについて、「夜10時にメッセージを送ってくる」「ゲームで毎月500円以上お金を使っている」「いつもネットやゲームの話をしている」「夜９時までゲームやYouTubeで遊んでいる」という４パターンのカードを、

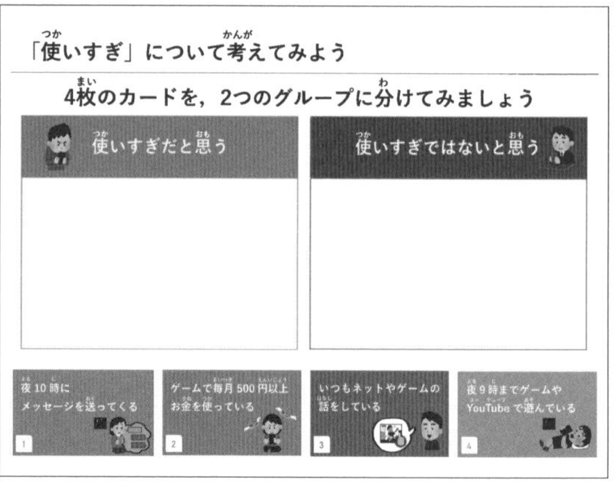

図３　「使いすぎ」について考える

自分の判断で「使いすぎだと思う」「使いすぎではないと思う」という２グループに分別する活動を行いました。ロイロノート・スクール上で行い、それぞれ考えた結果を一斉に画面で一覧にして共有しました（図４）。回答結果が人によって様々であることや、共通しているカードがあることを、一覧を見ながら教師と確認し、使いすぎと感じる時間は人によって違うことを実感できました。

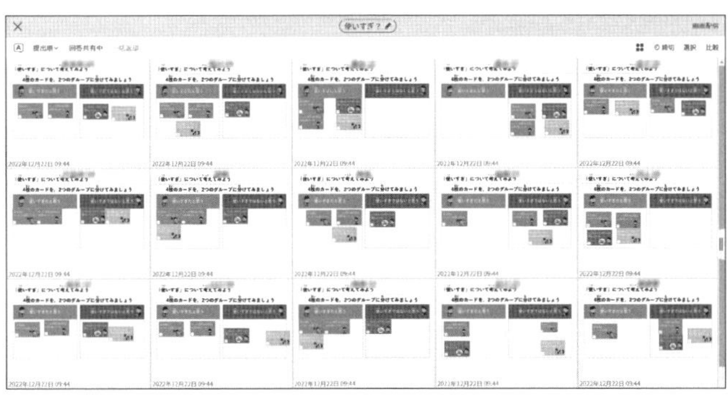

図４　ロイロノート・スクールでみんなの「使いすぎ」を可視化

また、自分がスマートフォンやタブレットを一日のうちどのくらい使っているのか、可視化する活動に取り組みました（図５）。学校にいる時間や寝る時間から書き込んでいき、食事や入浴の時間を埋めていくと、隙間が埋まっていきます。その中でスマートフォンなどを使う時間を分かりやすい色で記入しました。スマートフォンなどを使うこと以外に、自分がしたいことを見つけることにも意識を向ける機会となりました。

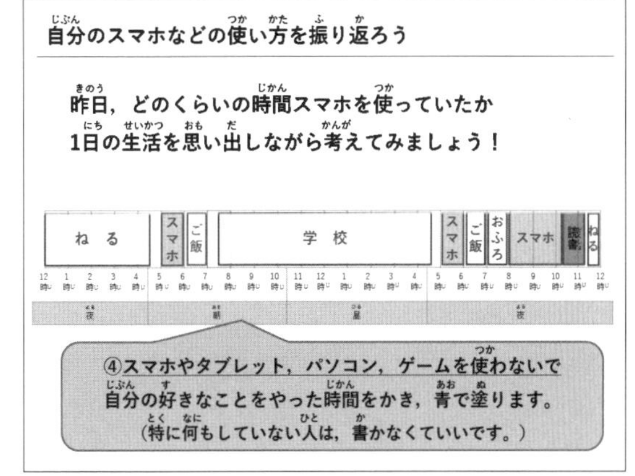

図５　振り返り

指導・支援を振り返って

時間感覚や金銭感覚など、感覚を育むには何より経験が大切であることを痛感した取り組みでした。こういった基礎となる感覚が育まれることで、その先の自己調整力や自ら生活を整えようとする態度へとつながっていくと思われます。また、既存の教材をうまく活用することで、その教材で何ができるかという授業づくりに力を注ぐことができます。今回使用した教材は、PDFの指導案と併せてスライドのデータがPowerPointで配付されており、手軽に活用でき、大変ありがたかったです。

<引用・参考文献／サイト>

塩田真吾・橋爪美咲・香野毅（2020）特別な支援を要する子どものためのネット・スキル・トレーニング. 静岡学術出版.
静岡大学教育学部 塩田真吾 研究室「特別な支援を要する子どものためのネット・スキル・トレーニング」 http://shiotashingo.main.jp/?p=884

事例
2

ARアプリで体を動かそう

茨城県立協和特別支援学校 教諭・小学部主事　藤田 武士

Apple社のタブレット端末iPad用のアプリ「Active Arcade」を使って、楽しみながら運動に取り組むことができる事例を紹介します。

「Active Arcade」は、アプリ自体は無料で、学校においては、BYOD端末だけでなく、GIGA端末でも、Wi-Fi環境さえ整っていれば、インストールして使うことができます。もちろん、学校のみならず、自宅や放課後等デイサービスなどでもiPadとWi-Fi環境があれば、手軽に楽しく運動を楽しむことができます（大きなモニターがあればなお良いです！）。

基本情報

アプリの楽しみ方は簡単です。

①アプリを起動する。
②やってみたいアクティビティーを選択する。
（2023年１月現在、14種類のアクティビティーが用意されている）
③画面の指示に従ってiPadを設置する。
（映る範囲が、体全身か、上半身だけでいいのかなど、図解で教えてくれる）
④iPadの前に立つと、iPadのカメラが対象者を認識してくれる。
⑤画面の指示に従って、体の動きを認識させる。
（例えば、左右の手を動かすと、その動きを認識し、画面上のアイコンが手の動きに連動して動いてくれるようになる）

ここまでくれば、ゲームスタートです。直感的に操作することができるので、比較的障害の程度に関係なく、画面を見ながら体を動かして、活動を楽しむことができると思います。

取り組みについて

実際に授業や活動で使ってみる前に、自分たちでやってみるのが一番です！　試してみる中で、「このアクティビティーは○○さんにいいんじゃない？」「この動きって、○○さん得意じゃない？」などと、実際の授業や活動場面や子どもたちをイメージしながら“教材研究”に花が咲くのではないでしょうか。我々にとっても、楽しみながら、イメージしながら、前向きに授業や取り組みに向かうことができるのではないかと思います（意外と私たち教員のほうがはまってしまって……自宅でこっそりやっていたりして ?!!?)。

取り組みの展開

この取り組みは、授業でも、余暇活動でも、毎日の運動でも、どのような場面でも手軽に、ちょっとした隙間時間で取り組めるのではないかと思います。このアプリを使った体を動かす取り組みがメインではなく、授業をはじめとする様々な活動の中に、ちょっとした“味変”という感じで、活動を意味付けするエッセンス、調味料的存在として組み込んでみてはいかがでしょうか？

以下では、場面設定をして紹介しますが、取り組みの内容はほとんど変わりありません。どの場面で、どのような意味付けをするのかという、授業づくりの視点で述べます。

（1）朝の運動の一つとして

例えば、毎朝の運動の一環として取り組んでみてはいかがでしょうか？

普段は、グラウンドや体育館をランニングする場合でも、天候だったり、他の学年との兼ね合いだったりで、いつもの活動ができない時でも、Active Arcade は、教室で手軽に取り組むことができます。もちろん、みんなで一緒にエアロビクスやストレッチをしても構いません。みんなと一緒だったり、１人でじっくりだったり、「運動をする」という取り組みを、環境や状況、児童生徒の気持ち状態などに応じて、選択肢の一つとして活用することができるのではないかと思います。

（2）自立活動の中で

図１は、小学部での取り組みの様子です。iPad の前でジャンプをすると、画面内のウサギのようなキャラクターもジャンプをして、どんどん画面の上に進んでいくことができます。上へ上へと進むにはジャンプも大切なのですが、キャラクターの位置も大切です。キャラクターの位置を調整するには、自分自身が左右に動く必要があります。大きく動きすぎると画面上のキャラクターが落ちてしまいますし、動きが小さすぎると反応してくれない……。ゲームをしながら、そのさじ加減を調整していく必要がありますが、トライアンドエラーを繰り返しながら取り組んでいます。

図１　iPadの前でジャンプ！（小学部）

（3）余暇活動として

小・中学部ではGIGA端末、高等部では就学奨励費で購入した端末を、授業だけでなく、日常生活でも活用することが多いかと思います。また、１人１台の端末が整備されたことで、休み時間なども児童生徒がルールの中で自由に端末を使うことができる学校もあると思います。そうした場面でもこのアプリを活用することで、受動的な使用ではなく、能動的で活動的な活用ができるのではないかと思います。もちろん、天候や環境が問題なければ、外に出て体を動かすことはもちろんですが、楽しみの一つとして、こうしたアプリを活用して、ゲーム感覚でプラス体を動かせる活用もいかがでしょうか？

今回は、「Active Arcade」というアプリを紹介しながら、様々な活用方法を紹介、提案しましたが、AR系のアプリは今後もいろいろ出てくると思います。すでに私が知らないアプリがあったり、この書籍が出版される頃には、新たなARアプリが登場していたりするかもしれません。ぜひ、この本をお読みいただいた先生方からも「こんな取り組みをしてみたよ！」「こんなアプリがあるよ！」といった情報をいただけると、嬉しいです。

取り組みの経過

実際にどのように活用したのかを紹介します。

（1）朝の運動

ゲーム感覚で取り組むことができることから、友達が取り組んでいる姿を、他の生徒もよく見ている様子が見られました。また、友達が取り組む様子を見ることで、画面に表示されるポインターと人の手の動き（腕の動き）が連動しているという、因果関係も直感的に理解することができ、特に教師側から説明をしなくても取り組むことができていました。

図２　タイミングよく腕を動かす

ただ、iPadのカメラ（センサー）の関係で、２〜３ｍほど離れた位置で体を動かす必要があるのですが、活動に集中してしまうとどんどん前に（画面に）近づいていってしまうので、床に目印をして、体を動かす範囲を決めるようにしました。

もともと学校オリジナルのエアロビクスや動画共有サイトで公開されているエクササイズ系の動画を見て体を動かすことが好きな生徒が多かったので、この運動も、回数を重ねるごとにタイミングよく腕を動かすことができるようになったり、腕をはっきりと動かすようになったりと、生徒なりに工夫して取り組む様子が見られるようになってきました（図2）。

（2）休み時間

休み時間など、自分から何かするというより、何をしてよいか分からず、ただ時間を過ごしてしまっている生徒もいることから、こうしたアプリを活用して、アクティブに動くことにプラスして体を動かすことで、楽しみを見いだせればと考えました。

図3は、画面下部に出てくるモグラを自分の手で叩いていく、モグラ叩きゲームです。画面に生徒自身の姿が映り、手を動かすとモグラを退治することができるので、こちらも直感的に操作ができました。取り組み自体は、回数を重ねると上手にできるようになってくるのですが、それ以上に、自分のゲームが終わると友達に順番を譲ったり、次にやる予定の生徒は、今やっている友達が終わるまで待ったりと、友達を意識し、状況を見極めながら活動に参加する様子が見られました。もともとは、体を動かすことや休み時間の過ごし方を目的に取り組んでみたのですが、上記のような様子が見られ、生徒の日々の成長をこうした場面でも確認することができました。

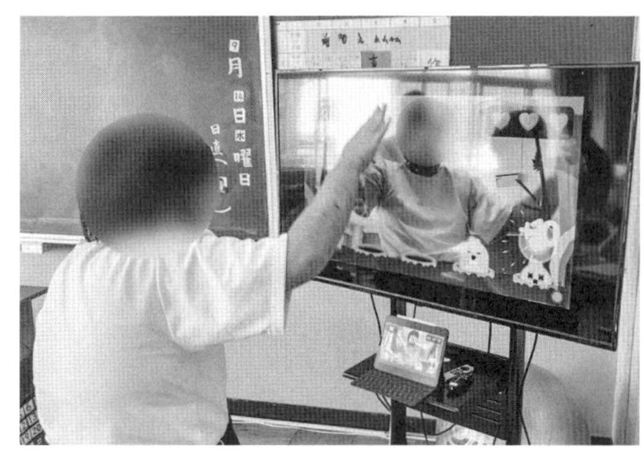

図3　休み時間もアクティブに！

取り組みを振り返って

AR アプリの活用は、メインの学習活動というより、日々の学習や生活の中に組み込むことを意識して実践してみました。活動を通じて、普段、どちらかというと教師側からの働きかけが起点で活動に参加する生徒も、自分から他の友達がやっているところに近づき、「次は私です」と言わんばかりに順番を待つ様子だったり、友達が活動する様子を真剣に見つめ、やり方を理解する様子だったりと、“自分から関わる（関わろうとする）”様子がたくさん見られました。

授業となると、どうしても教師が説明をして、約束を確認して……などと、生徒には受動的な活動になってしまいがちです（ここは変えていかなければいけないのですが……）。今回は、授業の導入部分であったり、休み時間などの隙間時間であったり、ある意味、ゆとりのある時間での活動だったことで、生徒だけでなく、教師側も「できる人はやってみようか！」「ちょっとやってみない？」といったゆとりのある気持ちが生まれ、生徒の主体的な動きを待てたのだと感じました。

事例
3

隙間時間でちょこっとできる運動遊び

茨城県立協和特別支援学校 教諭･小学部主事　藤田 武士

体の動かし方やバランス、左右の連携、手と目の協応動作などをアイスブレイク的な取り組みの中に組み込み、学年や学期はじめのクラスづくりや、体育での体つくり運動、児童生徒の実態把握などの部分などでも活用できる取り組みです。児童生徒にとっては「できること＝嬉しい」「できないこと＝できるようになりたい」などという気持ちを通じて、運動を楽しむ、体を動かす、仲間と協力するといった部分を育むことができればと思います。

基本情報

今回は、私が授業の導入や朝の運動のみならず、日常生活の中などでもよく取り組んでいる①ゴミ箱シュート、②フラフープスクワット、③フラフープ運び、④ボールキャッチの４つを紹介します。

取り組みの計画

（1）ゴミ箱シュート

「ゴミを捨てる」――日常生活の中でよくある何気ない動きではありますが、ちょっとした言葉掛けや教師側からの仕掛けで、ゲームにも、アセスメントにもなる活動です。学年の初めなどに取り組んでみてはいかがでしょうか？

（2）フラフープスクワット

初めは２人組で、両手でフラフープを握って、掛け声をかけて、タイミングを合わせてスクワットします。掛け声を合わせるだけでなく、動きも合わせることを意識します。慣れてきたら４人くらいまで人数を増やしていってもよいと思いますし、フラフープではなく、広げた新聞紙に風船をのせても面白いかもしれません。風船を落とさないように……。

（3）フラフープ運び

フラフープスクワットに続いて、フラフープ運びを紹介します。ここでは単にフラフープを持って運ぶのではなく、人差し指一本を使って運びます。初めは３人もしくは４人から始めるとよいでしょう。全員が人差し指だけ伸ばし、体の前に出します。全員が出した人差し指の上にフラフープを乗せ、それを落とさないように運びます。

(4) ボールキャッチ (図1)

体育のボール運動の導入でよく取り組みます。初めは2人、お互いボールを一つずつ持ち、向かい合って立ちます。「せーの!」の掛け声で、お互いが持っているボールを交換します。タイミングを合わせてボールを受け渡しするのがポイントです。慣れてきたらお互いの間隔を1m、2m、3mと広げていきます。間隔が広がれば、ボールを渡すというより、下手で投げてパス交換する形になります。投げたボールがぶつからないように、相手が取りやすい高さに投げる、どうすればうまくいくかをお互いがコミュニケーションしながら取り組むことがポイントです。

うまくできるようになったら、3人、4人、5人……と人数を増やしていくとよいでしょう。3人以上になると、隣の友達にボールをパスして、それと同時に反対側からボールがパスされます。間接視野や、ボールを投げる力加減なども調整する必要があります。

図1　ボールキャッチ

取り組みの展開

(1) ゴミ箱シュート

「○○さん、これ捨ててくれる?」と、丸めた紙くずを“ポンッ”と下手投げで言葉掛けをした児童生徒にパスをします。そこで教師側はその児童生徒の動きを観察します。

- 言葉掛けに反応したか
- 紙くずを目で追えるか
- 飛んできた紙くずを取ろうと構えたか
- 手を出して取ろうとするか
- どちらの手で取ろうとしたか(両手か、片手か)
- 手を出すタイミングはどうか

など、紙くずが飛んでくるという一瞬の動きの中で、児童生徒の様々な実態・能力を確認することができます。飛んできた紙くずをうまくキャッチできれば拍手で称賛し、「ゴミ箱にポンって投げてみて(今日だけ特別ね!)」と次の仕掛けをすることができます。また、キャッチできなくても、「それを拾って先生にパスして」や、キャッチできた時と同じように、「ゴミ箱にポンって投げてみて(今日だけ特別ね!)」などと、次の仕掛けをしてみてください。キャッチするということに続いて、投げるという部分でも確認ができるかと思います。

ドッジボールやバレーボール、野球のボールなどは、ちょっと怖さを感じる児童生徒でも、紙くずであれば怖さも軽減され、捕る・投げるという動作ができるのではないでしょうか。

(2) フラフープスクワット・フラフープ運び

この2つは、朝の運動の時間にウォーミングアップや、協調性アップを狙って、よく取り組みます。うまくできればそれに越したことはないのですが、どちらかというと、協力する気持ちを育むことに重点を置いています。掛け声であったり、力の入れ具合であったり、相手に合わせる動きや、高さを調整する動きなどが求められます。

(3) ボールキャッチ

図2は、授業の一例です。「手を使ったボール操作」の部分で、体を動かしながら、いろいろなボールキャッチをしています。最終的には、2人一組でパス交換ができるところを目指し、プラスαで、チームの一体感を引き出すために、3人一組でのパス……隣へパス、を取り入れています。前述したように、取り組み具合によって、人数を増やし、より難易度・達成度を高めてもよいかと思います。児童生徒の実態や、状況に応じて工夫してみてください。

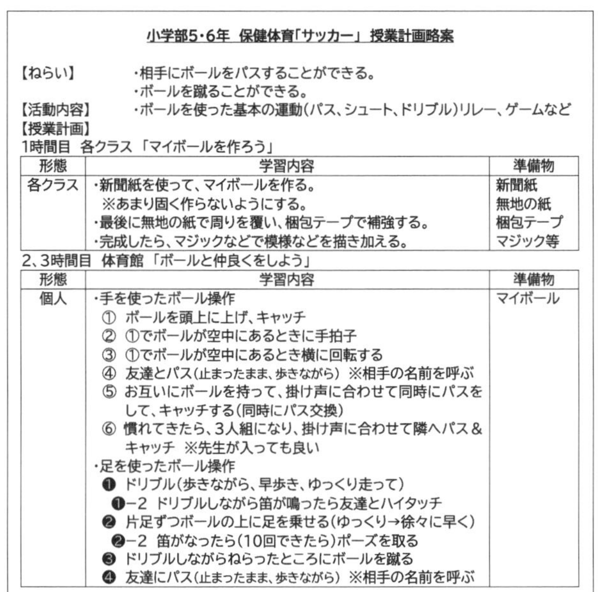

小学部5・6年　保健体育「サッカー」　授業計画略案

【ねらい】　・相手にボールをパスすることができる。
　　　　　　・ボールを蹴ることができる。
【活動内容】　・ボールを使った基本の運動(パス、シュート、ドリブル)リレー、ゲームなど
【授業計画】
1時間目　各クラス「マイボールを作ろう」

形態	学習内容	準備物
各クラス	・新聞紙を使って、マイボールを作る。 ※あまり固く作らないようにする。 ・最後に無地の紙で周りを覆い、梱包テープで補強する。 ・完成したら、マジックなどで模様などを描き加える。	新聞紙 無地の紙 梱包テープ マジック等

2、3時間目　体育館「ボールと仲良くをしよう」

形態	学習内容	準備物
個人	・手を使ったボール操作 ① ボールを頭上に上げ、キャッチ ② ①でボールが空中にあるときに手拍子 ③ ①でボールが空中にあるとき横に回転する ④ 友達とパス(止まったまま、歩きながら) ※相手の名前を呼ぶ ⑤ お互いにボールを持って、掛け声に合わせて同時にパスをして、キャッチする(同時にパス交換) ⑥ 慣れてきたら、3人組になり、掛け声に合わせて隣へパス＆キャッチ ※先生が入っても良い ・足を使ったボール操作 ❶ ドリブル(歩きながら、早歩き、ゆっくり走って) ❶−2 ドリブルしながら笛が鳴ったら友達とハイタッチ ❷ 片足ずつボールの上に足を乗せる(ゆっくり→徐々に早く) ❷−2 笛がなったら(10回できたら)ポーズを取る ❸ ドリブルしながらねらったところにボールを蹴る ❹ 友達にパス(止まったまま、歩きながら) ※相手の名前を呼ぶ	マイボール

図2　授業計画略案

取り組みの経過

(1) ゴミ箱シュート

ゴミ箱シュートは、アセスメント的な取り組みなので、観察ポイントを踏まえてチャレンジするとよいでしょう。ゴミ箱シュートに限らず、例えば、「○○さん、引き出しの上から2段目に入っているスティック糊を取って」と言葉掛けする中にも、様々な要素があり、児童生徒が何をどこまで分かっているのかを知ることができます。何気ない関わりかもしれませんが、単に「スティック糊をとってほしい」という目的を達成するだけでなく、教師側が意図をもって言葉掛けをすることで、目的以上に収穫を得ることができるでしょう。

(2) フラフープスクワット

自分だけ速くても、遅くてもうまくいきません。タイミングを合わせる、相手に合わせることが大切になってきます。また、手を抜くとタイミングがずれますが、遅くなった仲間を置いてけぼりにしても、タイミングがずれます。ちょどよい加減を見つけ、い

かに全員でスクワットを10回達成できるか、児童生徒は工夫し始めます。

（3）フラフープ運び

「もうちょっと高くして！」と周りに言った生徒は、他から見れば1人だけ先走ってしまった生徒でした。そこをICTで動画に撮り客観的に見返すと、「あっ！」と気がつきました。回数を重ねると、相手を見て掛け声とスピードを相手に合わせることが少しずつできるようになってきました。

（4）ボールキャッチ

２人一組でパス交換をし始める生徒たち（図３）。特に意識せずボールを投げるので、空中でボールがぶつかったり、投げることに意識がいってしまいキャッチが疎かになったり、キャッチすることに意識がいってしまうために、投げるボールが明後日の方向に行ってしまったり……。そこで、教師が「どうしてうまくいかないのかな？」「どうするとうまくいくのかな？」などと、ちょっとだけファシリテートすると、生徒たちは考えます。ボールがぶつからないように投げる方向や高さを決めるグループが出始めます。なかなか解決策が思いつかず、うまくいかないグループには、「何が原因かな？」などと、うまくいかない理由を聞いて、「そうならいためには？」と問いかけをします。すると、うまくいきだすことが多いです。

図3　2人一組でパス!

取り組みを振り返って

（2）（3）（4）については一見､運動遊びではあるのですが､そうした活動を通じて、生徒同士で試行錯誤をすることや、教師からの問いかけに対して考えることで、活動がうまくいく以上に、うまくいくための方法を考えるための考え方を学んでいるというところがねらいだと思っています。うまくいくことがゴールではなく、うまくいくためにどうすればいいのかを考えること自体がゴールなのだと捉え､活動に取り組んでいます。

今回は、（1）のアセスメント的な遊びを含め、４つの運動遊びを紹介しましたが、活動の内容自体はいろいろあると思います。そうした様々な活動を通じて、ゴールを目指すためにどうすれば容易かを生徒自身が考え、考えたことを実行する。うまくできたらもちろん称賛することは大切ですが、生徒自身が考え、それを行動に移したこと自体も、「それでいいんだよ！」と認め、称賛することで、生徒自身のよりポジティブか気持ちや行動が生まれてくると思いますし、筆者が関わる生徒たちはまだまだ課題も多いですが、変わってきています。相手を感じ、自分で考え、行動に移すことができるようになってきています。それは生徒自身のチャレンジはもちろんですが、我々教員の関わりも大切な要員の一つだと考えています。

事例 4

YouTube動画の視聴で運動不足解消！余暇にもつながる動画利用運動

元 熊本大学教育学部附属特別支援学校 教諭　神代 博晋
熊本大学教育学部附属特別支援学校 教諭　後藤 匡敬

コロナの臨時休校時、学校の様子を伝えるために、YouTube で学校の校庭の様子や教室の水槽の様子、新しく赴任した先生の紹介などを限定公開しました。その動画の中で職員がストレッチしたものを学校 YouTube チャンネルで配信しました。見慣れた先生が動画に出てきて、自宅でストレッチをしていた生徒たち。臨時休校後、中学部の保健体育の時間では、動画視聴によるストレッチの経験と絡めて、YouTube のクラップダンスの動画による運動を実践しました。二次元バーコードから読み込める学部便りでお知らせし、自宅でクラップダンス。動画を見ながら運動する経験は、余暇にもつながります。コロナ禍の自宅待機の生徒の運動不足解消も想定して取り組んだ実践です。

基本情報

対象：知的障害特別支援学校　中学部　全学年　18 人
教科：保健体育科

単元計画

次	題材名	学習内容	期　日
1	コロナ禍でも楽しく体を動かそう①	・YouTube動画を見ながら自宅でストレッチをする。 ・日常生活の指導「朝の会」の中で、学部の生徒とZoomでつながり、一緒にラジオ体操に取り組む。	2020年４～５月 臨時休校期
2	コロナ禍でも楽しく体を動かそう②	・保健体育「中学部タイム」でYouTube動画（クラップダンス）に学部の生徒と取り組む。	2020年６～７月 学校再開期

授業・支援の展開

（１）コロナ禍でも楽しく体を動かそう①（2020 年４～５月：臨時休校期）

2020 年度初めは、前年度末に起きた新型コロナウイルス感染症の拡大防止による臨時休校措置のため、本校でも生徒が登校して学習をすることができなくなりました。外出も控えることとなり、運動の機会が減ってしまった生徒たちに日々の運動の機会を作りたいと考えました。

①本校職員が登場する YouTube 動画の限定公開

最初に取り組んだのは、ストレッチ動画のYouTube 公開でした(図1)。YouTube の動画視聴では、直接支援をすることができないため、前年度から保健体育の時間に取り組んでいた馴染みのあるストレッチの動画にしました。顔馴染みの担当教員が実際に実演し、その様子を動画で撮影し学校公式 YouTube チャンネルで限定公開することで、動画を視聴しながら、家庭で運動できるようにしました。動画の URL は本校関係者しか閲覧できないホームページで公開しました。２・３年生は、知っている教師が登場することで、生徒たちが興味をもって視聴することもねらいました。新入生に対しては、教師の顔を覚える機会にもなりました。

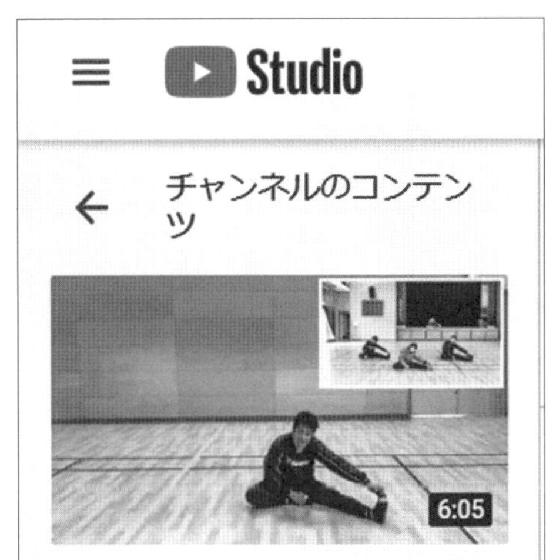

図１　ストレッチ動画

②中学部一斉に Zoom 学部集会　ラジオ体操の実施（図２）

Zoom を導入し、各クラスの担任と生徒が朝の会をするようになりました。Zoom の導入は、臨時休校がきっかけであったため、教師も家庭も不慣れで接続トラブルが多かったのですが、徐々に慣れていきました。中学部の教師と生徒が慣れてきたところで、中学部一斉に集う学部集会を Zoom でやってみようということになり、その中で、日頃から学校で取り組んできたラジオ体操を実施しました（図２)。画面を見ながら運動をする経験を YouTube でできていたこともあり、生徒は自宅にいながら、それぞれラジオ体操を行うことができました。教師や他の生徒とのつながりを朝から感じられたからか、自宅で過ごしている生徒からは笑顔が多く見られました。

図２　Zoom学部集会でラジオ体操

（２）コロナ禍でも楽しく体を動かそう②（2020 年６～７月　学校再開期）

６月に臨時休校期間が明け、学校が再開しました。例年ですと、運動会を終えて体力づくりが徐々にできている時期でしたが、休校中の運動不足が顕著であったため、無理せずに体力を向上する方法を模索しました。

休校中に動画を視聴しながら運動する経験をしていたことから、生徒たちの興味・関心を参考にして、映像を見ながら運動するダンスに取り組むことにしました。当時巷で流行していたクラップダンス（軽快なリズムに合わせて全身を動かすことで、楽しく痩せられるとSNSなどで話題）のYouTube動画を、広い体育館の前面の大きなスクリーンにプロジェクターで投影し、距離を置いて15分間踊り続ける活動を週に２～３回、保健体育の時間に実施しました（図３）。

図３　クラップダンス

クラップダンスは、親しみやすいシンプルな動きの組み合わせのダンスで、リズミカルに楽しく運動量と運動時間を確保でき、いっぱい汗を流すことができます。３分ほどの曲が５セット流れるため、同様の動きを５回反復することから、本校の生徒も覚えが良く、自発的に体を動かそうとする姿が多く見られました。また、生徒の疲労度を見ながらセット数を調整しやすく、セット間には間奏が流れるため、そこで水分補給をすることができます。

指導・支援の経過

クラップダンスの活動を導入してから、生徒たちに馴染みがよかったので、さらに家庭でも取り組みやすいように、当時は隔週発行していた学部便りにクラップダンスを紹介する記事と、動画へアクセスするための二次元バーコードを掲載して紹介しました（図４）。家庭とやり取りしている連絡帳には、クラップダンスを楽しむ生徒の姿が見て取れる表記がたくさん見られました。その一部を紹介します。

・久々のデイサービスで疲れたかと思い、帰宅後すぐ入浴、夕食にしました。その後もテレビを見たり、歌ったりとダンスして一人でライブしているかのようでした。
・夜はすごい食欲で、ご飯、おかず、おかわりしています。朝も朝練ダンスをしています。
・昨日は暑かったので早く入浴し、夕食にしました。家でダンスをずっとしていました！

生徒自身が自宅でダンスを練習しているだけでなく、家族も一緒になってダンスを楽しんでいる声も聞かれました。また、「YouTube等の［検索履歴］や［おすすめ］から動画を検索することができるようになった」との声も聞かれました。学校での取り組みがきっかけで、家庭での運動へと無理なくつながりました。

ジャンプ

令和2年7月3日 第6号
中学部便り JUMP!

元気なあいさつ　時間を守る
最後までがんばる　みんななかよく

地域の安全

新型コロナウイルス，洪水，地震…身の回りに潜む危険なことに目を向けながら，それが安全になるように地域がどんなことをしてくれているのか，学習しています。大学生協でコロナ対策を発見したり，白川の堤防の意味を考えたり，黒髪4町内の自主防災クラブの倉庫を見学に行ったり…。興味津々に，タブレットのカメラアプリでいろいろなものを写真に収める子どもたちの姿が見られました。「自分たちの生活は地域に守られている」ということに気付き，そういった目で地域を見てくれるようになればという思いです。

流水実験。白川の洪水は堤防が守っています。

「洪水から家を守れ!」ゲーム
↓堤防を作成中…↓

熊本地震で大活躍!全国的に有名な黒髪4町内の自主防災クラブの見学。

水泳が始まりました

本格的に水泳の授業が始まります。みんな頑張って泳ぎますので，水泳の期間中は例年，程よく疲れがたまってきます。無理をせずに続けるために，体温の記入やこまめな健康観察も，引き続きどうぞよろしくお願いします。

次週以降の予定

＊6，7，8日は検尿の提出日です。
＊10日より中1の支援者ミーティングが始まります。

中学部タイムで取り組んでいたクラップダンス

6月に子どもたちと汗を流したダンスです。上手になりました。ご家庭でも♪

YouTube
【HANDCLAP】2週間で10キロ痩せるダンス15分ノーカットでアラサーが本気で踊ってみたから一緒に踊ろう!

図4　学部便り「ジャンプ」

指導・支援を振り返って

本取り組みは、余暇活動の一つとして運動の実践につながる可能性を実感したものとなりました。動画を使った運動のメリットは、以下のようなメリットが挙げられます。

・自分（家族）の都合がいい時間に取り組むことができる。

・移動の必要がなく、すぐに取り組むことができる。

・動きの大きさや正確さ強弱などは動画を見る側によって様々で、自分に合った無理のない運動強度で取り組むことができる。

・具体的な体の動かし方が視覚的に示されるため、模倣をしながら取り組むことができる。

・好みの運動を手軽に選択して取り組むことができる。

本校に限らず、特別支援学校の児童生徒が卒業後にどのように運動に親しんでいくことができるのかというのは大きなテーマです。今回の新型コロナに関する学校の対応を進めていく中で、タブレットやYouTubeといったICTを活用することにより「移動」「時間」「場所」「仲間」などの様々な課題をクリアできる部分が多いと感じています。これからの未来社会を見据えた体育の授業を創り、児童生徒の「生涯スポーツ」につなげていきたいところです。

＜使用したクラップダンスのURL＞

【HANDCLAP】２週間で10キロ痩せるダンス15分ノーカットでアラサーが本気で踊ってみたから一緒に踊ろう！【#家で一緒にやってみよう】
https://youtu.be/FhWj1GUcdUM

＜引用・参考文献＞

神代博晋・立山裕美（2021）余暇活動につながるストレッチ動画等を活用した体育実践．熊本大学教育学部附属特別支援学校　令和２年度研究報告，51-56.
https://www.educ.kumamoto-u.ac.jp/~futoku/kenkyu2020-data.html#11

事例 5 つい身体を動かしたくなる！走ると音が鳴る面白いサーキット

埼玉県立本庄特別支援学校 教諭 関口 あさか

体育の授業で、動きを感知すると音が鳴るARスイッチを作成できるアプリ「KAGURA」を使って、歩いたり走ったりすると、面白い音が鳴るようにしました。肥満傾向があり普段走りたがらない子も楽しそうに、積極的にそのエリアを走ったり、ジャンプしたりする様子が見られました。走ったり、踊ったり、身体を動かしたりすることが楽しくなる、もっとやりたくなるような取り組みです。

基本情報

対象：小学部１年生～６年生（知的障害、肢体不自由のある児童）
場面：体育／自立活動

単元計画

次	授業名	内　容
1	不思議な音が鳴る！エリアを走ってみよう！	ソフト「KAGURA」とワイヤレススピーカーを使って、子どもたちが走るとその動きを感知して音が鳴るエリアを作成しました。そのエリアを順番に走り抜けました。
2	速さを変えて走って遊んでみよう！	音が鳴るエリアを、歩いたり走ったりして、速さを変えて進み、音にどのような変化が生まれるのかみんなで聞きました。動きと音を連動させて「速さ」に着目できるようにしました。
3	踊って鳴らしてみよう！	KAGURAと大型テレビを使って、空間スイッチを意識して、手や足、頭など全身を動かして、踊って遊びました。

授業・支援の展開

（1）不思議な音が鳴る！エリアを走ってみよう！（1次）

<用意する物>
・ソフト「KAGURA」：KAGURAはPCのカメラに映っている空間に、動きを感知すると設定した音が鳴るエアスイッチ（ARスイッチ）を設置できます。小学生でも非常に簡単にこのようなスイッチを作成し設置できることが魅力です。そのため、パソコンが苦手という先生にもおすすめです。
※販売とサポートは終了していますが、教育利用をお考えの場合は、株式会社しくみデザインへお問い合わせください。
・PC（KAGURAに対応したPC）
・ワイヤレススピーカー
・草むらを模したオブジェ
・エリアの範囲がわかるカラーコーン

「KAGURA」で右のように、動きを感知すると音が鳴るスイッチを作成しました（図1）。子どもたちが走り抜けていくことを想定し、横バーの形の空間スイッチとそれぞれの枠に音素材を設定しました。

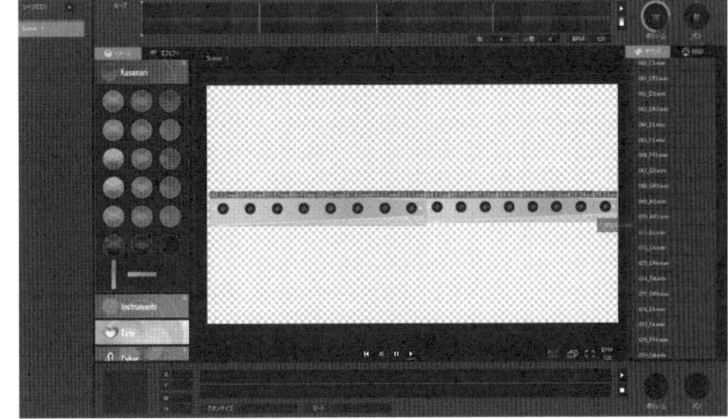
図1　KAGURAの設定や配置

エリアをカラーコーンで区切り、どこからどこまで走れば音が鳴るのかを視覚的にわかりやすいようにしました。コーン以外にも、「このエリアに入ると音が鳴る」ということがわかりやすいようなものを床や地面に敷き詰めるのもおすすめです。その際は、転倒しないような素材を選ぶようにしましょう。

大人数でエリア内に入ると、多くのエアスイッチが反応してしまい、音がごちゃごちゃしてしまいます。そのため、走ると音が鳴るということがわかりやすいように、一人一人順番に「走ると音がなるエリア」を走るようにしました。また、パソコンの音だけでは、体育館や校庭など広い場所では、鳴った音が聞こえないため、ワイヤレススピーカーを活用しました。また、パソコンが気になる児童もいたため、段ボールの箱に穴をくりぬいて草むら風のオブジェ作って、その中にパソコンを入れて対応したりしました。

この時間では、「動くことで音が鳴る！」「動くのって楽しい！」という経験を積むことをねらいとしました。そのため、子どもたちには特に動きに関して制限や制約を設けず、走っても歩いても、コロコロ転がってもよいこととしました。

（2）速さを変えて走って遊んでみよう！（2次）

用意するものは先述の「不思議な音が鳴る！エリアを走ってみよう！」（図1）と同じですが、KAGURAの空間スイッチの枠に入れる音素材を「ドレミファソラシド」の順に並べました。こうすることで、「速さ」に気づけるようにしました。また、児童に示すカメとウサギのイラストカードを用意しました。

図2　歩くと音が鳴る

この授業では、「進む速さによって音が変化するスピードも変わること」に気づくことをねらいとしました。速く走れば「ドレミファソラシド」と速く鳴り、ゆっくり歩けば「ド…レ…ミ…ファ…ソ…ラ…シ…ド」というようにゆっくり鳴ります。

授業の導入時には、ウサギのイラストを提示し、「ウサギさんのように速く走ってみよう！」と声掛けをし、音が鳴るエリアの中を走る活動を入れました。次に、カメのイラストを提示し、「カメさんのように、ノッシノッシとゆっくり歩いてみよう！」と声掛けをし、「ノッシ、ノッシ♪」と言いながらゆっくりと歩きました。今回も、音の違いに気づけるよう、一人一人順番に音が鳴るエリアを進むようにしました（図2）。

授業の後半では、イメージできる子には、事前にどのような感じに音を鳴らしたいか答えてもらい、自分の動きと速さに関して言葉で表し、身体でも表現する活動を行いました。

（3）ジャンプしたり、踊ったりして鳴らしてみよう！（3次）

<用意する物>
- ソフト「KAGURA」
- PC（KAGURAに対応したPC）
- 大型テレビもしくは、プロジェクター

図3　ジャンプをすると音が鳴る

これまでの授業では、歩いたり走ったりすると音が鳴ることを経験してきましたが、この段階では、ジャンプをしたり、手や足、頭などの身体を動かすと音が鳴る経験をします。子どもの実態に応じて、エアスイッチの場所を意識して手を挙げたり、足を動かしたりして、音楽に合わせてスイッチを鳴らして遊びました（図3）。

また、パソコンの画面では小さいため、大型テレビやプロジェクターに投影することで、大きく映った自分や空間スイッチの位置を確認しやすくしました。ちなみに、野外では、プロジェクターですと周りの光が強いため、見えにくいことがあるため、日陰などを活用するとよいです。

肢体不自由特別支援学校でも、この活動を積極的に取り入れました。肢体不自由特別支援学校に通う子どもたちは、自分自身の身体を思うように動かすことが難しい子が多く在籍しています。楽器を持って演奏することが難しい子も、その子が動かしやすい身体部位の近くに空間スイッチを設置することで、楽器など設定した音を鳴らすことができます。筆者が過去に担任した子は、唇は自分の思った通りに動かしやすかったため、口に空間スイッチを設定しました。このようにその子の動きの「できる」を生かした活用もおすすめです。

指導・支援の経過

肥満傾向があり、これまで身体を動かすことが嫌いだった子も、「音が鳴るエリア」に来ると、教員の声掛けなしに、速く走って楽しんでいる様子が多く見られました。どの子も、「速く動くこと」を特に楽しんでいる様子でした。

また、動きの速さと音の速さが連動しているため、意図的にゆっくり歩いたり、速く走ったりして確かめたり、「○○くん、速いね！速すぎだよ～」「遅いと音もゆっくりだね」と言ったり、「速さ」に気づける子もいました。

ただ走るのとは違い、どの子も笑顔で楽しみながら、走ったり身体を動かしたりしていました。

指導・支援を振り返って

体育や自立活動の授業で、走りたくなる！ 身体を動かしたくなる！ 仕掛けづくりを「KAGURA」を使って行いました。「走ることがつらい、つまらない」と言っていた子どもたちも、自分から進んで走ったり身体を動かしたりしていました。この「自ら進んで」という点は、特に知的障害のある子どもたちにとっては非常に大事な視点だと感じています。また、目に見えない「速さ」の概念の定着は難しさがありますが、今回のように、自分の動きだけでなく、友達の動き、音の変化も確認・振り返りながら、「速さ」を学ぶ機会にもなりました。

また、肢体不自由のある子どもたちも、「自分で動かして鳴らせた！」という経験ができ、今回のように体育や自立活動だけでなく、音楽の授業でも活用できるかと思います。

事例 6 少しの筋肉の動きだけでスマホやタブレットのゲームを楽しもう！

埼玉県立本庄特別支援学校 教諭　関口 あさか

重度の身体障害があり、視線と口角以外動かすことができない小１のＡさんに、ピエゾニューマティックセンサースイッチ（ピエゾスイッチ）と i+pad タッチャーを活用して、「マリオラン」などワンタップで遊べるアプリゲームを楽しむ活動を行いました。何事にも消極的であったＡさんでしたが、とても積極的になり、笑顔やドヤ顔も多く見られるようになりました。

基本情報

対象：小学部１年生　男子
場面：自立活動

単元計画

次	授業名	内　容
1	口角を動かすと、iPadの画面が変化することを経験しよう！	iPadに、i+padタッチャーとピエゾスイッチを組み合わせ接続し、Ａさんが意図的に動かせる口角を動かすことによって、iPadの画面が変化したり、コントロールできたりすることを知り、操作経験を重ねる。
2	口角を動かして「マリオラン」を楽しもう！	口角を動かして、マリオをジャンプさせて遊び、自分でできた！という経験を重ねる。

授業・支援の展開

（1）対象児童の実態

対象児童のＡさんは、ビルリビン脳症により、全身の筋肉に強い緊張が入ってしまい、座ったり、姿勢を保持したり、足や手を自分で動かしたりすることが難しい状態でした。Ａさんが意図して動かせる身体の部位は、「左右の口角」と「視線」のみでした。また、発語もなく、一見すると重度の知的障害があると思われてしまいますが、実は年齢相応の知的発達があることがわかったお子さんです。

重度の身体障害があることによって、「自分はできない」とすぐに諦めてしまったり、消極的になってしまったりする様子も多く見られました。

（2）指導のねらい・大事にしたポイント

以下のねらいで指導を行いました。

①自分一人で操作できる経験をする。

②自分でできた！という達成感を味わい、自信へとつなげていく。

Aさんは誰かに手伝ってもらうことが多く、そのことを本人もよく理解しているため、動作や操作面での「自分はできない」という意識が強くありました。そのため、自分の力で操作できた経験だけでなく、「できた！」「うれしい！」という達成感や喜びを感じられるような体験を重ねることが重要であると考えました。そこで、同年代の子どもたちも興味・関心が高くみんなで遊べる「ゲーム」に着目し、指導に活用しました。

（3）自分でできる「環境設定」

Aさんが自分の力だけでiPadを操作できるように、i+padタッチャーとピエゾスイッチを組み合わせて活用しました。

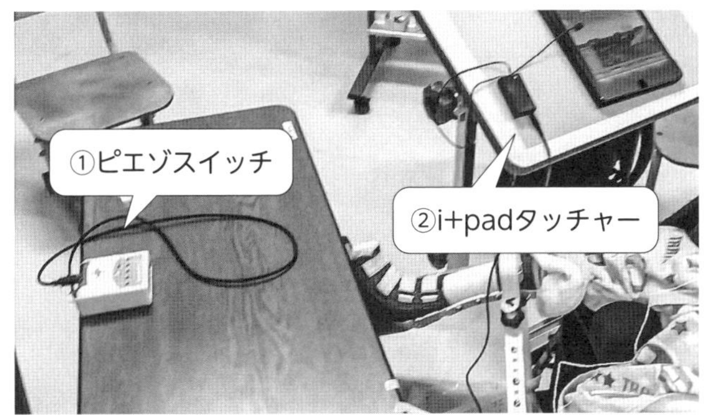

図1

Aさんが意図して
コントールできる口角に
ピエゾスイッチを付けた

図2

①ピエゾスイッチ（図1・2）

筋肉の微細な動きを感知し、信号を送ることができる機器です。意図的に動かせる身体の部位にセンサーを貼り付けて使います。Aさんの場合は、口角に貼り付けました。

② i+pad タッチャー（図1）

iPad の画面に貼り付けて使います。身体障害などによって、指で iPad の画面を操作することが難しい人向けに、スイッチ装置で iPad を操作できるようにしたものです。「指で iPad の画面をタップした状態」を再現することができます。

さらに、マリオランなどのワンタップで遊べるゲームアプリを活用しました。

指導・支援の経過

（1）口角を動かすと、iPad の画面が変化することを経験しよう！（1次）

まず、i+pad タッチャーとピエゾスイッチ、iPad のスイッチコントロール機能を使って、iPad の画面が変化する仕組みを体験しました。このようなねらいの学習時には、Aさん以外の児童生徒に対しても、ワンタップで遊べる知育アプリや、音楽アプリ「Garage Band」で楽器を出し、その楽器をワンタップで演奏する学習を行っています。自分が特定のある部位を動かした時に画面が変化するという仕組みがわかりやすいだけでなく、日頃なかなか楽器演奏が難しい子も、かっこいいドラムやギターなどを奏でられるので、「できた！」という達成感を味わいやすい印象です。

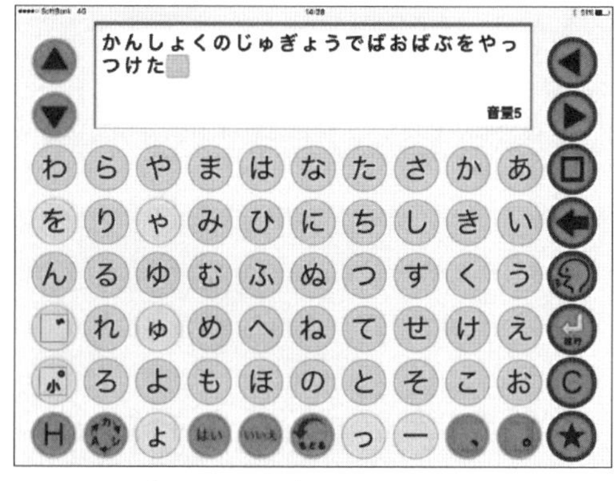

図3　「トーキングエイド」を使って入力

Aさんは、この仕組みをすぐに理解することができました。自分から積極的に口角を動かして、声を出して喜びながら操作していました。

操作自体に慣れ、スイッチコントロールを組み合わせて、コミュニケーションアプリ「トーキングエイド」を使って、図3のように、自分の名前や短い単語を入力できるまでになりました。

（2）口角を動かして「マリオラン」を楽しもう！（2次）

実践当時、配信されたばかりで話題となっていたゲームアプリ「Super Mario Run（マリオラン）」で遊びました。

Aさんの左上の口角にピエゾスイッチをつけ、i+pad タッチャーを図4のように画面に貼り付けて、Aさんが自分の力だけで「マリオラン」を楽しめるように環境を設定しました。

はじめは、敵に当たったり、落ちてしまったりしたものの、すぐに「マリオラン」の仕組みや遊び方を理解することができました。初回から自分の力だけで、ステージをクリアすることができました。声を出して喜んだり、悔しがったりし、汗をかきつつ、夢中になって「マリオラン」を楽しむ様子が見られました。ゴールできると、満面の笑みで喜び、母親や教員の方を見て、自慢気な表情を何度も浮かべ、大きな声で喜んでいる姿が印象的でした。

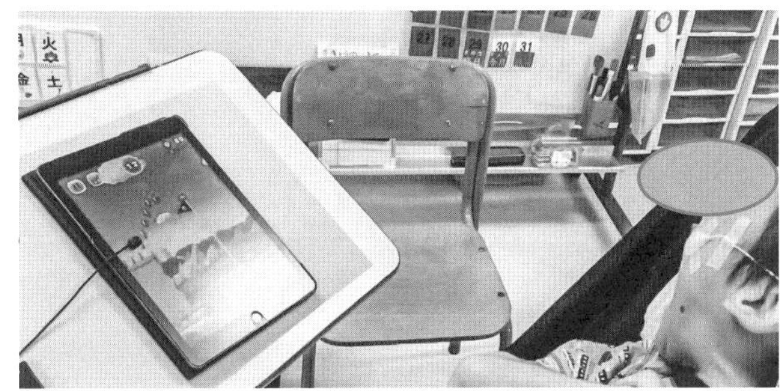

図４　自分の力でゲームをするＡさん

「マリオラン」はＡさんだけでなく、クラスメイトや教員とも楽しめ、トーナメント戦で対決したりして競うこともできます。ゲームの世界では、「障害」の壁が低くなり、「自分でできた！」ということがＡさんにとっても自信へとつながった可能性もありました。

（３）実践後のＡさんの変化

何事にも消極的だった様子のＡさんでしたが、段々と物事に自分から積極的に取り組むことができるようになりました。誰が一番に行うのか決める際も、自分から声を出して「自分が一番にやりたい！」という意思を積極的に出すようになりました。さらに、初めて行うことにも、物おじせずにチャレンジしようとする姿も多く見られるようになり、自信に満ちた表情も増えてきました。

スポーツ競技である「ボッチャ」にも取り組み、上級生に交じって地区の交流大会に出場し、見事優勝することができたりと、参加の機会や、様々な人との交流の機会も増えました。

指導・支援を振り返って

身体障害によって、できない経験を積み重ねてきた子どもたちにとって、今回の実践のように、補助機器を効果的に活用することによって「できた」という経験を保障していくことは非常に大切であると感じました。

もしかしたら、先生に手を添えてもらって「できた」ことは「できていない」と感じている子どもたちもいるかもしれません。もちろん人の手を借りて達成することも大事ではありますが、親や先生、友達の手を借りずに「できた」経験を重ねることも、自信や自己肯定感を育むうえで、非常に重要であると感じています。

また、「ゲーム」の世界では、障害のあるなしに関係なく、クラスメイトも、教員のような大人も「同じ土俵」に立つことができます。その中で、日頃なかなかできなかった、勝って嬉しい気持ちや負けて悔しい気持ちも経験することもできます。このように「ゲーム」を学習に取り入れたことへのメリットも感じました。

事例 7

未来の素敵な自分を目指す道徳の実践

香川県立香川中部支援学校 教諭 越智 早智

未来の目標に向かって主体的に取り組むことができる力の育成を目指した道徳の実践です。道徳の授業で、自分でがんばりたい目標を決めて達成する方法を考える学習を展開し、日常生活でも「がんばりノート」や「ヘルプカード」を継続して活用しました。他の教師や家庭と連携を図ることで支援者が目標を共有でき、児童にとっても主体的に自分の生活を改善していく意欲を高めることができました。

基本情報

対象のＡ児は、周りの人と関わることが好きな特別支援学校小学部の高学年の児童です。様々なことに興味・関心が高いものの、これまでの成功体験や達成感・成就感を味わった経験の少なさから、一つのことを続けることが難しかったり、苦手なことがあるとすぐに諦めたりする一面がありました。また、初めての人や場所、活動に対する不安が強く、学習に参加できないことや不適切な伝え方をしてしまうこともありました。

学習指導要領では、道徳は「よりよく生きるための基盤となる道徳性を養う」ことが目標とされています。

単元計画

（1）道徳の時間における指導

①単元名：「やろうと決めたことは最後まで」（「わたしたちの道徳　小学校三・四年」）

②単元目標：自分でやろうと決めた目標に向かって、強い意志をもち、粘り強くやり抜くことができる。（第３学年及び第４学年）

③学習指導計画（全６時間）

次	時数	内　容
一	1	「今よりもよくなりたい」と思うことを考えよう
二	2	「きっとできる」の話から学ぼう
三	3	目標を決めてチャレンジしよう

（2）日常生活場面における指導

日常生活では、一つのことに粘り強く取り組み続ける難しさや、不安が強い場面で不適切な言動が見られることなどが課題となっていました。そこで、授業以外の場面においても「努力と強い意思」「個性の伸長」の道徳の目標を取り上げて指導を行うことにしました。

授業・支援の展開

（1）「特別の教科道徳」の取り組み

第一次では、将来なりたい自分像を具体的に考えることで、今よりよくなりたいという向上心が自分のなかにあることに気付けるようにしました。また、A児の経験と結び付けながら「目標に向かってがんばり続けるひけつ」（表1）を説明することで、主体的に学習を進めていくことができるようにしました。

第二次では、オリンピックの金メダリストのエピソードを取り上げ、一歩ずつ挑戦を積み重ねていくことが大きな成功につながることを学習しました。

第三次では、自分で目標を決めて実践し、1週間ごとに取り組みを振り返りました。自分で試行錯誤をしながら目標を達成していくことができるように最初はA児のやり方に任せて見守りました。うまくいったことや難しかったことを振り返り、できなかったことについては「ひけつ」（表1）に照らし合わせて自分で見直しをする過程を支援しました。

表1　目標に向かってがんばり続けるひけつ

＜目標に向かってがんばり続けるひけつ＞

1　がんばればできそうなことから、目標を立てていく
2　がんばる時こくを決める
3　目標を書いて見えるところにはる
4　すきではないことも少しずつやってみる
5　人に目標を話してはげましてもらう

（「わたしたちの道徳 小学校三・四年」より引用）

（2）日常生活場面における指導

目標を決めて粘り強く取り組むことができるように、道徳の単元のなかでA児と考えた「がんばりノート」（図1）を継続して活用することにしました。毎日自分でチェックをして教師に見せ、目標が達成できた日にはごほうびシールがもらえます。週末には家に持ち帰って家族にも見せ、コメントをもらいます。

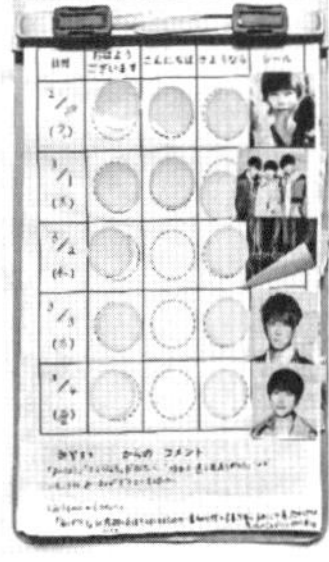

図1 「がんばりノート」

自分の特徴に気付き、長所を伸ばすという目標については、自分の感情に気付いて理解を深めたり、自ら使える感情の調整方法を学んで練習したりするなどのねらいで開発された「カンジョウレン

ジャー」の学習を行うことにしました。自分がリラックスできる方法として選んだものはカード（図2）にして持ち歩けるようにし、不安を感じたりいらいらするようなことがあったりした場合に、この「ヘルプカード」を見せながら教師に伝えることを目指しました。カードは扱いやすい大きさにし、ラミネート加工をしています。

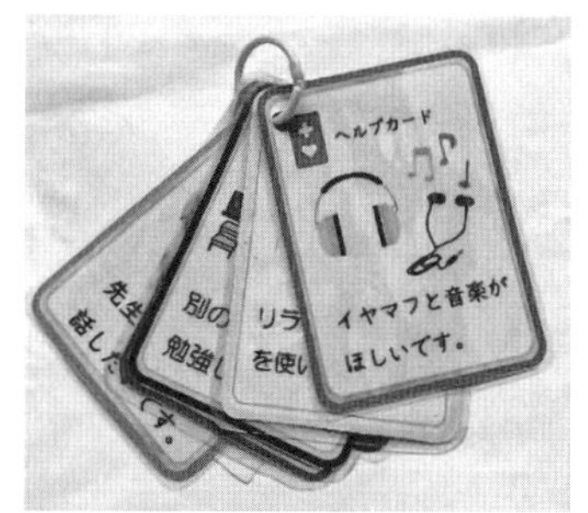

図2 「ヘルプカード」

指導・支援の経過

（1）「特別の教科道徳」の取り組み

A児は自分の将来について、「お年寄りの役に立つ仕事がしたい」「結婚式の案内人になりたい」「一人暮らしをしたい」など、仕事や生活面に様々な希望をもっていました。これらの希望は画用紙に書いておき、道徳の学習のなかで何度も立ち返ることで、理想の自分になっていくために今できることに取り組むことを確認しました。

学校や家での経験を振り返った際に、飽きやすい、忘れやすいという特徴が自分にあることに気付きました。そこで、「ひけつ」（表1）を紹介すると、これを見れば自分もできるかもしれないという気持ちになり、学習への意欲が高まったようでした。

がんばりたい目標は、興味がありそうな選択肢から選べるように提示すると、がんばればできそうだからという理由で「あいさつ」を選びました。目標を達成するため、あいさつの時間を決めて取り組むこと、「がんばりノート」（図1）を作って自分の取り組みをチェックすることをA児と考えることができました。

1週間取り組んだ後に「目標は意識できましたか」「あいさつはできましたか」と質問をすると、「毎日あいさつができた」の欄に丸を付けました。以前は振り返りをする場面で「できなかった」と話すことが多く自己肯定感が低いと感じていましたが、本単元を通して達成感を感じられている様子がうかがえました。

また、他の教員からのアドバイスを聞いたことで「もっとがんばりたい！」とA児の意欲は高まり、「あいさつを忘れてしまうことがあったので目標を書いて貼りたい」「自分からだけでなく相手からあいさつされたときにも返せるようになりたい」という新しい目標や方法を考えることができました。

（2）日常生活場面における指導

①「がんばりノート」

日常生活でも活用することで、筆者以外の教師や家族にも評価してもらう場面を広げていきました。1週間分の取り組みを学級の教師や家族に見せてコメントをもらったり、家庭で話したことについて週明けに伝えてくれたりと、自分から活用する様子が見られました。家族からは、「きちんとあいさつができてママもうれしいです」「あいさつと一緒に笑顔も見せてね」などと応援のコメントをもらうことができました。母親だけでなく父親にもノートを見せてコメントをもらい、応援してくれる人の幅も広がっていきました。また、取り組みを継続したことによって、自分からだけでなく相手から声をかけられたときにもあいさつを返せるようになり、あいさつの言葉のバリエーションが増えるという変化もありました。

②「ヘルプカード」

自分がリラックスできる方法として「リラックスルームを使いたい」「先生と話したい」「音楽を聞きたい」など7つを選びました。取り組みの当初は、いらいらしてくると教室を飛び出したり衝動的な行動があったりしていましたが、カードを渡して「この中に話したいことはある？」と聞くと、落ち着いて自分でカードをめくり、話しながら教師に渡すようになっていきました。自分自身で持っているカードを使うことは難しかったので教師からの提示にはなりましたが、カードを介したやりとりによって言葉で伝えるという負担が減り、以前のように泣き続けたりいらいらした気持ちが長く続いたりすることはなくなっていきました。特に、「好きな音楽を聞くことが一番気持ちを落ち着ける効果があった」と教えてくれました。また、学級の教師全員が同じカードを持って同じ対応をすることで、落ち着いて過ごせる場面が増えていきました。

指導・支援を振り返って

将来なりたい姿を具体的にイメージし、それを実現する方法を試行錯誤しながら実践したことが、主体的に自分の生活を改善していく意欲を高めることにつながっていきました。周囲のサポートも受けながら目標を達成していくことができた自分を肯定的に捉えられるようになり、将来なりたい自分像に近付いた実感をもてたと感じます。

この実践は一人で行ったのではなく、周囲の教師や家庭の協力が欠かせませんでした。連携がうまくいった背景には、保護者の協力はもちろんのこと、本人や保護者の教育的ニーズを反映させた「個別の教育支援計画」がベースにあると考えられます。学校や家庭、関係者で長期目標を共有することがスムーズな連携につながると実感できました。

今後も、本人を取り巻く環境をうまく活用しながら、それぞれの子どものウェルビーイングにつながる教育を目指していきたいと思っています。

＜引用・参考文献＞

小学校学習指導要領解説特別の教科道徳編（2018）文部科学省.
武藏博文（編著）齋藤佐和・小郷将太・門脇絵美（2015）楽しく学べる怒りと不安のマネジメントカンジョウレンジャー&カイケツロボ．エンパワメント研究所.
わたしたちの道徳　小学校三・四年．文部科学省.

事例 8

正しい姿勢を意識してタブレットを使おう

熊本大学教育学部附属特別支援学校 教諭 後藤 匡敬

GIGA スクール構想により、タブレット端末を用いる時間が増えましたが、同時に姿勢の悪さが目立つようになりました。そこで、正しい姿勢の目安として、日本眼科医会「ギガっこデジたん」(https://www.gankaikai.or.jp/info/detail/post_132.html) を使って、体に優しい端末利用を学んだ中学部「職業・家庭科（情報)」の取り組みです。将来的な端末利用を見据え、正しい姿勢を、根拠のある資料に基づいて指導し、学校の端末利用の約束づくりにも活用しました。授業参観日の授業「親子 ICT 教室」でも端末使用時の姿勢について親子で確認しました。

基本情報

対象：知的障害特別支援学校　中学部　全学年　18 人
教科：職業・家庭科（職業分野)「情報」

単元計画

次	内容	期日
1	適切なタブレット活用ができるような環境づくり ・ニーズの把握　・周辺機器の環境整備　・学校でのルールづくり	2022年２月
2	職業・家庭科（職業分野）「情報」【親子ICT教室】 ・「いい姿勢」と「わるい姿勢」	2022年10月

授業・支援の展開

（1）適切なタブレット活用ができるよう環境を整備

2020 年度、GIGA スクール構想により、学習で活用することを目的とし、児童生徒 1 人につき 1 台のタブレット端末が整備されました。勤務校では、タブレット端末を積極的に活用し、タブレットの基本的な操作スキルを身に付けつつ、教科等の授業で活用していき、普段使いが浸透していきました。

すると、タブレットを見続ける際に目を使うことが多くなり、タブレットを見る子どもたちの姿勢、特に画面と目との距離が近すぎることについて気になるようになりました。2021年度にタブレット配付に伴う健康面についてのアンケートを本校養護教諭が保護者向けに実施したところ、回答者のうち「視力低下」が76.2%、「姿勢の悪化」が69%であり、視力の低下と姿勢の悪化が懸念される状態でした（図1）。

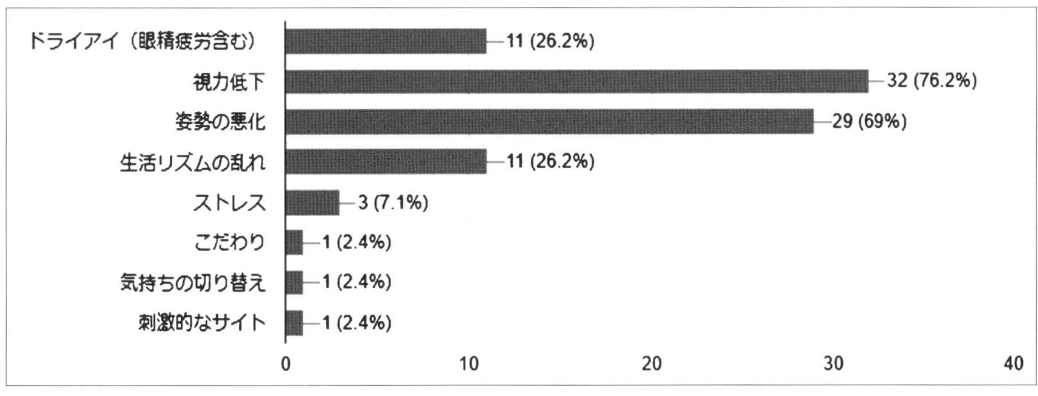

図1　タブレット等の使用に関して、心身の健康への影響が懸念される項目（複数回答可）N=42

そこで、心身の健康に配慮しながら、適切なタブレット活用ができるように、環境の整備を進めました。具体的には、タブレットスタンドの導入といった周辺機器の環境整備と、適切な姿勢に関するルールづくりと家庭への啓発、そして、授業づくりでした。

①周辺機器の環境整備

タブレットには保護ケースを付けており、標準で傾斜をつける機能がついていましたが、机に直接置くため、タブレットの小さな画面を見るために顔を近づける様子が見られました。そこで、姿勢よく背筋を伸ばした状態でもタブレットを無理なく見ることができるように、画面の角度を自由に調整できるタブレットスタンドを整備しました（図2）。タブレットスタンドの扱い方から丁寧に学習し、自分でタブレットと目の距離や姿勢を意識できるようにしました。

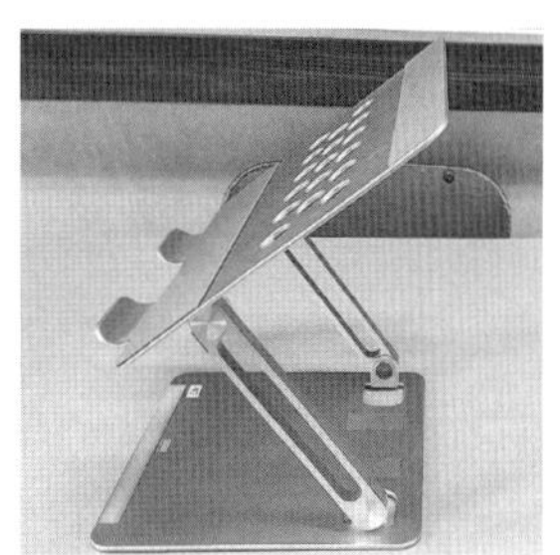
図2　タブレットスタンド

②適切な姿勢のルール作りと家庭への啓発

タブレットの持ち帰りを全校で全面実施した際、「家庭でのタブレット活用のルール」と併せて、「タブレット利用に関する健康面」についてのプリントを各家庭に配付しました。健康面のプリントは、日本眼科医会が作成した資料(「目の健康啓発マンガ　ギガっこデジたん」『デジタル画面を見る時は』）を参考に、「タブレットの画面を目から30cm離す」「30分に1回はタブレットから目を離して目を休める」「寝る1時間前はタブレットを離さない」「自分の目を大切にする」という4項目で整理して表現しました。

（2）授業「親子ICT教室」での実施

知的障害特別支援学校中学部の職業・家庭科（職業分野）には、「情報機器の活用」

という項目があります。タブレットが学習に導入された2021年度からは、タブレットの基本的操作スキルや情報モラル・情報セキュリティなどの情報活用能力を育むため、「情報」の授業を年10回程度実施しています。日々の学習内容や、生徒たちの学習の様子を共有するため、保護者の授業参観を兼ねて「親子ICT教室」を、情報の授業の中で年1～2回設定しています。各家庭のアンケート結果の件もあり、2022年10月の「親子ICT教室」では「タブレット利用に関する健康面」の共有とタブレットを見る際の姿勢について、親子で確認する学習展開にしました。

指導・支援の経過

2022年10月の情報の授業「親子ICT教室」では、18家庭中17家庭の参加があり、関心の高さがうかがえました。授業は、生徒と保護者が隣り合わせで座り、各教室の大型テレビにZoomで配信されたスライドを見る形にしました。別室のメインティーチャーがZoomの画面共有でPowerPointとロイロノート・スクールのスライドで進行し、各教室の担任がサブティーチャーとして生徒一人一人に進行に合わせて直接フォローをしていきます。

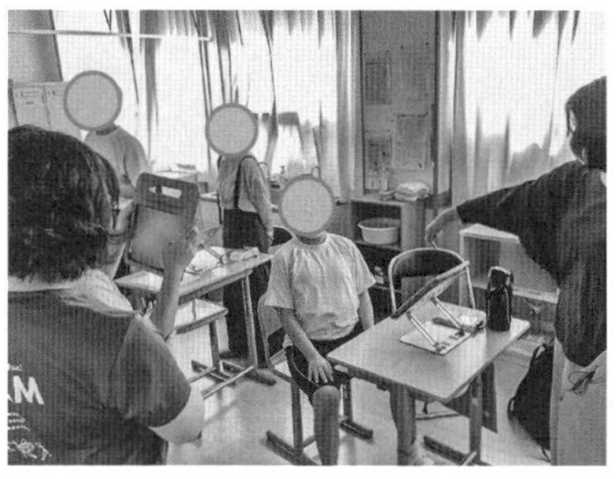

図3　姿勢を撮り合おう

最初は「タブレットを見る姿勢を写真に撮ろう」というミッションを提示しました。生徒2人がペアとなり、タブレットのカメラアプリを使ってお互いにタブレットを見る姿勢を横から撮り合います。「いい姿勢」と「わるい姿勢」の2種類を撮るように伝え、それを生徒が演じて撮り合い、ロイロノート・スクールで共有する活動です（図3・4）。

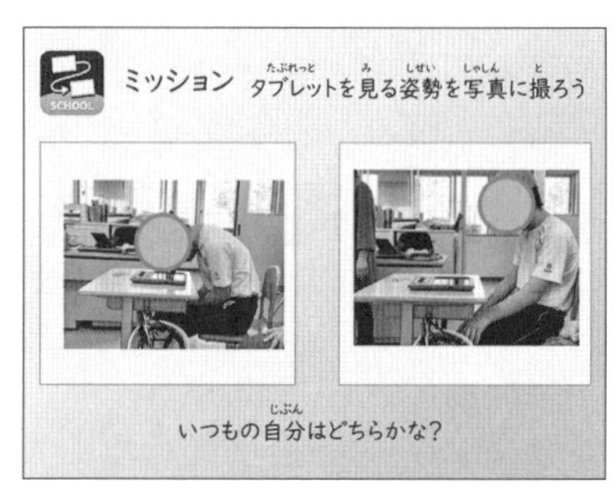

図4　「いい姿勢」「わるい姿勢」①

撮影に入る前に、「いい姿勢」を全体で確認しました。学校が出している「タブレット利用に関する健康面」のうち、「タブレットの画面を目から30cm離す」ことへの理解を促すために、30cmに切ったPEテープ（図5）を生徒一人ずつに渡し、具体物で30cmの感覚をつかめるようにしました。メインティーチャーが実際にPEテープの片端を額に当て、画面に向ける姿を示し、それを真似するように伝えました。生徒たちは、机上のタブレットに対し、「いい姿勢」をそれぞれ演じます。また、画面に目を近づける「わるい姿勢」も続けて演じてもらい、2種類の写真を撮る活動をしました。

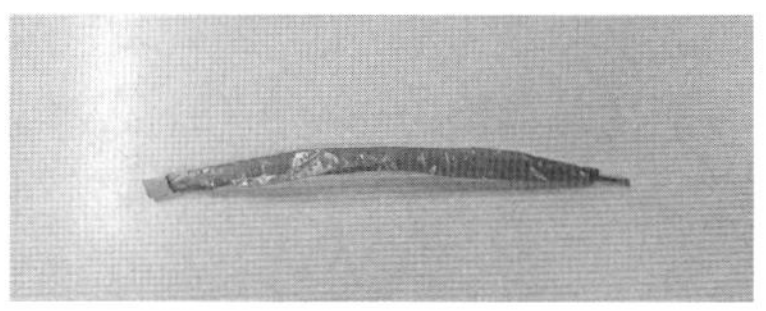

図5　30cmに切ったPEテープ

学習の中で教師が悪い例を示すことはよくありますが、この場面では生徒自身が意識してほしかったため、自分で良い例と悪い例を演じるという手法を取りました。言語化が難しい重度の生徒も、パフォーマンスで２例を示すことができ、それを写真として表現できるため、表現の選択肢が多く、参加しやすい学習活動となった様子が見られました（図６）。

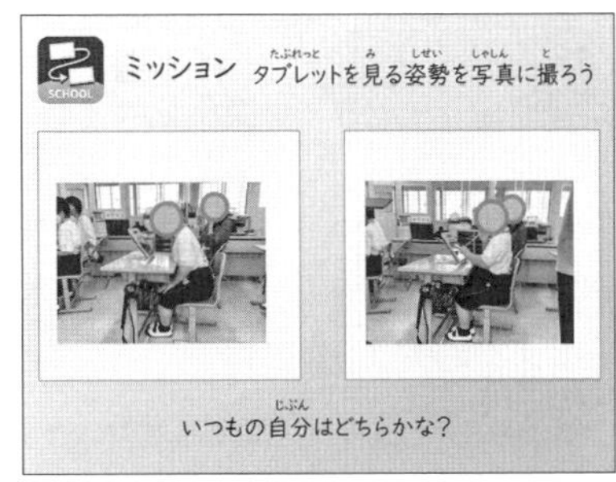

図６　「いい姿勢」「わるい姿勢」②

それぞれが撮影した「いい姿勢」と「わるい姿勢」は、ロイロノート・スクールの「提出箱」機能を用いて共有し、それぞれのタブレットから他の生徒の写真を閲覧できるように回答共有しました（図７）。同じミッションでも、撮影された写真はそれぞれ異なりますが、「良い姿勢は、30cm 以上画面から目を離している」という共通項を、メインティーチャーが総括して伝えました。事後アンケートからは、一緒に活動した保護者にとっては、今回の「タブレットを見る姿勢」をはじめ、学習内容を把握できたことや、学校での生徒のタブレットの操作が思ったよりもうまくできていて驚いたことなどが読み取れ、「親子 ICT 教室」は充実した機会となったようでした。

図７　写真の共有（全体）

指導・支援を振り返って

授業後は、姿勢に自分から気を付けようとする姿や、自分からは難しくても、授業で学習したからと、周りからの声掛けを受け入れられるようになった姿など、学習したことを意識している様子が見られました。タブレットをはじめ、ICT 機器を生活の中で活用することは、当たり前の光景になっています。これまで負の部分がクローズアップされることもあった ICT ですが、自分の機能を拡張してくれる可能性を秘めていることを考えると、デジタル機器とうまくつきあって生活の中で活用できる態度を育成することは、今後も継続的に求められると考えています。自分の健康にとって無理なく上手に ICT とつきあうために、これからも一つ一つ丁寧に生徒たちと確認していきたいです。

＜引用・参考文献／サイト＞

公益社団法人日本眼科医会　子どもの目・啓発コンテンツについて
https://www.gankaikai.or.jp/info/detail/post_132.html

後藤純子（2022）「GIGA スクール × 健康」熊本大学教育学部附属特別支援学校　令和３年度研究報告, 57-58.
https://www.educ.kumamoto-u.ac.jp/~futoku/kenkyu2021-data.html

事例
9

味噌作りを通した健康的な食生活への取り組み ～地域の味噌屋との連携を通して～

旭川市立大学経済学部 助教
（元 富山大学教育学部附属特別支援学校 教諭） 山崎 智仁

この取り組みでは、味噌の原料となる大豆やその仲間である豆について調べたり、地元の味噌屋さんに教わりながら味噌を作ったりすることで、健康食品といわれる豆や味噌について理解を深めることにしました（マイクロシステム、マクロシステム）。そして、作った味噌を使って調理を行い、食べてみることで（マイクロシステム）味噌への関心を高めたり、味噌の美味しさに気付いたりするきっかけにしたいと考えました。活動後には、学習した内容を家庭に伝えたり、作った味噌を家庭に持ち帰ったりすることで（メゾシステム）学校だけではなく、家庭においても毎日味噌汁を飲むといった健康的な食生活につながりました。

基本情報

対象：知的障害特別支援学校　中学部　全学年　18 名
教科：特別活動、生活単元学習、総合的な学習の時間、国語等

・知的障害、自閉スペクトラム症、ダウン症などの生徒たちで構成され、障害の程度や学習特性が多様で幅広い発達水準の生徒が在籍
・家庭での味噌調べや味噌を使った調理は、家庭学習として実施

単元計画

次	学習活動	指導内容
1	・豆や味噌などについての事前アンケートに答える。 ・豆にはどんな種類があるかを想起して発表する。 ・様々な種類の豆を触ったり、匂いを嗅いだりし、特徴を捉えて発表する。	・豆は好きか、豆からできている食品は何かなどを考えてアンケートに答える。 ・給食や納豆といった身近な食品の写真を手掛かりに、豆の種類を想起する。 ・様々な種類の豆を触ったり、匂いを嗅いだりすることで豆の特徴を捉える。
2	・大豆はどうやって味噌になるかを考え、発表する。 ・味噌の歴史や栄養価、味噌を使った料理などを調べて発表する。	・味噌を触ったり、匂いを嗅いだりして大豆が味噌になる方法を考える。 ・書籍やインターネットを活用し、味噌について調べたことをまとめる。

3	・味噌屋さんの説明を聞いて、味噌作りを行う。 ・味噌作りの感想を発表したり、出来上がった味噌の素を試食したりする。	・大豆やこうじなどを混ぜ合わせて、味噌の素となるものを作る。 ・味噌作りを体験して感じたことや出来上がった味噌の素の味についての感想を考える。
家庭	・味噌調べを行い、味噌の素の色や匂いの変化に気付いたり、カビを取ったりする。 ・味噌の素を撮影し、クラウドを介して学校に送る。	・発酵した味噌の素を観察し、色や匂いの変化について考えたり、カビを取ったりする。 ・１人１台端末を使って味噌の素を定期的に撮影し、クラウドサービスを介して提出する。
4	・味噌作りの体験を思い出して、エッセイを書く。	・味噌作りをしている写真を手掛かりに、体験を想起してエッセイを書く。
5	・作った味噌を使い、じゃがいも味噌炒めを作る。 ・じゃがいも味噌炒めを食べた感想を発表する。	・教師の説明や手順表を手掛かりにじゃがいも味噌炒めを作って食べる。 ・作った味噌と市販の味噌の味や匂いの違いについて考える。
6	・作った味噌を使い、味噌汁作りを行う。 ・味噌汁を食べた感想を発表する。	・教師の説明や手順表を手掛かりに味噌汁を作って食べる。
家庭	・作った味噌を使い、家族と調理を行う。	・１人１台端末を使って調理をしている様子や作った料理を撮影し、クラウドサービスを介して提出する。

授業の展開

（1）第２次：大豆はどうやって味噌になるかを考えよう／味噌や味噌を使った料理について調べよう

生徒が実際に豆や味噌を触ったり、匂いを嗅いだりできるように見本を用意しておく。

味噌について様々なことを調べられるように、１人１台端末や味噌に関する書籍を用意しておく。

（2）第3次：味噌を作ろう

大豆がペースト状になるまでを実演してもらうことで、生徒が形状の変化を理解できるようにする。

昔から伝わる製法で味噌を作ることで、味噌作りの大変さや作ってくれている方への感謝の気持ちが芽生えるようにする。

（3）家庭での取り組み：味噌を観察しよう

○ジップロックに入った味噌を持ち帰ります。
・風通しの良い冷暗所で保存してください。
・冷蔵庫には入れないでください。
・2か月に一度ほど揉むと良いです。
・熟成期間は、4～6か月ほどです。

○ときどき味噌を見て、
　親子で観察してください。
・クロームブックにて課題を届けます。
・写真や動画で様子を報告してください。

○味噌が出来上がりそうな頃、学校でも味噌を使った調理実習を行う予定です。

家庭に向けて便りを出し、味噌の素が発酵して味噌になる過程（育て方）について伝える。

味噌の変化に気付けるように、味噌を観察し、写真を学校に送る機会を設ける。

（4）第5次：味噌を使って調理しよう

家庭でも調理ができるように、手順表を活用して一人で調理できるよう支援する。

じゃがいも味噌炒めを友達と食べ、感想を話し合う機会を設ける。

（5）家庭での取り組み：家族と味噌を使って調理しよう

出来上がった味噌を使い、家族と調理をすることで味噌の美味しさに気付き、健康な食生活につながるようにする。

指導・支援を振り返って

生徒らに味噌を使った料理を尋ねたところ、味噌ラーメンや味噌汁と答える生徒の姿が多く見られ、味噌は生徒に馴染み深い食材だとわかりました。しかし、生徒に味噌が何からできていると思うかを尋ねたところ、「泥」「唐辛子」といった回答が聞かれ、味噌への理解が不十分であると感じました。そこで、健康的な食生活への一歩として味噌や豆について学習を行いました。

味噌作りでは、硬かった大豆を煮込み、機械にかけることでペースト状になることを知り、その変化に歓声をあげて驚く生徒たちの姿が見られました。また、味噌を作るには、材料の塊がなくなるまで時間をかけて混ぜ合わせる必要があり、生徒らは味噌作りの大変さがわかったようでした。いつも味噌を作ってくれている味噌屋さんに向けて感謝の言葉も述べていました。

作った味噌は生徒に持ち帰ってもらい、保護者に向けて味噌の発酵について便りを出しました。そして、保護者からは味噌の画像を撮影し、定期的にクラウドにアップしてもらいました。家族と一緒に味噌を観察したり、カビが生えた箇所を取り除いたりするきっかけとなりました。

調理実習では、発酵を終えた味噌を使って調理をしました。生徒たちは出来上がった料理の美味しさに声をあげたり、市販の味噌に比べて味が濃いことに気付いたりしていました。家庭においても、味噌を使った調理をお願いし、その様子をクラウドサービスにアップしてもらったり、食べた感想を報告してもらったりしました。保護者からは、生徒が味噌の味を家族に尋ねて「美味しい」と答えてもらうと満足気だったと連絡がありました。また、今まで味噌汁を残していたが、自分の味噌で作った味噌汁を飲んでからは毎日味噌汁を残さなくなり、継続して飲めるようになったと喜びの声も聞かれました。

本単元は健康な食生活への一歩となっただけでなく、感謝の気持ちをもったり家族に喜んでもらって満足感を得たりと心の健康にも影響を与えたと思います。

事例 10

困ったことを５Ｗと感情の数値化で整理して解決策を見つけよう！

埼玉県立本庄特別支援学校 教諭　関口 あさか

自閉症があり、困った時に詳しく説明したり、自分自身の感情理解が難しく、学校を休んだり、パニックになる児童に、①だれが、②いつ、③どこで、④だれと、⑤どうした、⑥どんな感情だったのか（イラストで選択＆１～５の程度に〇をつける)、⑦どうすれば解決できそうかを記すワークシートを A4 判１枚で作成し活用しました。このシートに記すことで、客観的に自分自身が経験したことや感情を振り返ることができ、教員と一緒に解決策を考えられるようになってきました。また、欠席日数やパニックの回数も落ち着いてきました。

基本情報

対象：小学部６年生　女子
場面：自立活動

単元計画

次	授業名	内　容
1	自分が経験したことを5W1H「いつ・どこで・だれと・何をした・どのくらいどんな気持ちだった」に沿って振り返ろう！	授業や土日に過ごしたこと、夏休みの日記などを、ワークシート（図１）に沿って記述し、経験したことを客観的に振り返りました。
2	なぜそう感じたのか、理由を考えてみよう！	１で記した内容に加えて、なぜそう感じたのか理由を考え記述しました。
3	困ったこと、悲しいことを振り返ってみよう！	１、２では比較的楽しいことを中心に記述してきましたが、ここでは困ったことや悲しいことを5W1Hで振り返り、さらに次にどうしたらよいか考えました。

授業・支援の展開

（1）自分が経験したことを 5W1H「いつ・どこで・だれと・何をした・どのくらいどんな気持ちだった」に沿って振り返ろう！（1次）

対象児童は、悲しいことや困ったことがあると、泣き出したり、パニックになってしまったりし、１日を通して落ち込んでしまうことが課題でした。なかなか気持ちを切り替えることが難しく、時には欠席してしまうこともありました。悲しい、つらいという気持ちばかり残ってしまったり、感情そのものへの気づきも難しかったりする状況でした。さらに、困ったことを文章で伝えたり説明したりすることが難しいことも、そのような行動の背景にあると考えられました。

そこで、１学期から夏休みにかけて、自分が経験したことを客観視し、文章として伝える経験を重ねることをねらいに、自立活動の時間を中心に学習を行いました。

経験したことを、①だれが、②いつ、③どこで、④だれと、⑤どうした、⑥どんな感情だったのか（イラストで選択＆１～５の程度に〇をつける）を記すためのワークシート（図１）を作成し、記述してもらいました。

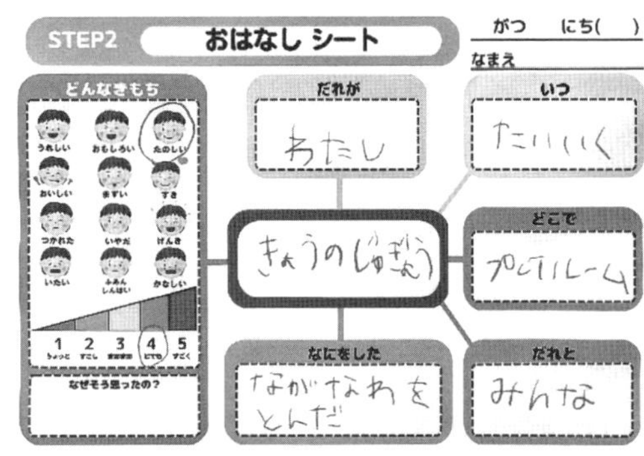

図１　ワークシート

夏休みの絵日記にも取り入れ、毎日の楽しかったり嬉しかったりした出来事を記述しました。

（2）なぜそう感じたのか、理由を考えてみよう！（２次）

経験したことを 5W1H に沿って記述することに慣れてきた頃から、なぜそのように感じたのか、その理由を考えて記述する学習を１学期末から２学期に取り入れました（図２）。そのような感情になった出来事や経験を客観的に振り返ることをねらいとしました。

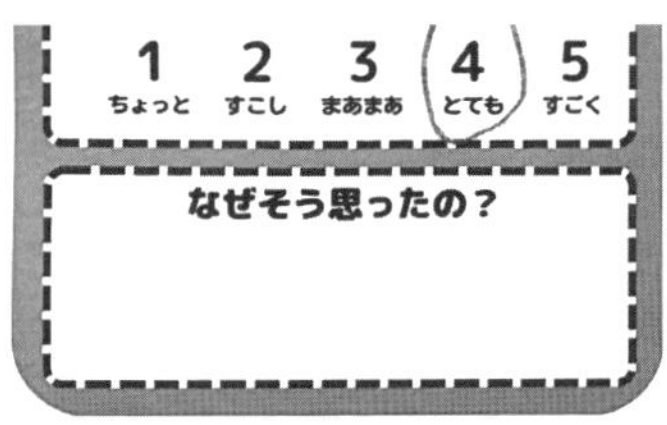

図２　理由を記述する学習

（3）困ったこと、悲しいことを振り返ってみよう！（３次）

２学期の末から３学期には、泣いている時や気持ちが沈んでいる時に、①だれが、②いつ、③どこで、④だれと、⑤どうした、⑥どんな感情だったのか（イラストで選択＆１～５の程度に〇をつける）、⑦どうすれば解決できそうかを記すワークシートを記述する学習を行いました。自分の感情に気づくだけでなく、その感情に飲み込まれずに、客観的に事実を振り返り、今後の対応策を考える経験を積むことをねらいとしました。

指導・支援の経過

（1）自分が経験したことを 5W1H「いつ・どこで・だれと・何をした・どのくらいどんな気持ちだった」に沿って振り返ろう！（１次）

対象児童は、「土日に何をして過ごしたの？」と教員が尋ねても、「遊んだ」と返答し、文章として詳しく伝えることが難しい様子でした。そこで、経験したことを、①だれが、②いつ、③どこで、④だれと、⑤どうした、⑥どんな感情だったのか（イラストで選択＆１～５の程度に○をつける）を記すためのワークシートを使い、記述しました。このシートを活用することで、段々と楽しかった授業のことを、ワークシートに沿って記述できるようになりました。

書き終わった後に、口頭で発表する時間を毎回の自立活動の授業で設定しました。「私は、体育の授業に、プレイルームで、みんなと、ながなわをとびました。とても楽しかったです。」とワークシートを記述した時に発表することができました。

授業だけでなく、夏休みには、毎日の出来事をこのワークシートを使って記述することができました。そして、２学期のはじめには、「夏休みに何をして過ごしたの？」と教員が尋ねると、「家族と一緒に海に行ったよ。魚を食べて、美味しかった！いっぱい泳いだよ！」などと経験したことを口頭で詳しく伝えられることが増えてきました。

（2）なぜそう感じたのか、理由を考えてみよう！（2次）

出来事や経験したことを5W1Hに沿って記述することに慣れてきたため、なぜそのような気持ちになったのかを考えて記述する学習を始めました。何度か回数を重ねると、図３のように自分が経験したことと、感情、そしてなぜそのような感情になったのかを記述できるようになってきました。

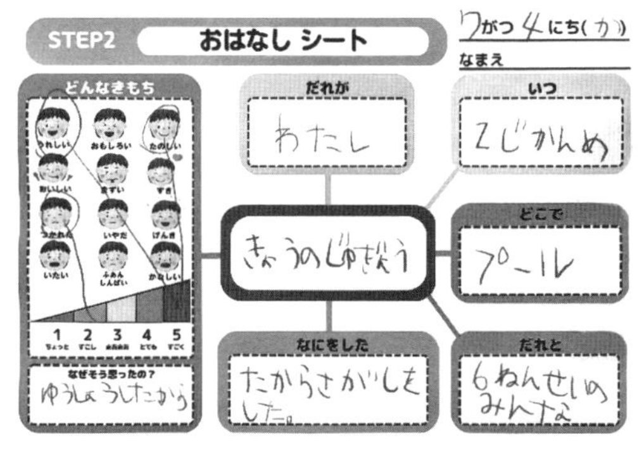

図３　感情の記述が増えてきたワークシート

また、１学期は、「すごく・楽しかった」を選択することが多かったのですが、回数を重ねるごとに、それ以外の感情や、程度の強さを選ぶようになりました。図３のように、複数の感情を記述することも増えてきました。経験したことに対して、１つだけでなく、複数の感情が芽生えることもあるという気づきにもつながりました。

（3）困ったこと、悲しいことを振り返ってみよう！（3次）

自分が経験したことを客観的に振り返ることに慣れ、定着してきたため、「困ったこと」や「悲しかったこと」「つらかったこと」を整理し、次からどう行動したらよいか考える学習を始めました。１学期は、つらいことや思うようにいかない時に、悲しい気持ちに飲み込まれてしま

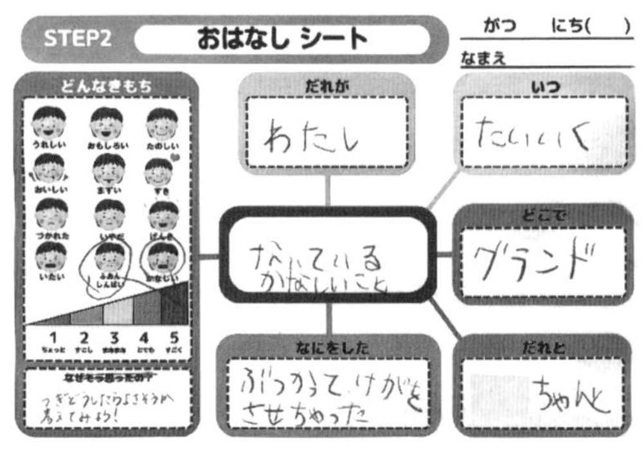

図４　出来事の原因を記述できるように
なったワークシート

い、なかなか気持ちの切り替えができずにいました。しかし、２学期、３学期になると、自分の経験したことと気持ちを整理して考えることができるようになってきました。Aさんがひどく泣いていた時に書いてもらったところ、図４のように、なぜ泣いているのか、その原因となった出来事を5W1Hに沿って記述することができました。初めは泣いていましたが、書いているうちに気持ちが段々と落ち着き、最終的には、「よく周りを見るようにする」「〇〇ちゃんに謝る」と自分で次にどうするかを考えることができました。

指導・支援を振り返って

出来事や経験したこと、その時の感情を客観的に振り返ることで、文章として伝える力が高まっただけでなく、気持ちに飲み込まれずに次の行動へ気持ちを切り替えることにもつながりました。パニックの回数も減っていき、一日中気持ちが沈んでしまうということも少なくなってきました。また、悲しい気持ちにもなったけれど、楽しいと感じたこともちょっとだけあったなど、マイナスの感情ではなくプラスの感情もあったことにも気づくこともでき、それが気持ちの切り替えにもつながったと感じています。

今回紹介した「おはなしシート」は、作文が苦手は子どもにも絵日記教材としても活用できます。以下のサイトで公開していますので、ぜひダウンロードしてご活用ください。利用規約については、サイトをご覧ください。

https://tamekamo.com/2023/07/23/worksheet-5w1h-telling/

事例 11

マインドフルネスで怒りと不安の感情を手放してみよう！

埼玉県立本庄特別支援学校 教諭　関口 あさか

自閉症、適応障害、自傷がある高３の男子生徒に、マインドフルネスアプリを活用して、毎日昼と夜に マインドフルネスを行いました。アプリから流れる音声に従って、深呼吸をして気持ちを落ち着かせたり、怒りや不安を客観視したりしました。嫌なことがあった時には、マインドフルネスアプリを使って冷静になる様子が見られるようになり、一日中不安になってしまうことや自分を傷つける行為も少しずつ落ち着いていきました。

基本情報

対象：高等部３年生（自閉症、適応障害）
場面：日常生活 / 自立活動

単元計画

次	授業名	内容
1	マインドフルネスアプリを体験してみよう！	アプリ「Meditation」を使い、５分程度の短い時間の呼吸をテーマとしたマインドフルネスを体験する。
2	お昼休みと夜寝る前にマインドフルネスアプリを使ってみよう！	アプリ「Meditation」を使い、毎日５分程度、昼と夜にマインドフルネスに取り組む。

授業・支援の展開

Ａさんは、自閉症と適応障害があり、日常や学校生活において多くのストレスや不安がありました。学校などでうまくいかないことがあった時や、友人から言われた一言など気になってしまうことがあった時には、ひどく落ち込んだり、「自分なんかダメな人間なんだ」と悲観的になってしまったりする様子が多く見られました。また、家庭でも、その気持ちをコントロールできず、自傷や大声を出す、物を壊すなどの行動が多くありました。Ａさんは、記憶力が非常に高く、良いことも悪いことも時間の経過とともに忘れていくことが難しいことも、気持ちの切り替えや対応への妨げになっている原因の一つとして考えられました。呼吸のコントロールが難しい時もあり、呼吸が早くなりすぎて、それが不安な気持ちを助長させてしまうことも多くありました。

そこで、そのような感情を無理に忘れさせるのではなく、自分から距離のあるものとして捉えたり、深呼吸をして落ち着いたりと、自分自身をゆったりと客観視する経験を重ねることをねらいに学習を設定しました。

(1) マインドフルネスアプリを体験してみよう！（1次）

Aさんがはじめに活用したアプリは、以下のアプリです。

> 「5分間の瞑想：毎日のリラクゼーションと幸福感とストレス解消のための簡単な28日間のマインドフルネス瞑想コース」
> 販売：Olson Applications Limited
> 価格：1,000円（2023年1月現在）

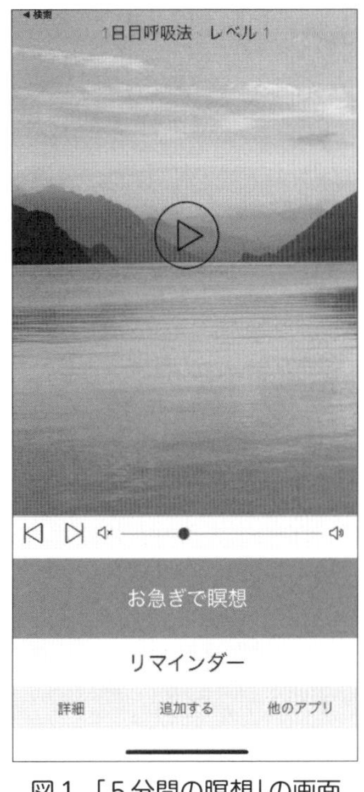

図1 「5分間の瞑想」の画面

このアプリを選んだ理由は、毎回5分間、28日を通して段階的に様々な瞑想を体験できる点です（図1）。初めて瞑想を行う人にとって、10分以上であると長すぎて集中できない可能性もあったため、毎回5分程度で終わることで取り組みやすく、毎日の日課にしやすいと考えました。また、はじめは簡単な内容になっていて、段々と難易度が上がっていく点も導入しやすいと考えました。さらに、「瞑想系アプリ」は毎月課金されるサブスクリプションであることが多いのですが、このアプリは買い切りで、ずっと使うことができる点も良心的です。

この段階では、まずはマインドフルネスを体験し、少し呼吸を整えて落ち着けたという経験をすることをねらいに取り組みました。

(2) 昼休みと夜寝る前にマインドフルネスアプリを使ってみよう！（2次）

このアプリ「5分間瞑想」を、毎日昼休みと寝る前に行いました。習慣化することをねらいに、意識的に毎日決まった時間に取り組むようにしました。また、ひどく呼吸が乱れた時や、不安が強く気持ちの切り替えがうまくいかない時、好きなことに没頭し集中しすぎてしまった時などにも必要に応じて活用しました。

指導・支援の経過

はじめは「なんか不思議な感じがする」「あまり集中できなかったかも」と言っていたAさんですが、5回目ぐらいから「なんとなく今日はできたかも」と言うようになりました。慣れてくると、給食を食べた後の休み時間に自分からアプリを起動して、教室の隅に設置したカームダウンスペースに行き、瞑想をするようになりました。家でも夜寝る前に取り組みました。図２のように、最終の 28 日目のセッションまで取り組むことができ、最終日には「全部できたー！」と喜ぶ姿が見られました。

この 28 日のセッションが終わると、次の日にははじめの１日目のセッションに戻り、28 日のセッションまで取り組むことを繰り返し行いました。

図２　28日のセッションの画面

瞑想を始めて１カ月後ぐらいから徐々に気持ちの面での変化が出てきました。以前は、悲しい気持ちや不安な気持ちが強く、いつまでも気持ちを切り替えられなかった様子でしたが、少しずつ様々な授業に前向きに参加したりできるようになってきました。呼吸が速くなった時には、自分から瞑想アプリを起動して自分で呼吸を整えようとする姿も見られるようになってきました。家で毎日あった自傷行為や大声を出すといった行動も、２カ月後ぐらいから徐々に減り、数週間に１度程度のペースに落ち着いてきました。３カ月後には、精神面を落ち着かせる薬の量が１カ月前より減りました。

また､以前は「自分なんてダメな人間だ」と発言していたＡさんでしたが､段々と「こんなに毎日続けられてすごい」と自分を褒めたり、作業学習で目標の個数を仕上げられなかった時にも「次は 60 個つくる！」と気持ちを切り替え、頑張ろうとしたりする姿も多く見られるようになってきました。

指導・支援を振り返って

近年、マインドフルネスが注目されていますが、これまで様々な子どもたちの支援や指導に携わる中で、Ａさんのように不安や悲しい気持ちのコントロールが難しい子だけでなく、ADHD 傾向のある子が過度の集中によって疲れてしまった時や、アンガーコントロールの場面でもマインドフルネスを活用できると感じています。深呼吸をして落ち着く場を学校生活の中であえて設定することで､気持ちを切り替えられるだけでなく､次の活動の質を上げることにもつながるかもしれません。

Ａさんは、アプリ「５分間の瞑想」に慣れ、５分以上の瞑想への興味・関心が高まったこともあり、卒業後は以下のアプリを活用するようになりました。

「Meditopia: 睡眠・瞑想・マインドフルネス」
販売：YEDI70 YAZILIM VE BILGI TEKNOLOJILERI ANONIM SIRKETI
価格：780円/月、6,000円/年など10種類の料金プランがあります。詳細はアプリのサイトをご確認ください。

「５分間の瞑想」に十分慣れ、マインドフルネスがＡさん自身にとても合っていたため、卒業後はこのアプリを活用しています。このアプリの良い点は、１セッションあたり３分からと、様々な時間のプログラムがある点です。また、図３のように「気持ちが沈んだ日に」や「疲れがひどい時」「寝る前の瞑想」など1,000以上のコンテンツがあり、その日の気分や体調、目的に応じて様々なプログラムを選択して行うことができます。また、セッション終了後に、取り組んだプログラムに関連する質問に答える機能があり、それをログとして記録していくことができます。

図３「Meditopia」の画面

現在Ａさんは、仕事で疲れた時や寝る前などには特定のお気に入りの瞑想プログラムを行っているそうです。また、今日のおすすめ機能から、新しい瞑想プログラムを探して、取り組んだことのないプログラムにもチャレンジしているそうです。

また、図４のような「マイノート機能」を使い、瞑想の振り返りをしたり、過去の自分の記録を比較したりして、自分自身の感情やその時の体調、気持ちの変化などを客観的に振り返ることもできるようになってきています。

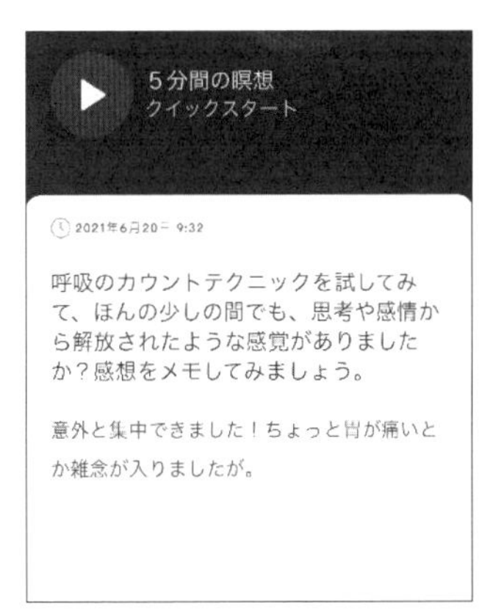

図４「マイノート機能」を使った振り返り

今回身に付けた自分の気持ちと向き合うテクニックはＡさんの卒業後の就労生活や日常生活でも大変役立っています。瞑想アプリは様々なものがありますが、まずは無料トライアルなどで体験してみて、本人がやりやすく、続けられそうと感じたものを優先して選択しても良いかもしれません。また、なるべくサブスクリプションではなく、買い切りのものをおすすめします。

事例 12

イライラさんをひとまずしまっておこう！

埼玉県立本庄特別支援学校 教諭　関口 あさか

ADHD 傾向があり、嫌なことやイライラすることがあると、いつまでも頭の中に残り、大きな声を出したり、次の活動に切り替えることができない中学部３年生のＡさんに対し、イライラしたことを紙に書いて、蓋のついた「ひとまずしまっておこう！ Box」にしまうという取り組みを行いました。下校前に、しまったメモが気になれば開けて確認し、「あまり気にならなくなっていたら捨てる」「まだ怒りが残っている場合は再度箱にしまったり、どうしたら解決できそうかを考える」のどちらかを選択してもらいました。以前に比べ、次の活動に切り替えられるようになったり、放課後には怒りの感情を忘れていたりすることも増えてきました。明日から手軽に始められるアンガーコントロールの取り組みです。

基本情報

対象：中学部３年生（知的障害、ADHD 傾向がある生徒）
場面：日常生活 / 自立活動

単元計画

次	授業名	内容
1	ムカついたことやイライラしたことを紙に書こう！	今感じている怒りの原因になった出来事や、イライラしたことを、紙に記述する。
2	「ひとまずしまっておこう！Box」に書いた紙を入れよう！	蓋のついた箱を用意し、書いた紙を入れ、蓋をする。そして、そのイライラは自分の中から一度出たもの（離れたもの）であることを意識する。
3	放課後に、入れた紙を確認して、捨てるか、そのまま入れておくか、解決策を考えるか決めよう！	下校時までイライラがまだ収まらない場合や気になる場合は、蓋を開けて中身を確認し、そこまで気にならなかったら破いて捨て、気になったりイライラが残っている場合は、再度箱の中に入れたり、解決策を教員と一緒に考えたりする。

授業・支援の展開

（1）ムカついたことやイライラしたことを紙に書こう！（1次）

Aさんは、一度怒りのスイッチが入るとなかなか冷静になることができず、段々と怒りの感情が大きくなり、イライラした出来事を客観視できないことが課題でした。イライラした感情だけが残り、何にそこまでイライラしていたのか思い出せないこともありました。

そのため、怒りの感情を一度客観的に振り返り、怒りの感情と自分自身を離す意識がもてるように、図1のように、「ひとまずしまっておこう！ Box」とメモ用紙と筆記具を用意しました。

図1「ひとまずしまっておこう！Box」

まずは、イライラしたこととなぜイライラしたのかをメモ用紙に書く学習を行いました。うまく書けない時には、「誰に何か言われたり、されたりしたの？」「どの授業の時？」「どんなことが嫌だったの？」など5W1Hに沿って教員が質問し、その時の状況や場面を客観的に振り返ることができるようにしました。

まずは、すぐ書くのではなく、口頭で教員と話し、その内容をもとにメモ用紙に記述しました。

（2）「ひとまずしまっておこう！ Box」に書いた紙を入れよう！（2次）

イライラしたり、ムカついたりした出来事をメモ用紙に書けたら、図2のように小さく折りたたんで、「ひとまずしまっておこう！ Box」に入れます。この作業には大きく分けて2つの大事なねらいがありました。

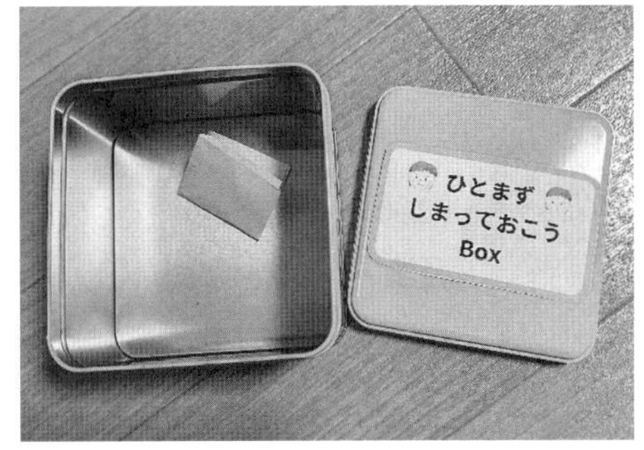

図2　メモ用紙は小さく折りたたんでBoxに

①小さく折りたたむこと

書いたメモを小さく折りたたむことによって、折っているうちに少しずつ怒りの感情やメモに書いたできごとがAさん自身の中で小さくなっていくイメージをもちやすいと考え、取り入れました。

②蓋のついた箱にしまうこと

今回の実践では、「蓋のついた箱」を活用しました。また、透明な箱ではなく、図2のように、外からメモが全く見えない缶を選びました。

その大きなねらいは、Aさんにとって、メモに書いた感情や出来事を見えない状態にして、自分にとってそれらは切り離された距離のあるものとして捉えてもらうためでした。また、用意するものも複雑にせず、缶箱とメモ用紙と筆記具の３点にすることで、家や卒業後などにも手軽に活用できるようにしました。

（3）放課後に、入れた紙を確認して、捨てるか、そのまま入れておくか、解決策を考えるか決めよう！（3次）

毎日の下校時に、箱に入れたメモ用紙の中身を確認する時間を作りました。①イライラの感情が消えていたら細かく破いて捨てる（図３）、②イライラがまだ残っていたら、再度箱にしまって明日に持ち越すか、この場で解決策を教員と一緒に考えるかを選んでもらいました。

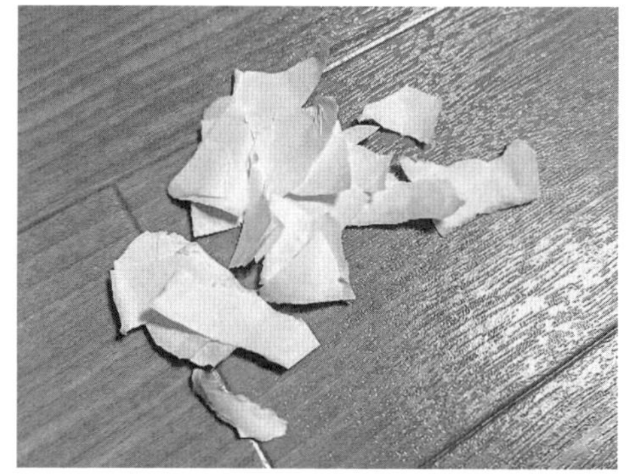
図３　イライラが消えていたら細かく破いて捨てる

イライラの感情が落ち着いたものは、いつまでも残しておくことで、逆に定期的に思い出してしまう懸念があったため、破いて捨てるようにしました。イライラの感情が残っていても、明日に持ち越して翌日改めて見ることで、「時間の経過とともに、自分の感情が薄れていくこと」に気づくきっかけにもしました。また、イライラの感情が強く、このまま家に帰宅しても落ち着かない可能性がある場合は、15分程度時間を取って、帰宅後や明日どうしたらよいか解決策を一緒に考えるようにしました。

指導・支援の経過

（1）ムカついたことやイライラしたことを紙に書こう！（1次）

はじめはヒートアップしてしまい、なかなか落ち着けない様子でしたが、水を飲んだり、教員と対話を重ねたりして落ち着いた後、図４（※実際のものではなく再現したもので仮名）のようにメモ用紙に記述するようにしました。学習開始時は、「○○さんがムカつく」としか書けませんでした。「何か言われたの？」「どこで？」などと5W1Hに沿って教員が質問をしたり、「○○してほしくなかったんだね？」とＡさんが言ったことを詳しく言語化したりする支援を行いました。すると「○○さんに、朝おはようって言ったのに、無視されたのがムカついた」と具体的な出来事を記述できるようになってきました。２学期後半からは、怒りの感情が湧いた時に、すぐにメモに書く

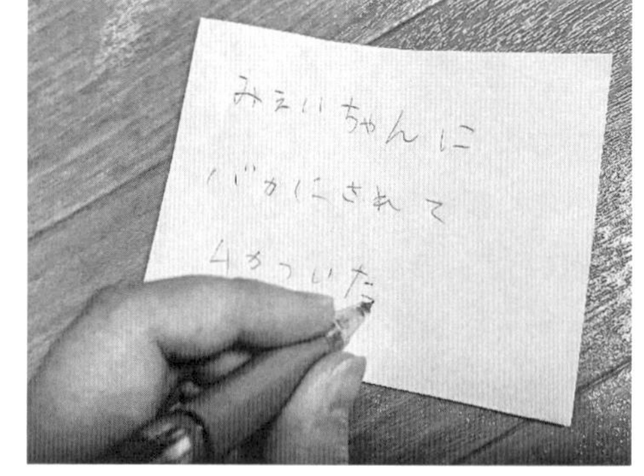

図４　イライラしたことを紙に書く

ようになり、書くと怒りの感情が少し収まり、ヒートアップしすぎてしまうことも減ってきました。

（2）「ひとまずしまっておこう！ Box」に書いた紙を入れよう！（2次）

「箱に蓋をすると、気にはなるんだけど、さっきよりも全然気にならない気がする」とAさん自身が言っていました。このように、蓋のある箱にしまうことにより、その感情やきっかけとなった出来事が、自分から一旦切り離されたものとして捉えたり、客観視することにつながったりする可能性を感じました。

また、箱にしまった後に、いつまでもその感情や出来事を引きずらずに、気持ちを切り替えて次の授業に参加できることも増えてきました。

（3）放課後に、入れた紙を確認して、捨てるか、そのまま入れておくか、解決策を考えるか決めよう！（3次）

1学期は、その場で解決策を考えることや、話をじっくり教員が聞くという対応が多くありました。しかし、2学期になると「またしまっておいて明日考えるね」と言って、再び箱に入れて次の日に持ち越すことが増えてきました。また、箱に入れて1週間ぐらい経つと、少しずつ怒りの感情や出来事の記憶が薄れていくこともAさん自身の実感を通して学ぶことができました。3学期には、その日のうちに破り捨てることも増え、さらに「明日○○ちゃんにごめんねって言ってみる！」と自分なりの解決策を考えられることも増えました。

指導・支援を振り返って

私たち大人でも自分自身の「怒り」の感情を抑えることは難しく、ADHDの傾向がある方はなおのことアンガーコントロールが難しいとされています。世間でいわれている6秒間我慢することがなかなか実行できない子も多く、いつまでもその感情をもち続け、気持ちを切り替えることが難しい子もいます。

今回の実践は、その場では怒りの感情はあるけれど、それをいつまでも引きずらずに気持ちを切り替えたり、「怒り」の感情やきっかけとなった出来事を自分から切り離し客観視する力を育むことをねらいに行いました。その感情を否定せずに、Aさんが自分なりに納得できる形でこのような感情との向き合い方を学ぶことができたと感じています。今回の方法はAさんに限らず、怒りや不安、悲しみなどの感情のコントロールが難しいお子さんに効果を感じています。手軽にできるので、ぜひ試しにやってみてください。

事例13 卒業後に暮らしてみたい部屋をデザインしよう

東京都立あきる野学園（元 東京都立青峰学園）教諭　菱 真衣

住居の基本的な機能や快適で安全な住まい方について、アプリケーションを使ったシミュレーションで学ぶ授業です。ヘルパー等からの支援を受けたり、スマート家電を活用したりするなどの工夫により、障害のある人が一人暮らしをすることができるようになりました。ユニバーサルデザイン、スマート家電について取り扱い、卒業後の暮らしの選択肢を増やせるよう授業を展開します。そして、これらの学習活動を通して、情報機器等を活用しながら豊かに暮らしていく態度を育みます。

基本情報

対象：肢体不自由特別支援学校、知的障害を併せ有する生徒の教育課程　高等部１年生　１名

教科：情報

単元計画

次	学習内容	学習活動
1	住居の機能・快適で安全な住まい	住居の基本的な機能や家族の安全や快適さを考えた住空間の整え方について知る。
2・3	スマート家電	スマート家電を活用した暮らし方を体験する。
4	計画	理想の住まいについて考え、構想を練る。
5〜7	制作	計画をもとにアプリケーションで住まいのデザインを行う。
8・9	シミュレーション	部屋の様子をアプリケーションで確認し、バリアフリーやユニバーサルデザインの観点を踏まえた修正点を考える。
10	まとめ	まとめをする。

授業・支援の展開

（1）住居の機能・快適で安全な住まい（1次）

和室と洋室の違いやメリットとデメリット、住まいのユニバーサルデザインについて調べ学習を行い、自分の生活にどう取り入れるかを考えました。

自分の暮らしに取り入れられそうなユニバーサルデザインはなんだろう？

・玄関の段差なしが良いです。
・お風呂にリフトが欲しいです。
・車椅子で通れる広い玄関や部屋があると良いです。
・玄関の階段をスロープにして欲しいです。
・畳をフローリングにすると車椅子が入れます。

（2）スマート家電（2・3次）

アプリ「MESH」[*1]を使い、人感センサーで人を感知すると、保護者に帰宅連絡をするというプログラムを作りました。

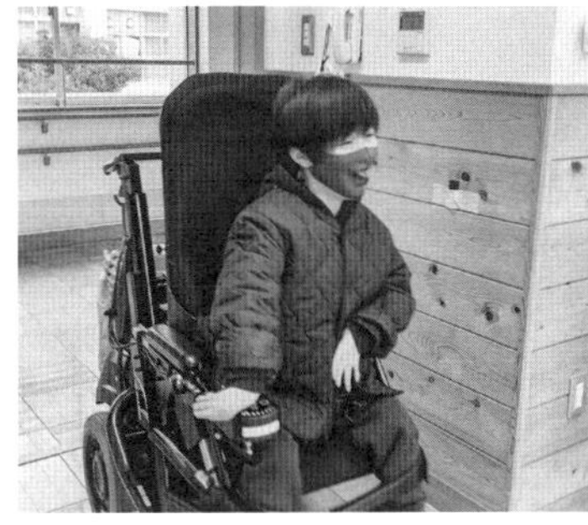

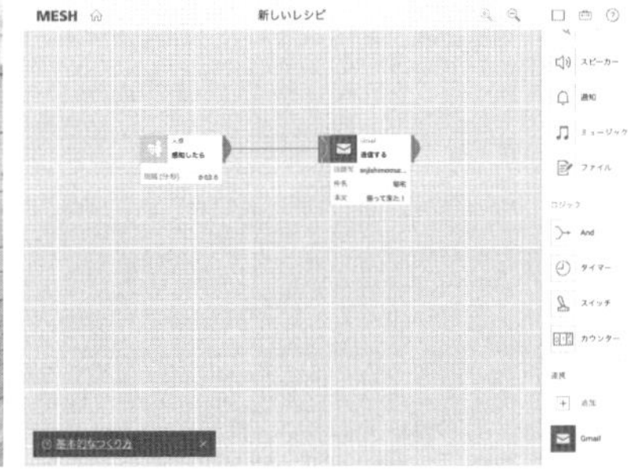

「MESH」の画面

＊1　MESH：無線でつながるセンサーで状態を確認したり、自動で動くしくみが作れるアプリ。

（3）計画（4次）

将来どのような家に住みたいかを考えました。

卒業後のくらしについて考えよう

・（洋室）に住みたい。
・（4）部屋ほしい。
　（内訳：寝る部屋　漫画がいっぱいある部屋
　　　　ゲーム部屋　リビング）
・家具は（本棚　テーブル　カーペット　カーテン
　　　　ハンガー　布団）がほしい。
・その他の希望（アニメポスター　フィギュア
　　　　KPOPグッズ　）

（4）制作（5～7次）

アプリ「Roomle」[*2]を使い、計画に沿って部屋のデザインを行いました。制作過程で必要性を感じた家具等はその都度追加していきました。

「Roomle」の画面①

＊2　Roomle：ルームプラン、家具の配置決定や購入を簡単に行えるアプリ。

（5）シミュレーション（8・9次）

実際に自分が生活することができるようユニバーサルデザイン等の視点を取り入れて、改善を行いました。

また、AIやスマート家電、センサーをどの位置に取り付けたいかを考えました。

スマート家電
自分の生活で取り入れられそうな工夫

- カーテンを自動で開けて、閉めてもらう。
- テレビを自動でつけてもらう。
- 電気を自動で消してもらう。
- 玄関の鍵を自動で閉めてもらう。
- 掃除ロボットで掃除してもらう。
- エアコンを自動でつけてもらう。

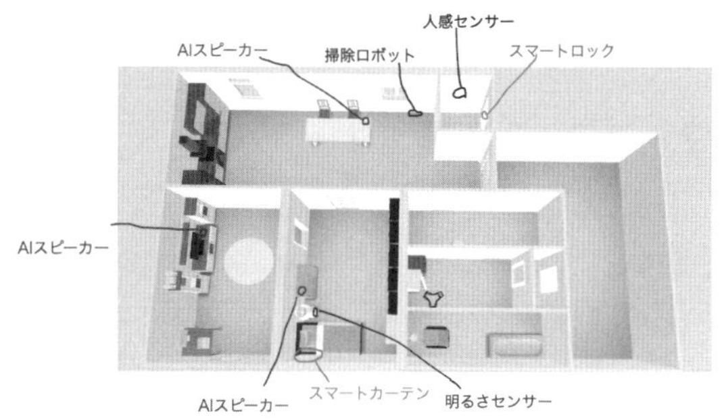

「Roomle」の画面②

指導・支援の経過

生徒の学習の振り返りの一部を時系列に記載します。

次	分かったこと・今後に向けて
3	MESHを使って一人暮らしをする時に親に自動で連絡する機能を作りました。自分のメールアドレスで試してみました。メッセージが届いていました。一人暮らしをする時に役立ちそうです。
5	お風呂部屋とゲーム部屋とキッチン部屋を作りました。だんだん部屋らしくなってきました。来週は家具を置くので、どんな部屋になるか楽しみです。
7	家が完成しました。クオリティの高い家ができました。時間がかかりましたが楽しかったです。実は窓が大切だったことに驚きました。引っ越しをする時にこのアプリで、自分の希望を伝えたいと思いました。
8	いろいろなスマート家電を見ました。障害があっても全部機械に頼んでしまえば、届かないところもやってくれることが分かりました！　将来一人暮らしをする時にスマート家電が欲しいです。
9	車いすが入れる広さを考えながら工夫して作りました。ただ家を作るだけではなくて家の広さのことなど、将来一人暮らしをする時はよく考えたいと思います。

振り返りの記載の経過より、漠然としていた一人暮らしのイメージが、活動を通してどのように実現させればよいか、具体的に考えられるようになっていることが分かります。

改善の様子

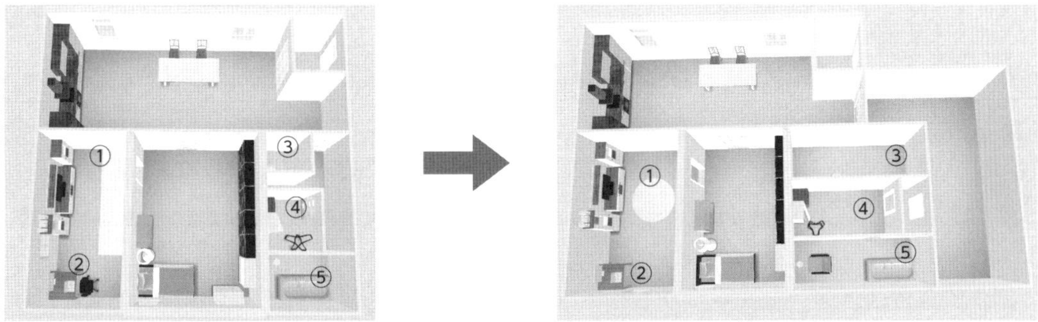

「Roomle」の画面③

①入口にラグがあると、車いすで通れないため場所を変更した。
②車いすで使用するため、パソコン用いすは撤去した。
③トイレが狭く車いすで使えないため、広くした。
④脱衣所が狭く車いすが通れないため、広くした。
⑤お風呂にリフトをつけたいため、広くした。

ユニバーサルデザインの視点で、車いすで暮らせる空間を作ることができました。

さらに、計画段階では挙げることができなかった生活に必要な機能やものに気づくことができました。

指導・支援を振り返って

対象生徒は、四肢の障害により全介助で生活をしています。これまで積み重ねてきた力を社会で発揮することは難しいと考え、卒業後の生活に希望をもてずにいました。

そこで、障害があっても様々な支援を受け、自分なりの工夫を取り入れることで、自立して暮らすことができるのではないかと生徒自身が考えられるよう授業を展開しました。

IoTに関する学習では、AIやセンサーとスマート家電を組み合わせて活用することで、「端末を取り出して連絡をする」「スイッチを押して電気をつける」といった従来支援が必要であった動作を自動化できることを学習しました。

部屋のデザインでは、車いすを使用しながら快適に暮らすデザインを考えました。Roomleで置くことができる家具は、実際に購入することができます。一人暮らしをする際は、このアプリケーションで自分の住む部屋の間取りでシミュレーションをし、実際に購入した家具をイメージ通りに配置してもらう手助けになります。

生徒が卒業後、どのような環境に置かれても、これまでの経験や工夫を取り入れて快適な生活が送れるようにしていくことが大切です。また、これらの経験をきっかけに、卒業の後の暮らしの可能性を広げていけるよう今後も取り組んでいきます。

事例 14 様々な支払い方法を体験しよう

東京都立あきる野学園（元 東京都立青峰学園）教諭　菱 真衣

計画的な金銭管理、売買契約の仕組みについて事例を通して体験的に学ぶ授業です。近年のデジタル化に伴い、支払い方法も多様化しています。クレジットカードを中心としたキャッシュレス決済について取り扱い、生徒がそれぞれの支払い方法のメリットとデメリットを理解した上で、自立した消費者として自己決定できるよう授業を展開します。そして、これらの学習活動を通して消費者の一員として社会に参画していく態度を育みます。

基本情報

対象：肢体不自由特別支援学校、知的障害を併せ有する生徒の教育課程　高等部１年生　１名

教科：家庭

単元計画

次	学習内容	学習活動
1・2	買い物・契約の基本	買い物・契約の基本を知る。
3・4	将来の買い物計画	将来欲しいものの金額を調べ、貯金の計画を立てる。
5〜7	様々な支払い方法	様々な支払い方法を知る。
8〜10	支払い体験	クレジットカード等での支払いを体験する。
11・12	それぞれの支払い方法のメリットとデメリット	ワークシートにメリットとデメリットをまとめる。
13〜15	まとめ	買い物・契約に関するポスターやクイズを作り、学んだことを発信する。

授業・支援の展開

（1）買い物・契約の基本（１・２次）

動画（「マモル探偵のトラブル事件簿」札幌市）*を見ながら、買い物・契約の基本

について学習しました。普段自分のしている約束でどんなものが契約にあたるかを確認し、ワークシートにまとめました。

＊「マモル探偵のトラブル事件簿」：札幌市が制作した消費生活に関する小学生・中学生・学校関係者向けの動画教材。

（2）将来の買い物計画（3・4次）

自分が将来買いたいものを挙げ、これからの学習の動機付けとしました。

> <生徒が立てた計画>
> 買いたいもの（韓国アイドルのグッズ）：金額（13,000）円
> 月に（1,000）円ずつためると、（1年1カ月）で買える。

（3）様々な支払い方法（5～7次）

動画（「マモル探偵のトラブル事件簿」）を見ながら、様々な支払い方法について学習しました。どのタイミングでお金を支払うかやどのような方法で支払うかをワークシートにまとめました。

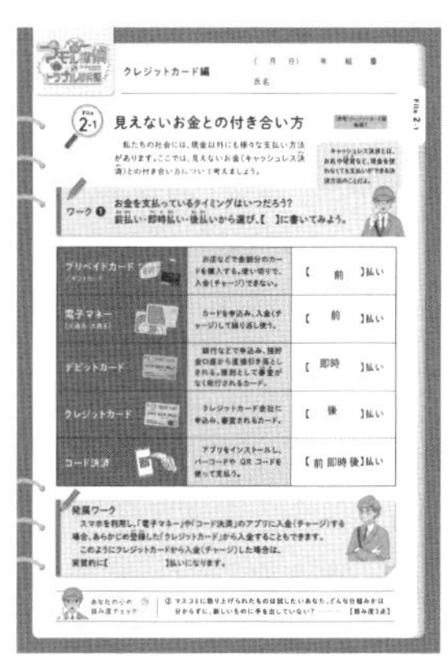

ワークシート

（4）支払い体験（8～10次）

一般社団法人日本クレジット協会より実際の端末をお借りして、クレジットカードやタッチ決済などの体験をしました。また、決済の明細の見方についての学習も授業で行いました。

クレジットカード決済に挑戦

インターネットで、将来買ってみたいものを検索！

商品名：両面宿儺のフィギュア【呪術廻戦】
値段：120000円
支払い回数：1回

↓
クレジットカードで買い物してみよう！

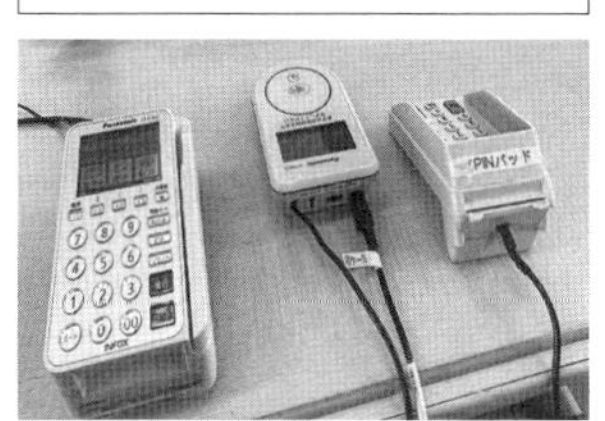
決済端末

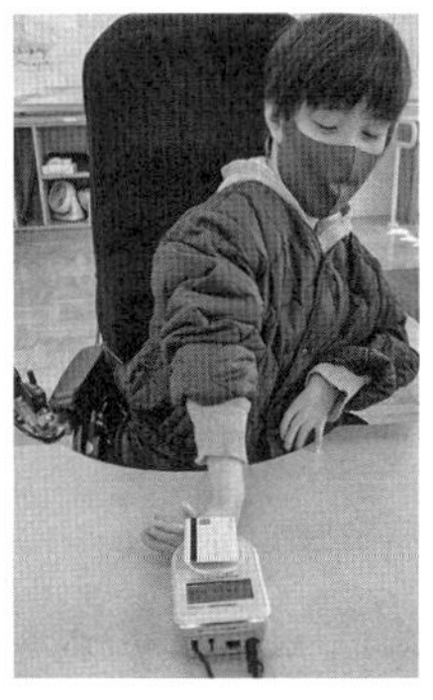
タッチ決済の体験

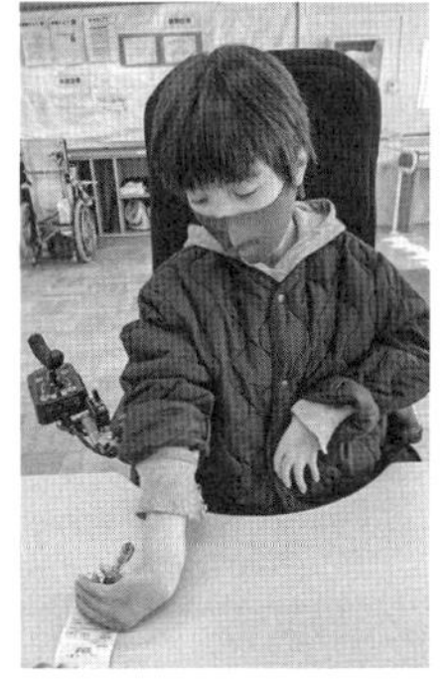
サインの体験

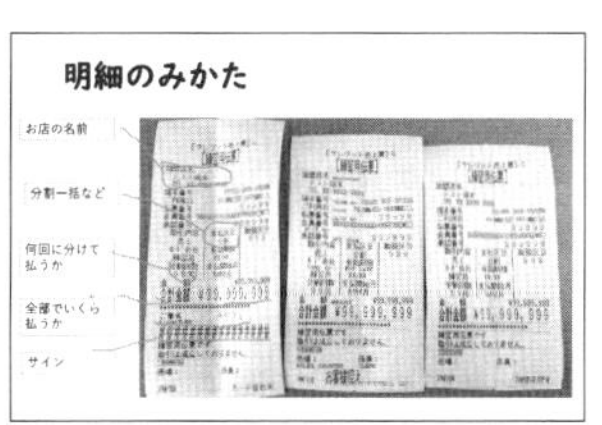

明細の見方の学習

(5) それぞれの支払い方法のメリットとデメリット (11・12次)

(1)(3)と同様の動画教材、ワークシートを使用して、それぞれの支払い方法のメリットとデメリットをまとめました。

(6) まとめ (13～15次)

学んだことをポスターとクイズにまとめ、作品は文化祭で展示しました。

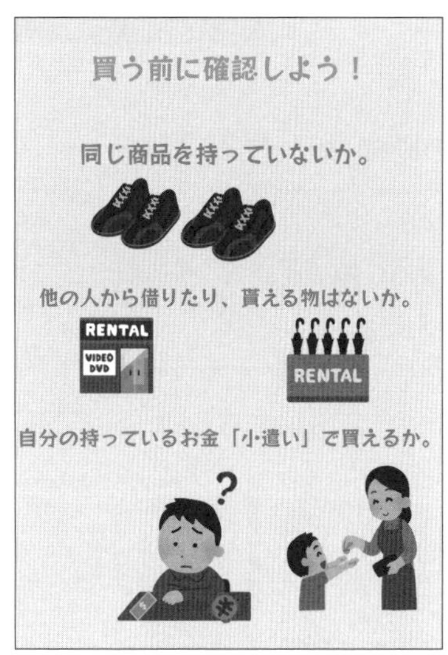

ポスター

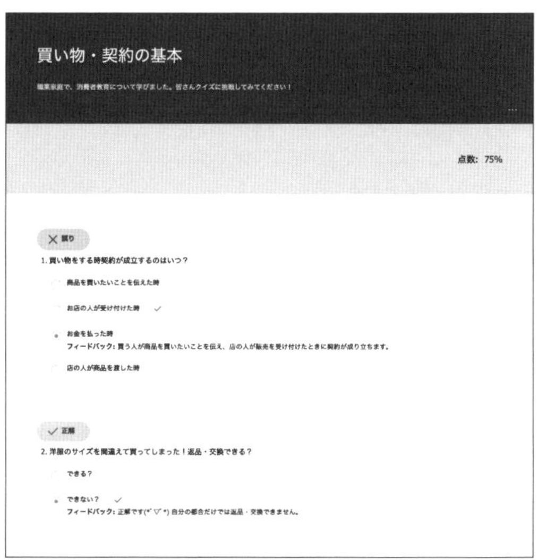

Microsoft Teamsで作成したクイズ

指導・支援の経過

生徒の学習の振り返りの一部を時系列に記載します。

次	分かったこと・今後に向けて
2	支払い方法について勉強をしました。将来自分で買い物をする時にカードを使って払うのもいいかなと思いました。
4	将来、仕事をして給料を貯めて自分の好きなグッズを買いたいです。まず仕事を探す、一生懸命仕事する、給料を貯める、それが大人になった時の目標です。
6	それぞれ払い方にはルールがあってとても面白かったです。社会人になったら私もカードを使うかもしれないので今のうちに知っておきたいです。
12	クレジットカードの注意点を考えました。私もカードを使う時はきちんとルールを守りたいと思います。
15	無限にカードは使えなくて決められたルールを守らなければいけないのが分かりました。これから将来自分でカードを使う時は、ルールは守りたいと思います。

振り返りの経過より、「クレジットカードは便利そう」という段階から、徐々に気を付けるべきポイントやルールが理解できるようになったことが分かります。最終的には、「カードは怖い」ではなく、ルールを守って使ってみたいと生徒は考えていました。

以下に、生徒の考える「自分にあった支払い方法」を時系列に記載します。

次	支払い方法	理　由
1	現金	現金でしか買い物をしたことがないから。
2	クレジットカード	大人になったら使えることが分かったから。 便利そうだから。
10	タッチ決済	カードを置くだけで、財布からか現金を出さなくていいから。
12	コード決済	スマホの画面を見せるだけで買い物ができるから。

1・2次は自分のこれまでの経験や新たに知ったことをもとに答えていましたが、学習の積み重ねによって、自分の障害の状態や置かれている環境を踏まえながら支払い方法を選択することができるようになりました。

指導・支援を振り返って

対象生徒は上肢の障害により、買い物をする際は介助者に財布からお金を出してもらい、支払いしてきました。そのため、自分で買い物をしたと感じられる経験が不足しており、自立した消費者として自己決定していくことには程遠い状況でした。

近年、支払い方法が多様化し、身体が不自由でも買い物ができるようになったことを生徒が実感できるよう授業を展開しました。授業内で「クレジットカードは魔法のカードだと思いますか？」という質問に対し、生徒はカードを使い過ぎると、自分のお金がなくなってしまうから魔法のカードだとは思わないと回答することができました。もちろん、このようなことを十分理解していても、実際に買い物をする際に失敗してしまうケースもあります。学校を卒業した後に、トラブルに巻き込まれないよう、在学中から買い物やお金の管理について本人、保護者と相談しておくことが大切です。また、トラブルに巻き込まれにくい環境を作ることも有効です。例えば、デビットカードを使用し、口座に入っている金額以上は使えないようにする、電子マネーにあらかじめチャージした額を使う、クレジットカードの利用限度額を設定したりアプリで使用状況を管理したりするなどの方法が考えらえます。

「仕事をして給料を貯めたい」「自分で欲しいものを選んで買い物をしてみたい」「インターネットで買い物をしてみたい」といった発言が授業中に多くみられるようになり、消費者教育を通して、生徒の働く意欲にもつなげることができました。

生徒が卒業後、自立した消費者として、安心して社会に参画できるよう今後も取り組んでいきます。

事例 15 インターネットスーパーで買い物をして、調理を依頼しよう

東京都立あきる野学園（元 東京都立青峰学園）教諭　菱 真衣

食材の購入方法、日常食の調理について、卒業後の生活と関連づけて体験的に学ぶ授業です。近年のデジタル化に伴い、自宅にいながらインターネットで食材を購入し、自分の都合の良い時間に注文した食材を届けてもらうことができるようになりました。インターネットスーパーを利用した買い物について取り扱い、ヘルパーに調理を依頼するなど、卒業後の暮らしの選択肢を増やせるよう授業を展開します。そして、これらの学習活動を通して、便利なサービスや、様々な制度を併用しながら豊かに暮らしていく態度を育みます。

基本情報

対象：肢体不自由特別支援学校、知的障害を併せ有する生徒の教育課程　高等部１年生　１名

教科：家庭

単元計画

次	学習内容	学習活動
1	様々な買い物方法	店舗での買い物、インターネットスーパーについて知る。
2・3	調理計画・買い物計画	予算内で作りたいメニューを考え、計画を立てる。
4	食材の注文	インターネットスーパーで注文する。
5	食材の受け取り	配送員から食材を受け取る。
6・7	調理（１回目）	学校介護職員に調理を依頼する。
8・9	調理（２回目）	前回の気付きを踏まえ、調理を依頼する。
10	まとめ	まとめをする。

授業・支援の展開

(1) 様々な買い物方法

これまでの買い物や調理の経験について発表してもらい、店舗での買い物方法を確認しました。

その後、インターネットスーパー（「おうちでイオン（イオンネットスーパー）」）について、実際のサイトを見ながら学習しました。

これまでの経験

今までの買い物の思い出（学校でも家庭でも）

コンビニで、飲み物　生茶を買いました。
移動教室のお土産　おせんべいを買いました。

今までの調理の思い出（学校でも家庭でも）

スイートポテトを作りました。
プリンを作りました。
餃子の皮を使ってピザを作りました。

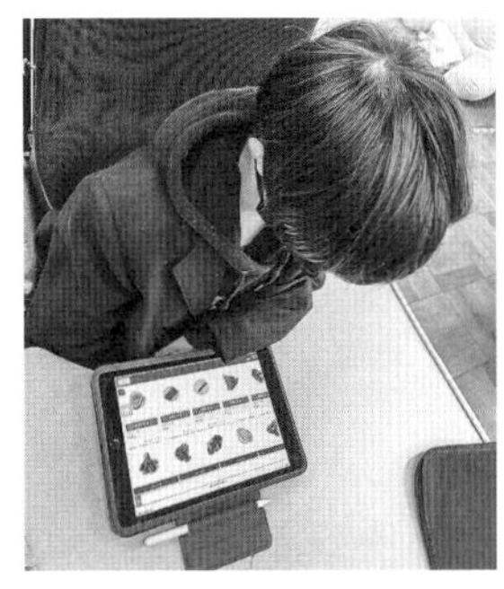

「おうちでイオン
（イオンネットスーパー）」

(2) 調理計画・買い物計画

調理計画では、調理の手順とヘルパーへの依頼方法を考えました。

買い物計画では、必要な量の確認と予算の確認を行いました。

計画

卒業後、どうやってご飯を食べる？

グループホームの人に作ってもらいます。
ヘルパーさんに作ってもらいます。

調理を依頼してみたいもの

肉じゃが
カレーライス
卵焼き
ハンバーグ
サラダ

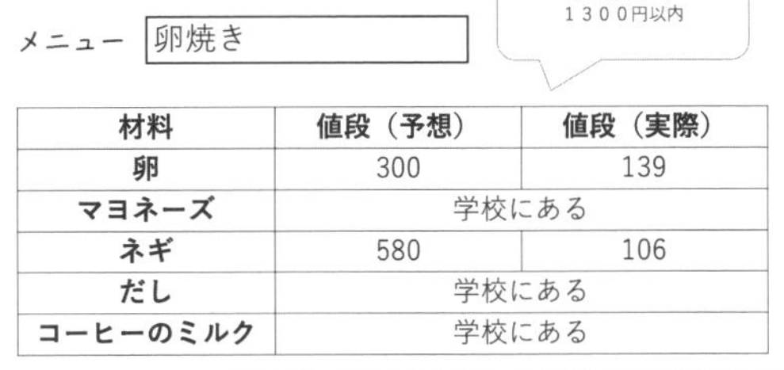

調理計画

メニュー　卵焼き

全てあわせて
１３００円以内

材料	値段（予想）	値段（実際）
卵	300	139
マヨネーズ	学校にある	
ネギ	580	106
だし	学校にある	
コーヒーのミルク	学校にある	

作り方（依頼方法）

メニュー　卵焼き

行程	説明方法
準備	卵焼き用の四角いフライパン、卵を出す4個
必要な食材をまぜる	卵をわる 醤油1 みりん1 酒1ぽんだし入れる 卵を混ぜる
焼く	フライパンに火をつける。油ですいこんだキッチンペーパーでフライパンにつける 卵をフライパンにうつす。焼けるまで待つ。焼けたら綺麗に四角いた形にする 注意１：卵を長方形にする時卵をし少しずつ入れて1枚ずつおる おりおわったら焼けた卵をうえにあげてもう一回油をつける 注意２：また液体の卵を入れる時フライパン下に入れる。空気を潰す「綺麗にするため」 注意３：上にある卵と下にある卵をまた同じようにおる また液体を入れる時焼けている卵の下をめくって入れる
盛り付ける	お皿にうつす。
	完成！

(3) 食材の注文・受け取り

インターネットスーパーで食材を注文し、学校で受け取りを行いました。納品書と食材を確認し、現金で代金を支払いました。

納品書の確認

食材の確認

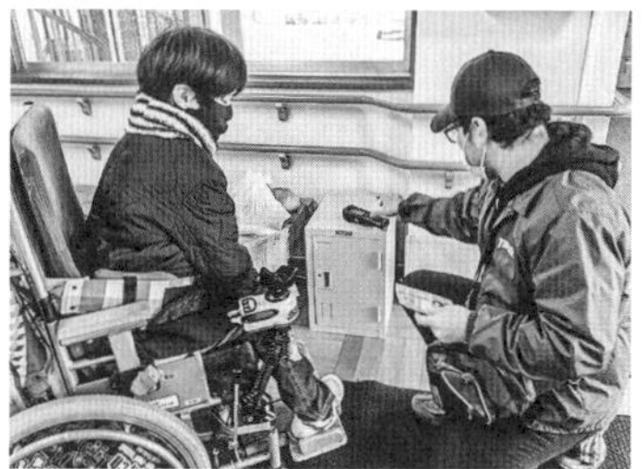
支払い

(4) 調理（1回目）

学校介護職員にヘルパー役を頼み、生徒が卵焼きの調理を依頼しました。

野菜の量、切り方

調味料の量

焼き方

(5) 調理（2回目）

前回の振り返りを行い、ヘルパー役の学校介護職員に依頼をする際に気を付けるポイントをまとめ、再度調理の依頼をしました。

	気を付けること
野菜の量、切り方	分数や長さで大きさを伝える。 みじん切りなど切り方の名前を伝える。
調味料の量	大さじ、小さじを伝える。
混ぜ方	空気を含むようにと伝える。 混ぜて欲しい回数を伝える。
焼き方	弱火、中火、強火で伝える。 焼く時間を伝える。

卵焼き

指導・支援の経過

生徒の学習の振り返りの一部を時系列に並べました。

次	分かったこと・今後に向けて
1	ネットで買い物は知っていたけど、食材も買えるなんて知りませんでした。
2	私が食べたい料理を考えました。簡単な食材を選びました。次は、作り方を考えるので今日お母さんに卵焼きの作り方を教えてもらおうと思います。
6	ネットで頼んだ食べ物を配達してくれました。将来ネットで買いたいものを頼む時、お金を払って買う勉強になりました。
12	今日は調理学習をしました。指示するのが最初不安でしたが、食べた時、本当に家の味だったのでよかったです。将来お母さんの味付けのご飯を食べるためには、料理しているところを見て、自分でお願いをするのが大事ですね。

振り返りの記載の経過より、買い物や調理に対する興味関心が徐々に高まり、自分の好きなものを好みの味で食べるために必要なスキルを身につけようとする態度が育まれたことが分かります。

調理方法を調べる際の方法を時系列に並べました。

次	調べた方法	生徒の様子
1	インターネット	インターネットから、レシピを探していた。いつも家で食べているものと違いそうだが、詳細は分からない。
2	保護者に聞く	卵焼きの作り方を保護者に確認した。これまで、遠目で料理を見ていたが、具体的な調理方法を知らないと気づいた。
10	動画を見る	動画サイトで料理動画を見てポイントをまとめた。文字と画像のレシピより自分にとっては分かりやすいかもしれない。

生活する上で困った際の情報収集の手段として、インターネットで調べるだけでなく、保護者に聞く、動画を見るといった方法を身につけることができました。

指導・支援を振り返って

対象生徒は上肢の障害により、学校での調理の際は必要な食材や道具を出してもらう、調理道具を持つ際に支えてもらうなどの支援を受けながら学習を行ってきました。そのような実態のため、学校以外での調理の経験はほとんどなく、卒業後に調理をすることは限りなく少ないと予想されます。生徒自身も卒業後は、他者に調理を依頼し、食生活を営んでいくことを理解していましたが、親元を離れて生活することになった場合、どのように食事をとるかについて具体的なイメージができていない状況でした。

そこで、食事をとるまでに、どのような助けが必要で、支援者にそれをどう伝えていけばよいかということに重点を置いて授業を展開しました。

食材の購入については、ヘルパーと買い物に行く方法、インターネットスーパーを使う方法が挙がりました。それぞれにメリットとデメリットがありますが、インターネットスーパーのメリットは、買い物に行く手間が省けること、また配送員から荷物を受け取ることが障害により難しい人も、置き配を利用して、ヘルパーが来た際に食材を運び入れてもらえばよいことです。

調理の依頼については、家庭によって味や焼き加減が違うため、具体的な指示ができるようにならないと、将来、自分の好みのものが食べられなくなる可能性があると生徒は考えていました。

生徒が卒業後、どのような環境に置かれても、これまでの経験や工夫を取り入れて快適な生活が送れるようにしていくことが大切です。また、これらの経験をきっかけに、卒業の後の暮らしの可能性を広げていけるよう今後も取り組んでいきます。

事例16 伝わる経験から、伝えたい気持ちを広げる

筑波大学附属桐が丘特別支援学校 教諭　和久田 高之

慣れていない人や集団の前など、緊張する場面で言葉を発することが難しい児童に対して、コミュニケーション手段の選択や活用、情緒の安定をねらい、前籍校と交流授業を行った事例です。対象児童は、手術入院に伴い当校へ転入しました。前籍校との交流授業を通して、コミュニケーション手段の幅が広がったり、退院後の生活に見通しをもったりすることができました。

基本情報

対象：肢体不自由特別支援学校　小学部１年　１名
教科：自立活動

単元計画

（1）実態

対象児童は、手術とリハビリのため家庭を離れ、当校に転入しました。特定の教員や友達であれば日常的な会話をすることができますが、集団の前で声を出すことは難しい様子が見られます。また、状況を予測することや把握することが難しく、状況変化によって情緒が不安定になることがあります。

（2）指導目標

①代替コミュニケーション手段を用いて、集団の前で発表することができる。
②退院後の生活に見通しを持ち、学校生活を送ることができる。

（3）指導内容

次	指導内容
1	前籍校の友達へ手紙を書こう１ 　前籍校の友達へ伝えたいことを考え、支援を受けながら手紙を作成する。
2	前籍校の友達と交流しよう１ 　前籍校の友達へ発表することを考え、オンライン交流授業を行う。

3	前籍校の友達へ手紙を書こう２（１次と同様）
4	前籍校の友達と交流しよう２（２次と同様）

授業・支援の展開

（1）交流授業で発表する内容を考える

前籍校の友達や教員へ発表する内容やその際に話す言葉を考えました。対象児童だけで考えることは難しかったため、教員とやり取りをしながら考えました。事前に前籍校の担任と打ち合わせをし、学習発表会で録画したものを見てもらう予定でした。しかし、対象児童が休み時間に友達と行っている「『おおかみさん　いま　なんじ？』（ゲーム）を紹介したい」と言いました。理由を聞くと、「学校へ戻った時に、友達と一緒にやりたいから」と説明しました。そこで、ゲームを説明する動画を作成して見せる方法を一緒に考えました。ゲームを行っている様子を撮影し、音声を入れて動画を作成しました（図１）。

図１　ゲームを紹介する動画

（2）発表する手段を考える

次に、発表する手段を考えました。対象児童が「iPad でいいんじゃない？」と提案しました。そこで、iPad の DropTap というアプリを使用しました。DropTap は、写真やテキスト、利用者の音声をマスに登録することができます。登録したマスをタップすると指定した音声等を流すことができます。対象児童は DropTap のそれぞれのマスに、伝えたいことを考えながら画像と音声を登録しました（図２）。

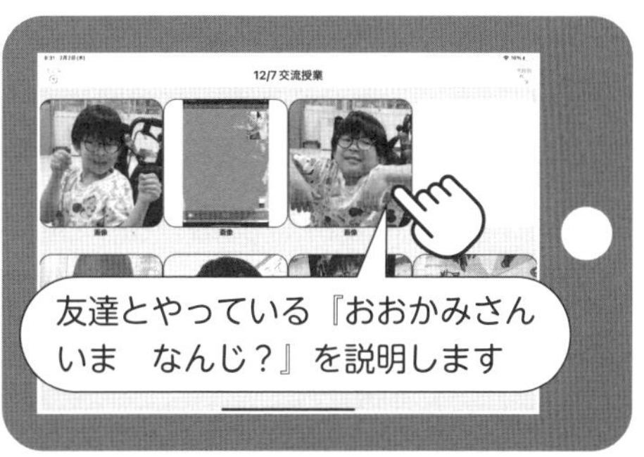

図２　DropTapの画面（実際に使用）

（3）オンライン交流授業について

交流授業では、緊張している様子で、言葉で直接話すことは難しかったですが、DropTap を使用して、「友達とやっている『おおかみさん　いま　なんじ？』を説明します」と伝え、ゲームの紹介動画を見せることができました。ゲームの紹介動画を流している際は笑顔の時もありました（図３）。振り返りでは、「緊張したけど、楽しかった」と話していました。

図３　オンライン交流授業の様子

指導・支援の経過

対象児童の実態から、指導目標（①代替コミュニケーション手段を用いて、集団の前で発表することができる　②退院後の生活に見通しを持ち、学校生活を送ることができる）を考えました。指導内容として、前籍校の友達とのつながりを大切にしながら、退院後のイメージを持ち、自分の伝えたいことを発表する活動を考えました。

（1）前籍校の友達へ手紙を書こう１（１次）

前籍校の友達とのつながりを意識するために、友達へ手紙を書くことを行いました。

自分の伝えたいことを聞くと、「友達がいなくてつまらないです」と言いました（同じ学級に在籍児童がいないため）。手紙を書く方法について聞くと、iPad の五十音表で入力すると言い、教員の手本の文字を見ながら入力しました（図４）。

手紙を書き終え、どうしたら発送できるかと聞くと、「封筒と切手がほしい」と言いました。事務室の事務職員に封筒や切手をもらえることを伝えましたが、依頼は難しいとのことでした。そこで、iPad の DropTap を紹介し、自分の声を入れて、マスをタッチする方法を伝えると、音声を入力することができました。その後、一人で事務室に行き、DropTap を使って封筒と切手を依頼することができました。

図４　手紙を書く様子

（2）前籍校の友達と交流しよう１（２次）

前籍校に協力をいただき、交流授業の予定を立てました。対象児童に友達と交流授業をすることを伝えると、楽しみにしている様子が見られました。教員が「友達の前で発表できるかな？」と聞くと、「大丈夫」の一点張りでした。しかし、交流授業が始まり、友達の声が聞こえると、緊張したためか急に泣いてしまいました。交流授業内で友達とやり取りすることはできませんでしたが、友達の声は聞こえていたようです（図５）。授業後の振り返りでは、前籍校の友達が発表していたことを話していました。また、「緊張した」や「ドキドキした」と教員に伝えることができました。教員が「交流授業、もう１回したいですか？」と聞くと「やってみたい」と話していました。

図５　１回目の交流授業の様子

(3) 前籍校の友達へ手紙を書こう2（3次）

その後、前籍校から手紙が届いた際、喜ぶ様子がありました（図6）。そして、また手紙を書きたいと言ったため、前籍校の友達へ手紙を書きました。1回目よりも伝えたい内容が増え、交流授業で伝えたかったことを手紙に書く姿がありました。

図6　前籍校から手紙が届いて喜ぶ様子

(4) 前籍校の友達と交流しよう2（4次）

2回目の交流授業を行いました。1回目は、言葉で直接コミュニケーションができると話していました。しかし、2回目は、iPadを使って伝えることを提案しました。交流授業では、緊張している様子はありましたが、最後まで画面を見ながら参加することができました。交流授業が終わると、満足げな顔をしていました。

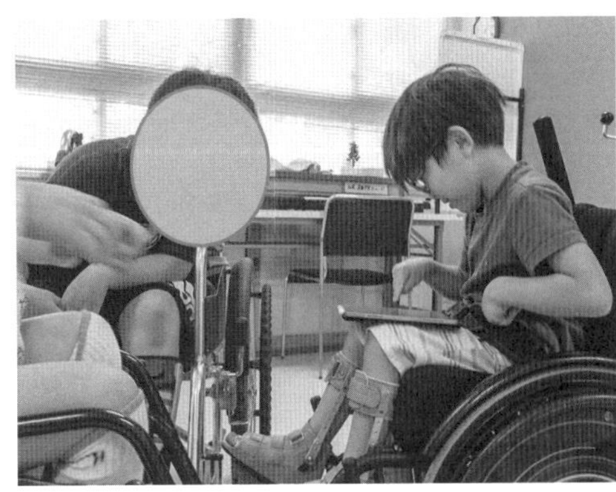

図7　ゲームを紹介する様子

(5) 交流授業以外の取り組み

他の学級と合同で行った特別活動では、DropTapを使ってゲームの紹介をすると言い、音声を入力して説明することができました（図7）。ゲームの紹介をした後は、大きな声を出しながら友達と遊ぶ様子がありました。また、最初はDropTapを使っていましたが、慣れてくると自分の言葉で直接話すこともありました。「伝わる」という自信が、「伝えたい」という気持ちを広げていったように感じます。

指導・支援を振り返って

対象児童は、集団の前など特定の場面で声を出すことが難しく、教員や友達に聞かれたことに対して、「Yes/No」のコミュニケーションはできても、自分が本当に伝えたいことを発信することは難しかったです。しかし、直接的な言葉だけでなく、iPad（VOCA）を通して発表できるという選択肢が増えたことで、コミュニケーションの幅が広がったように感じます。退院後に前籍校に戻り、最初は緊張した様子も見られたようですが、友達や上級生と関わろうとする姿もあったそうです。コミュニケーション手段は、VOCAだけでなく、手話やサイン、絵カード等、多くの手段があります。子どもの実態や場面に応じて、その子に合った方法を考えていきたいです。

事例 17 米・野菜作りを通した食への関心の高まり ～交流及び共同学習の取り組みから～

旭川市立大学経済学部 助教
（元 富山大学教育学部附属特別支援学校 教諭） 山崎 智仁

この取り組みでは、地域の農業協同組合（以下、「JA」）の方にバケツを用いたお米づくりを教わったり（マクロシステム）、交流及び共同学習にて同年代の友達にお米や野菜の作り方を伝えたり、作物の調理の仕方などを考えてもらったりしながらお米や野菜を育てることで、私たちが生きていく上で欠かすことのできないお米や野菜について理解を深めました（マイクロシステム）。そして、育てたお米や野菜を実際に調理して食べたり（マイクロシステム）、保護者や教員、デイサービスの職員などに販売したりすることで（マクロシステム）お米や野菜への関心を高めたり、美味しさに気づいたりするきっかけにしたいと考えました。活動後には、調理のレシピを家庭に持ち帰ってもらうことで、家族と一緒にレシピの料理を作って食べる生徒の姿が見られました（メゾシステム）。

基本情報

対象：知的障害特別支援学校　中学部　全学年　６名

教科：作業学習（交流及び共同学習）

・知的障害、自閉スペクトラム症などの生徒たちで構成され、障害の程度や学習特性が多様で幅広い発達水準の生徒が在籍

・他校の生徒との活動は、交流及び共同学習として実施

単元計画

月	学習活動	指導内容
4	・種もみを水にひたし、芽出しを行う。*（米作り）* ・JAの方から、種まきのやり方を教わる。*（米作り）* ・地域の園芸店にて野菜の苗や野菜の種を購入する。*（野菜作り）* ・畑に野菜の苗を植えたり、野菜の種を蒔いたりする。*（野菜作り）*	・お米がどうやってできるのかを考えたり、種もみを触ったりしてみる。 ・土と水を混ぜ合わせて泥を作り、バケツに種もみを蒔く。 ・春から育てられる野菜を図鑑や１人１台端末等で調べ、事前に購入する苗や種を決める。 ・教師の説明を聞いて優しく苗を植えたり、均等に野菜の種を蒔いたりする。

5	・JAの方から苗の移しかえについて教わる。（米作り） ・お米や野菜の世話を行ったり、記録を取ったりする。 ・交流学習にて、交流校の生徒にお米や野菜の育て方について伝える。	・育ちの良い苗を４、５本選び、それらをまとめてバケツに植える。 ・水やりをしたり、雑草を抜いたりする。１人１台端末を使い、写真を撮影したり、葉の数の変化など気がついたことを記録したりする。 ・交流校の生徒にお米や野菜の育て方を伝え、観察してもらう。交流校とクラウドサービスで情報共有を行い、交流学習の感想を伝え合う。
6・7	・大きく育った野菜を収穫する。収穫した野菜を家庭で食べたり販売したりする。（野菜作り） ・交流学習にて、交流校の生徒と野菜の収穫を行い、野菜をプレゼントする。（野菜作り）	・収穫した野菜を洗って干したり、袋詰したりして登下校時に保護者や教員、デイサービスの職員に販売する。 ・交流校の生徒にプレゼントした野菜の調理レシピを作成してもらい、クラウドサービスにアップを依頼する。
9・10	・地域の園芸店にて野菜の苗や野菜の種を購入する。（野菜作り） ・畑に野菜の苗を植えたり、野菜の種を蒔いたりする。（野菜作り） ・交流学習にてJAの方から稲刈りについて教わり、交流校の生徒と稲刈りを行う。（米作り）	・秋から育てられる野菜を図鑑や１人１台端末等で調べ、事前に購入する苗や種を決める。 ・教員の説明を聞いて優しく苗を植えたり、均等に野菜の種を蒔いたりする。 ・稲を刈る箇所や稲の干し方を教わり、交流校の生徒と一緒に活動を行う。
11	・交流学習にて、交流校の生徒と脱穀やもみすりを行う。（米作り） ・野菜の世話をしたり、記録を取ったりする。（野菜作り）	・瓶やすり鉢などを使い、手作業で行うことで、昔の人がどのようにお米を収穫していたかを学ぶ。 ・水やりをしたり、雑草を抜いたりする。１人１台端末を使い、写真を撮影したり、葉の数の変化など気がついたことを記録したりする。
12	・交流校の生徒が考えてくれたレシピを使い、収穫したお米や野菜を調理して食べる。 ・交流学習にて活動の振り返りを行う。	・レシピで作った料理の感想やお米や野菜の美味しさを友達と話し合う。 ・これまでの活動をスライドにまとめ、交流の感想や感謝の気持を伝え合う。
家庭	・交流校の生徒が考えてくれたレシピを使い、家族と調理を行う。	・料理の写真を１人１台端末を使って撮影し、クラウドサービスにアップする。交流校の生徒に感想を伝える。

授業・支援の展開

（1）6・7月：友達と協力して野菜を収穫しよう

生徒らが交流校の生徒に野菜の説明や収穫の仕方を伝え、一緒に活動できるようにする。

交流校の生徒にレシピの作成を依頼し、クラウドサービスにて共有してもらう。

（2）11月：友達と協力して脱穀・もみすりしよう

食物の大切さを理解してもらうため、一粒一粒がお米になることを伝え、落とさないように気をつけてもらうようにする。

交流校の生徒と脱穀やもみすりができるように役割を分担するなど、協働場面を設ける。

（3）12月：収穫したお米や野菜を食べよう

自分たちで育てたお米や野菜を食べたり、交流校の生徒が考えてくれたレシピで料理したりすることで、食物への関心が高まるようにする。

普段から食べている白米と昔の人が食べていた玄米を食べ比べてみることで、食生活の違いに気づけるようにする。

（4）家庭での取り組み：家族と野菜を調理しよう

交流校の生徒が考えてくれたレシピを使い、家族と調理をしてもらうことで、家庭においても野菜への関心を高めたり、野菜の美味しさに気づいたりするきっかけにする。

指導・支援を振り返って

生徒らにお米の育て方を尋ねたところ、「畑で育てます」と全ての生徒が答えた姿を見て、日常的に口にしているお米や野菜について理解を深めることは、生徒たちが健康に過ごす上でとても大切なことだと考えました。以前より交流及び共同学習を行っている交流校の生徒らも、お米や野菜を育てた経験がほとんどないということで、交流校の生徒らと協働してお米や野菜を作ることにしました。

お米作りでは、JA の方が生徒に泥の作り方から種まき、稲刈りのやり方などまで丁寧に教えてくれました。泥の感触が苦手な生徒もいましたが、お米を作るために時間をかけて混ぜ合わせる姿が見られました。また、脱穀やもみすりを手作業で行うのは非常に大変で、交流校の生徒らとすり鉢とすりこぎの役割を分担し、協働して活動を行いました。苦労して育てた玄米は美味しかったようで、比較するために炊いた白米と食べ比べ、「歯ごたえがあって美味しい」と玄米をおかわりする生徒の姿が見られました。

野菜作りでは、夏野菜や冬野菜を調べて種や苗を買ったり、野菜を世話して観察したりしました。交流学習の際には、緊張しながらも育てている野菜のことや収穫の仕方を説明する生徒の姿が見られました。交流校の生徒からクラウドサービスを介して、プレゼントした野菜の感想やレシピが送られてくると、お礼の言葉を送り返す様子も見られました。自分たちで作った野菜を交流校の生徒が考えたレシピで調理したことはとても嬉しかったようで、野菜があまり好きではない生徒も「美味しい」と興奮した様子で感想を述べていました。

単元終了後、レシピを家庭に持ち帰り、家族と一緒に野菜を調理する生徒の姿が見られるなど、食への関心が高まり、健康な食生活への一歩となりました。また、共生社会に向け、協働する良さや支え合う大切さも学ぶことができたと思います。

第3部

ウェルビーイングを
支える活動と連携しよう！

事例 1

「しゅみの時間」は 誰もがホッとできる時間

宇都宮大学共同教育学部 助教　齋藤 大地

本稿は、国立大学附属特別支援学校における合わせた指導の一形態である「しゅみの時間」の取り組みの報告です。公立の特別支援学校には設置されていない学校独自の授業ですが、学校教育段階において余暇支援を意図的に教育課程に組み込むことは、知的障害児者の今とこれからの生活の質を高める上で非常に意義のあることだと思います。

基本情報

対象：知的障害特別支援学校に通う中学部生徒、教員

場所：特別支援学校内の施設や学校外の施設

活動の背景

筆者が以前勤務していた東京学芸大学附属特別支援学校の中学部では、余暇支援の一環として長年「しゅみの時間」の取り組みを行ってきました。知的障害者の余暇活動については、家の中にこもりがちで地域との関わりが乏しいなどの現状があり、依然として課題があることが示されています（鈴木・細谷, 2016）。J・デュマズディエ（1972）によれば、余暇とは「個人が職場や家庭、社会から課せられた義務から解放された時に、休息のため、気晴らしのため、あるいは利得とは無関係な知識や能力の養成、自発的な社会参加、自由な創造力の発揮のために、まったく随意に行う活動の総体」であると定義されています。この定義に基づけば、家の中にこもって行う活動や、地域との関わりに乏しい余暇であるとしても、本人が自らの意思で選択し、その活動への従事に楽しさを見出しているのであれば、何ら問題はないのだと個人的には思います。ただし、個人の能力や環境の制約によって、限られた余暇のみしか選択できない状況であるとすれば、選択肢を広げるという意味で幼少期からの意図的な余暇支援が必要になるでしょう。

「しゅみの時間」は、“自分の好きなことや得意なことを見つけ増やすための時間”と教育課程上は説明されていますが、自分の好きなことや得意なことを仲間と共に深めてもよい時間とより広く捉え、実践を行いました。

取り組みの展開

図１　オリエンテーションの様子

「しゅみの時間」は、金曜日の午後に位置付けられています。半期の授業ですので８回程度の授業ですが、生徒も教員も非常に楽しみにしている授業です。同じ趣味をもつ仲間と共に、自分の好きなことをとことん追求して良い時間ですので、楽しい時間となるのは当然といえば当然です。多くの教員にとっても、「しゅみの時間」はまさに同じ趣味をもつ仲間と共に楽しむ時間でした。その理由は、「しゅみの時間」のグループ決めの方法にあります。４月当初のオリエンテーションでは、教員一人ひとりが自分自身の趣味を生徒の前で紹介します（図１）。生徒は教員が紹介した７～９つの趣味の中から自分が参加したいものを選びます。

その後集計が行われ、例年４～６グループが成立します。ここで重視しているのが、生徒一人ひとりが選んだものを最大限に尊重することです。そのため、筆者が中学部に所属していたある年は、茶道グループが３人なのに対し、鉄道グループが５人となるなどグループ間に人数差がありましたが、教員の人数を調整して対応しました。「しゅみの時間」では、課題別グループでも学級単位のグループでもなく、共通の趣味をもつ生徒と教員が１つのグループを構成します。他の授業では教員はどうしても、生徒に教えるといった立場を取らざるを得ないですが、「しゅみの時間」ではある意味そういった責任感から解放され、教員自身も自分自身の趣味を生徒と分かち合い楽しんで良い時間なのです。「しゅみの時間」のメリットはこれだけに留まらず、教員の生徒理解、そして生徒の教員理解にも大いに良い影響を及ぼします。お互いの好きなことを知り合うということは、お互いが関わる動機が生まれ、日常生活の中でも自然と趣味の話が展開されやすくなるのです。

表１　「しゅみの時間」のグループ（2011～2021年度）

年度	内　容					
2011	カラオケ	キックボード	球技	茶道	さんさ踊り	バレエ
2012	スポーツ	手芸・園芸	ダンス	映画鑑賞	―	―
2013	音楽・ダンス	ピアノ	ラーメン	砂絵	―	―
2014	レンタル・カラオケ	音楽	ハイキング	書道	―	―
2015	音楽	運動	レンタル・カラオケ	書道・墨絵	―	―
2016	音楽・民謡	スポーツ・アウトドア	レンタル・カラオケ	写真・書道	―	―
2017	音遊び	茶道	温泉	鉄道	―	―
2018	ヨガ・音楽	カラオケ	読書	書道・華道	IT・ものづくり	―
2019	スポーツ・ウォーキング	カラオケ・音楽	読書・アニメ		―	―
2020	スポーツ	情報	外国語	理科・工作	―	―
2021	スポーツ	ゲーム・読書	音楽	手芸	―	―

ここで、過去11年間の「しゅみの時間」のグループを紹介します（表1）。表1をご覧いただければ、毎年多種多様なグループが存在したことがお分かりになるかと思います。次項では、筆者自身が担当した「鉄道グループ」に焦点を当てて、具体的な授業の経過について述べます。

取り組みの経過

2017年度に筆者が担当した「鉄道グループ」は中1が1名、中2が3名、中3が1名の合計5名でした。同じ鉄道好きといっても、撮り鉄や乗り鉄、音鉄など個々によって響くポイントが若干違いましたので、集団で同じことをすることを強要しすぎず、場所や時間は共有するものの、個人の好きをそれぞれに突き詰めて良い時間としました。学校のすぐ近くには西武池袋線の線路がありましたので、正門を出て少し歩けばすぐさま絶好の撮影ポイントがあります。初回の授業では、皆で電車の写真を撮りに出かけましたが、写真や動画を撮ることに夢中になっていたのは5名中2名でした。その他の3名は、見晴らしの良い場所で電車の行き来を飽きることなくただただ眺めていました。

図2　宝の山を前にした Aくんと Bくん

別の日には、小学部にある大量のプラレールを使って体育館で思いっきりプラレールで遊ぶことにしました。プラレールの中には、（筆者から見れば）古くなり壊れているものがたくさんありましたが、中2のAくんと中3のBくんにとっては宝の山だったようです（図2）。AくんとBくんは共に自閉スペクトラム症であり、日常生活においてはほとんど言葉を交わさない関係です。そんな2人が宝の山を前にして、熱心にプラレールに関する情報交換をしている姿を見ると、共通の趣味をもつ他者の存在の重要性に気付かされます。こうした姿に大いに感銘を受けた筆者は、2人の仲がより深まるようにと考え、彼らが補修・修繕したプラレールを持って体育館に行き、ダイナミックにプラレールをやろうと提案したのですが、2人の反応はイマイチでした。

体育館に着いても、全くもって2人は言葉を交わす様子がありません。つい数十分前まで教室内で見せていたあの盛り上がりはなんだったのだろうかと、思うほどです。2人は互いに線路を拡張し、お気に入りのプラレールを走らせてそれぞれに楽しんでいました。こうした関係性が大きく変わったのは、AくんがBくんに話しかけた「それって大宮駅ですか？」という一言でした。AくんはBくんが作っていた壮大な線路を見て、瞬時に大宮駅であることを理解したのです。大宮駅は多くの路線が乗り入れる巨大な駅ですが、2人の中には大宮駅の明確なイメージがあり、そのイメージをもとにどんどん大宮駅が完成していきました（図３）。完成したのちには、それぞれのお気に入りのプラレールを数本を一気に走らせ、ストップレールを駆使しながら、発車と停車を２人で楽しんでいました。２人の授業の感想には、久しぶりにやったプラレールが最高に楽しかったと書かれていました。

図３　大宮駅を共に作るAくんとBくん

その後、中３の教室内にしばらくプラレールを置き、休み時間にはいつでも遊んで良い状況を作りました。しかしながら、Ａくんが中２の教室に行ってＢくんを誘って一緒にプラレールで遊ぶといった姿は見られませんでした。共に遊んだ楽しい経験があり、環境が整っている状態でも、誘いに行くことは少しハードルが高かったようです。自閉スペクトラム症の対人関係の弱さについて、改めて考えさせられた場面でした。こうした細かな壁は依然として残ったものの、「しゅみの時間」を通して共通の趣味をもつ他者の存在の価値については、彼らに少なからず伝えられたのではないかと考えています。

筆者以外の教員が担当した「しゅみの時間」の活動に何度か参加したことがありますが、温泉グループにせよIT・ものづくりグループにせよ、それぞれの教員の好きなことが前面に出ていて、まずもって教員が非常にいきいきとしていました。そうした教員が楽しんでいる姿を見ることは、人生の楽しみ方を生徒に伝える最も効果的な方法だと思います。筆者自身、自分の趣味である鉄道を生徒たちと共有できて嬉しかったですし、生徒たちの方がより詳しかったりしますので、彼らに教えられることもたくさんありました。「しゅみの時間」は、まさに教員と生徒の間に新たな関係性をもたらす、誰にとっても学校の中でホッとできる時間でした。

活動を振り返って

知的障害者のウェルビーイングを考えた場合、「くらす」「はたらく」「まなぶ」「たのしむ」のバランスを生活年齢に応じて考慮することが重要だと考えます。幼少期は「くらす」、学齢期は「まなぶ」、成人期は「はたらく」が中心的な課題となりますが、いずれも「たのしむ」ことがそれらを支えるのだと思います。「たのしむ」ことに繋がる「しゅみの時間」の取り組みが今後多くの特別支援学校で行われることを願っています。

<引用・参考文献>

鈴木洸平・細谷一博（2016）成人知的障害者の余暇生活における現状と課題．北海道教育大学紀要, 67 (1), 181-190.

Ｊ．デュマズディエ（1972）余暇文明に向かって．東京創元社

事例 2 卒業後の生活に向けた健康管理への支援

富山大学教育学部附属特別支援学校 養護教諭　窪田 友香里

卒業を控えた知的障害特別支援学校のダウン症の生徒を対象とし、自ら健康管理ができるようにするために、体重管理と生活面の振り返りから肥満予防への意識向上を促す取り組みを行いました。対象生徒や保護者に寄り添いながら長期的に取り組んだことで、対象生徒が体重の増減を意識するようになるなどの変容がみられました。保護者は、それまでは対象生徒の卒業後の健康管理について不安を抱き、健康面でのサポートに負担感も感じていましたが、本取り組みを通してそれらは次第に解消され、前向きな発言がみられるようになりました。現在、体重管理の取り組みが他学部にも広がり、体重が増加傾向だった他学部のダウン症の児童生徒も体重測定のために保健室に来室しています。

知的障害児の卒業後の生活を見据えて、対象生徒と保護者が長期間前向きに取り組み続けるために、学部の教員、栄養教諭、養護教諭が連携し、情報交換をしながら実施していくことが大切であることが分かりました。

基本情報

対象：知的障害特別支援学校　高等部生徒

期間：卒業までの１年４か月

活動の背景

対象の生徒は、小学部入学時から体重が増加し続け、小学部の頃から高度肥満（肥満度50％以上）が慢性化している状態でした。新型コロナウイルス感染症が流行し始めた頃から、学校では様々な活動が制限され、体を動かす機会が減少し、当時高等部２年生だった対象生徒が日頃利用していた運動施設も休業となり、運動をする場を失っていた状況でした。そのような時に、保護者から「肥満のため働き続ける体力がない」「このままでは希望する福祉作業所で働かせてもらえないのではないか」という不安の声があがりました。

学校を卒業すれば、本人だけでなく家族の生活も大きく変化することが予想され、在学中から卒業後の社会生活を健康で楽しく元気に過ごすための準備を進める必要があると考えました。そこで、対象生徒が自分の健康について関心をもち、健康を維持することができるよう支援することにしました。

取り組みの展開

本校では全児童生徒を対象に毎月体重測定を行っていますが、本取り組みでは対象生徒の体重測定を毎日行い、まず教員が現状を把握することと、生徒自身が自分の体重は何kgなのかを認識できるようにすることから始めました。また、母親に対しては、定期的に面談を行うことにし、母親の心配事や日頃の生徒への健康面でのサポートの負担感を表出できる機会としました。

(1) 体重測定と健康管理

体重測定にあたっては、達成できそうな目標体重を設定し、「増えた」「減った」「変わらない」を生徒と一緒に確認していきました。測定した結果は折れ線グラフにして"見える化"し、記録をしていきました。長期休業中には、対象生徒が家庭で体重を記録できる記録用紙を作成しました。この記録用紙には、体重以外に運動(ウォーキング、ダンス、お手伝い、カラオケ)、食事(主食、野菜・きのこ、肉・魚・卵、おやつ・ジュース)、月経や排便について記入する欄も設け、生活の様子や健康面についても把握できるようにしました。記録用紙の運動の項目には、対象生徒の好きなダンスやカラオケを挙げ、家庭でのお手伝いも運動に含め、実施したものに○をつけていくことにしました。本人が楽しみながら記録ができるように、イラストを入れた記録用紙にしました。また、対象生徒の励みとなるように、養護教諭が記録用紙に頑張りを認め、励ますコメントを定期的に記入していきました。

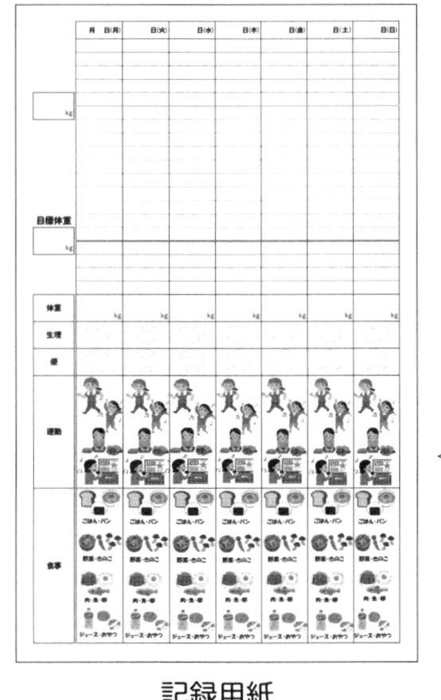

記録用紙

体重	kg	kg	kg	kg	kg	kg	kg
生理							
便							
運動							
食事	ごはん・パン 野菜・きのこ 肉・魚・卵 ジュース・おやつ	ごはん・パン 野菜・きのこ 肉・魚・卵 ジュース・おやつ	ごはん・パン 野菜・きのこ 肉・魚・卵 ジュース・おやつ	ごはん・パン 野菜・きのこ 肉・魚・卵 ジュース・おやつ	ごはん・パン 野菜・きのこ 肉・魚・卵 ジュース・おやつ	ごはん・パン 野菜・きのこ 肉・魚・卵 ジュース・おやつ	ごはん・パン 野菜・きのこ 肉・魚・卵 ジュース・おやつ

生活習慣の様式

（2）母親への保健面談と精神的ケア

家庭での取り組みでは、体重測定の促しや記録を母親にも協力してもらいました。2か月に1度のペースで、担任、養護教諭、栄養教諭と母親とで保健面談を行い、対象生徒の食事の準備や健康面でのサポートに対する負担感や心配事などについて話す機会とし、対象生徒の家庭での様子について伺いながら、日頃の対象生徒へのサポートを労いました。

取り組みの経過

（1）毎日の体重測定と健康管理

学校では、決められた時間に保健室に来室することにし、体重測定を行っていきました。生活面などの記録を行うようになってからは、本人が毎日行っている体重測定をネガティブに捉えないように、記録した運動や食事の内容を基に楽しく会話をしながら、一緒に記録を続けていきました。体重測定が習慣化し、継続していくうちに、対象生徒は折れ線グラフを見て、体重が「減少した」「増加した」という変化を理解することができるようになりました。折れ線グラフに示して、体重を“見える化”することで、数字の理解が難しい知的障害児にとっても、体重の増減が理解しやすくなったと考えられます。自分の体重の変化が分かり、体重が減少した時には笑顔になり「やったー」「ウエスト細くなったかなぁ」と発言するなど、自分のボディイメージについての発言もみ

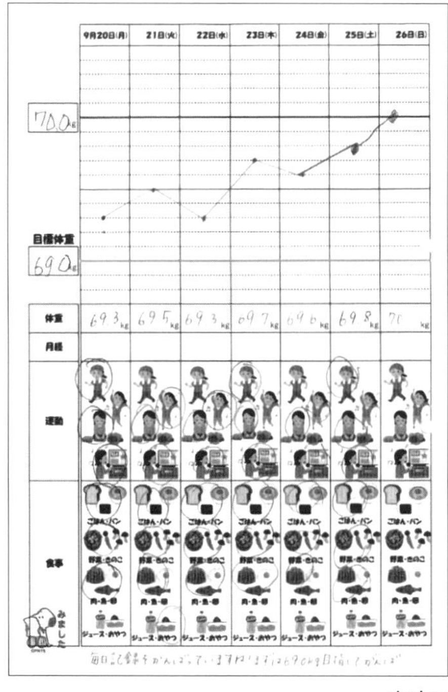

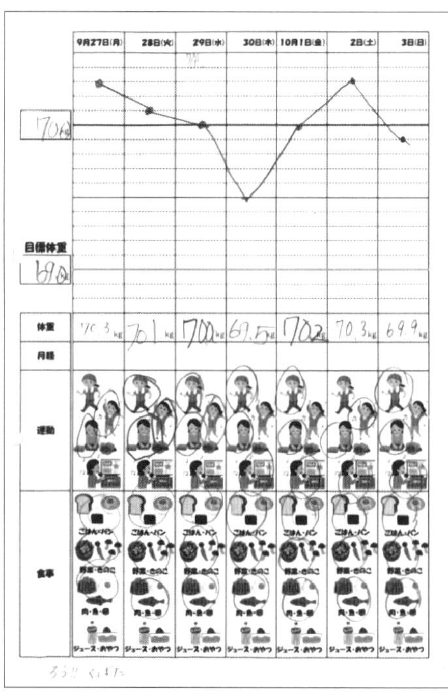

家庭での記録

られ、体重の増減を意識できるようになっていきました。そのうちに、前日に食べた食事やおやつの話だけでなく、「明日は黒いドレス（ワンピース）を着るの」など、おしゃれについても話をしてくれるようになりました。

（2）母親との保健面談より

①取り組みの開始から１年後

以前は夕食後にデザートなどを食べていましたが、取り組みを続けるうち、夕食後にすぐに歯みがきをして、食後のデザートを勧められても「歯みがきしたからいらない」と自ら断る姿がみられるようになりました。

②高等部を卒業後の７月

４月から生活環境が大きく変わり、在学中のように運動をする機会は減ったとのことでしたが、毎日元気に出勤し、休日には大好きなカラオケに行っています。夕食後に歯みがきをして間食をしない生活は卒業後も継続しており、体重に大きな変化はなく、維持することができています。

（3）校内への広がり

今回の対象生徒の取り組みをきっかけに、中学部に在籍するダウン症の肥満傾向の生徒数名が、体重測定をするために保健室に来室するようになりました。その後半年が経過し、当時、体重測定に来ていた中学部の生徒は、高等部入学後には保健室での毎日の体重測定はしなくなりましたが、保護者から「家では自ら体重を計るようになりました」という嬉しい言葉を聞くことができました。

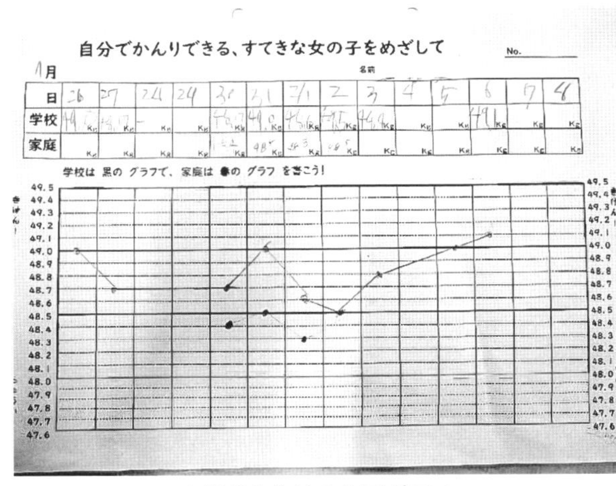

中学部の生徒の体重グラフ

記録している様子

活動を振り返って

「健康な生活をしましょう」と一口に言っても、急に生活習慣を変えて健康的な生活をすることは簡単なことではありません。ましてや特別支援学校の児童生徒の場合、本人が理解できるよう工夫しながら時間をかけて支援していくことが必要です。支援にあたっては、保護者の協力が不可欠となります。知的障害児への健康管理の意識づけは、学部の教員、栄養教諭、養護教諭などの多職種の教員が連携して進めるからこそできる支援なのではないかと感じました。今回の取り組みでは、早い段階から健康課題へどの角度からアプローチするか、それぞれの専門性を生かし、役割分担をしながら取り組むことができました。また、対象生徒や保護者が長期間前向きに取り組むためには、家庭の生活環境を考慮しながら進めていく必要があると感じました。今回の取り組みでは、教員や栄養教諭らと連携し、情報共有することで、それぞれの専門性を生かしながら、対象生徒の体重測定だけではなく、軽運動の提案や食事指導など家庭生活を考慮し、多角的に支援することができました。

心身の健康は、誰にとっても仕事や余暇などの社会生活を充実させるための土台となります。知的障害児が自ら健康管理をすることは、社会生活を充実させるための入り口であり、将来のウェルビーイングへとつながります。また、知的障害のある子供が健康で元気に過ごすことは、子供をサポートする家族のウェルビーイングにもつながるのではないかと感じています。

＜参考文献＞

青山真紀・窪田友香里・伊藤志織・和田充紀・藤本孝子・澤聡美（2023）ダウン症の生徒が自ら健康管理するための支援と多職種の教員による連携．富山大学教育学部紀要 1（2），21-32．

事例
3

食に関する関心を高める指導
～その日の給食についての動画配信を通して～

富山大学教育学部附属特別支援学校 栄養教諭　伊藤 志織

毎日食べている給食が、どのように作られているのか。どのような食材を使用しているのか。直接見ることが難しい給食室の中を20～30秒程度の動画にして、給食時間に視聴できるよう、クラウドサービスに配信しています。

目の前にある給食についての動画を視聴することで、児童生徒の食に関する関心を高めることができると同時に、直接会う機会の少ない調理員を身近な人として認識している様子が見られています。この変容が、主体的に適切な望ましい食習慣や食生活を実現しようとする態度の育成、良好な人間関係の形成につながると考え、取り組んでいます。

基本情報

対象：知的障害特別支援学校　全校児童生徒、保護者（後日配信）
場面：給食時間他、いつでも自由に視聴できる

活動の背景

知的障害・発達障害のある児童生徒の多くは、食に関する様々な課題を抱えています。中でも偏食、好き嫌いは本人のみならず、その家族の食生活にも影響を与えることが少なくないのが現状です。食べることのできる食品が極端に少なければ、偏った食生活から肥満や将来の生活習慣病へとつながること、食事を用意する保護者の負担が大きいこと、家族や友人と外食を楽しむことが難しいことなど、様々な課題が生じます。給食ではそれらの課題を解決するため、多様な食品、調理方法を経験できるよう献立を工夫しています。

本取り組みでは、児童生徒が楽しみながら、食についての関心を高めることを目的とし、これまで行ってきた多様な食品、調理方法を取り入れるなどの取り組みに加え、栄養教諭や調理員の立場から、献立に込めた想い、調理の様子、食材についてなど、給食の背景を伝えるための動画配信を行いました。給食の背景を知ることで、児童生徒からは食についての関心が高まっている様子、調理員を身近な人として認識している様子が見られています。

この動画は、保護者向けにも配信をしています。その理由は、給食以外の食に関わる保護者が給食を知り、食への関心を高めることが、児童生徒の食習慣、食生活をより良くするために重要であると考えるからです。

取り組みの展開

本取り組みは、大きく２つに分けられます。１つ目は、当日の動画撮影から給食時間における教室での動画視聴までです。２つ目は、教室での動画視聴以降に行う給食カレンダーの作成と保護者向けの配信です。

動画を作成する上で大切にしていることは、その日の給食で伝えたいことを短時間に、分かりやすく、そして楽しく伝えることです。そのために、栄養教諭と調理員は調理の打ち合わせ時に動画撮影についてもアイデアを出し合っています。

保護者向け配信は、児童生徒とその保護者が視聴できるようになっています。クラウドサービスへの参加は任意のため、年度当初は少ない参加者でスタートしました。その後、給食だよりを活用し、保護者向け配信を周知していったことで、令和４年度において参加している家庭の割合は98％と、高い参加率となっています。

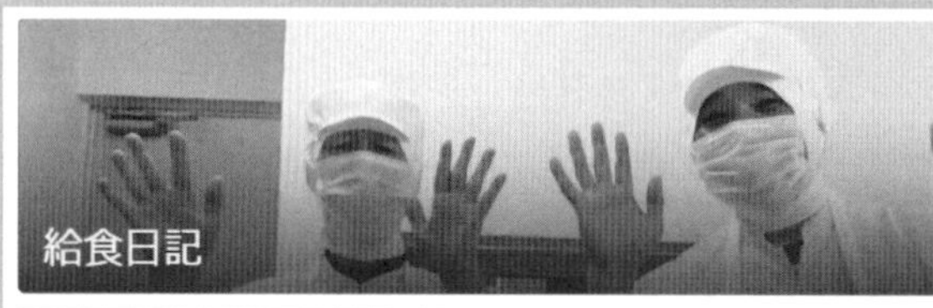

給食日記クラスルームを開設しました！

５月給食だより配信後、招待します。是非ご登録ください！昨年度登録された方も再度登録の必要があります。

給食だよりを活用した周知

（1）動画撮影から給食時間の動画視聴まで

時　間	手順とポイント	様　　子
8：30〜 11:30	**動画撮影** 20〜30秒以内にその日の給食で伝えたい食材、調理方法などについて分かりやすく伝えられる動画となるよう心掛けて撮影しています。	
11:30	**クラウドサービスに配信** 動画についての簡単な説明文も合わせて配信しています。	12月 12月20日（火）クリスマス献立　投稿日: 2022/12/20 12月19日（月）　投稿日: 2022/12/19 今日はスペシャル！ 撮影の裏側をお見せします。 高森さんと伊藤先生の中腰に注目してご覧ください。 1219ちくわ.MP4 動画 1219撮影の裏側.mp4 動画

11:40	**配信動画を確認（副校長）** 検食中に配信した動画を確認してもらいます。副校長のコメントを参考に校内放送の内容を考えることもあります。	
12:10	**校内放送** 給食と動画についての紹介をします。	
12:10～ 12:40	**各教室で動画視聴** 担任が児童生徒の様子を見て、適切なタイミングで動画を再生します。	

（2）給食カレンダーの作成と保護者向け配信

時　間	手順とポイント	様　　子
（1）以降	**給食カレンダー** イラスト制作アプリを使用し、動画から切り取った写真にコメント、イラストを描き入れます。作成したカレンダーは印刷し壁面掲示にも使用します。	
	保護者向け配信 給食カレンダー、短時間動画を保護者向けに配信します。	

取り組みの経過

取り組み開始当初、動画は主に調理の様子で、調理員からのコメントは最後に「おいしいよ！」の一言のみでした。配信は、週に１～２回程度。配信はするものの、教室で学級担任が再生することはほぼありませんでした。そのため、栄養教諭がノートパソコンを持って各教室のテレビにキャストで再生していましたが、接続が不安定で再生できないことがあったり、給食時間に巡回できる教室数が限られていたりと、課題がありました。

そこで次のように改善をしました。

- ・配信した動画について校内放送で紹介した。
- ・児童生徒からの動画のリクエストシーンを撮影し配信した。
- ・配信を毎日行うようにした。
- ・短時間動画と連携した給食カレンダーを作成し、掲示した。
- ・調理員のコメントを増やした（内容は食材の産地、調理のコツなど）。

このように改善を行ったことで、現在はほぼ全ての教室で担任がクラウドサービスから動画を再生する体制が整いました。

また、給食時間に動画を視聴するだけでなく、それぞれの発達段階に合わせて活用の幅が広がっています。小学部では､ある児童が短時間動画を楽しみにしていることから、児童のやる気を引き出すために、調理員から児童への応援メッセージ動画を依頼されました。中学部の生徒の保護者からは、親子で配信された動画を観ているという話から、親子のコミュニケーションの一助となっている様子がうかがえました。高等部では、生徒と栄養教諭が動画について言葉を交わしながら食への関心を高めています。

活動を振り返って

本校の児童生徒の多くは、給食を楽しみにしています。おいしい給食を食べるときには幸せを感じていることでしょう。また、適切な栄養管理がされた給食を食べることは身体の状態をよくしてくれます。このことから、給食を食べる行為そのものが、ウェルビーイングとも言えます。

本取り組みを通して、給食のみならず食そのものへの関心を高めること、調理員への感謝から食事を用意してくれる全ての人へ感謝する姿へとつなげたいと考えています。なぜなら、食に関する様々な課題を解決するためには、食に関心をもつことが解決への近道だと思うからです。また、感謝の気持ちを表すことは良好な人間関係の形成に欠かすことができません。食べることは生涯続く活動の一つです。その活動とそれに関わる環境がウェルビーイングであり続けるよう、今後も取り組んでいきたいと思います。

事例 4

食事指導に活用できる動画の作成と配信を通して

富山大学教育学部附属特別支援学校 栄養教諭　伊藤 志織

給食の時間に行われる指導は、給食の準備から片付けまでの一連の指導の中で、正しい手洗い、配膳方法、食器の並べ方、箸の使い方、食事のマナーなどを体得させる「給食指導」と、食品の産地や栄養的な特徴を学習するなど献立を教材として用いた「食に関する指導」の2つに大別されます。「給食指導」は主に学級担任、「食に関する指導」は主に栄養教諭が行いますが、どちらの指導も学級担任、栄養教諭が連携をとって進めることが重要です。

本取り組みでは、栄養教諭の立場から「給食指導」と「食に関する指導」を効率的かつ継続的に全ての児童生徒に同時に行えるよう、PowerPoint の動画作成機能で作成した動画を、クラウドサービスを使い、教職員・児童生徒・保護者向けに配信しました。このことで、給食時間の指導が充実し、更に家庭においても食育を推進できる体制が整いました。

基本情報

対象：知的障害特別支援学校　全校児童生徒、教職員、保護者
場面：給食時間他、いつでも自由に視聴できる

活動の背景

特別支援学校において、１校１名配置となっている栄養教諭、学校栄養職員が一度の給食時間に巡回できる教室数は限られており、このことが行事食について伝えるなどの、特定の日に「食に関する指導」を行う上での課題と感じていました。そこで、本校で導入されていたクラウドサービスを活用し、伝えたい内容をまとめた動画を配信しようと考えました。

動画を作成する方法は様々にありますが、本取り組みでは学校現場で馴染み深いPowerPoint の動画作成機能を活用することとしました。PowerPoint で動画を作成することの利点として、操作が簡単であること、過去に作成していたスライドも動画として加工できること、スライドごとに録音等ができるため録音の際の負担が少ないこと、動画の元データとなったスライドを授業等でも活用できることなどが挙げられます。

また、主に学級担任が行う「給食指導」について、栄養教諭の立場から児童生徒に伝

えたい情報についても配信することにしました。本校では特に箸の持ち方や咀嚼について課題のある児童生徒が多かったことから、それらの内容についての動画を作成・配信しました。一度配信した動画はいつでも自由に視聴できることから、児童生徒への「給食指導」に効率的かつ継続的に取り入れることが可能となりました。

取り組みの展開

まず、PowerPointで伝えたい内容のスライドを作成します。作成のポイントは以下の通りです。

・２～３分程度の動画とする（スライドは５枚程度）

・文字を多く使用しない（伝えたい内容を絞る）

次に、スライドごとに録音をします。箸の持ち方動画では、イラストと併用して実際に箸を持つ様子、動かす様子を見せたかったので、Webカメラを使用し手元を実写動画として録画しました。

完成したスライドは、動画として保存し、配信をします。配信する時には、給食の献立・食材に関連した内容であれば毎日の短時間動画と同じく「月ごとのトピック」に、箸の持ち方、咀嚼など繰り返し活用してほしい動画であれば「【教材】給食指導トピック」に、と視聴する側が分かりやすいようにトピックを整理し配信しています。

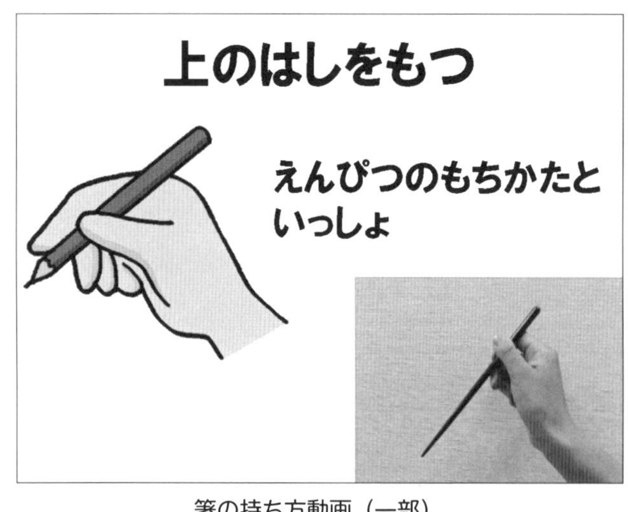

箸の持ち方動画（一部）

≡ 給食室

すべてのトピック

残菜調べ

給食週間関係

【教材】給食指導

12月

11月

トピック（一部）

取り組みの経過

献立を教材とする「食に関する指導」の一つとして地場産物の活用が挙げられます。これまで地場産物を活用した献立を提供する際には、献立の説明について記載したプリントを各クラスに一部配付し、それを児童生徒または学級担任等が読み上げていました。プリントの際は、限られた給食時間内に読めるように、情報量を制限し、最小限の情報を載せていました。しかし、動画を活用することで、伝えたい情報を十分に伝えられるようになりました。

富山県の
おいしい食材
サクラマスの塩こうじやき
5/18
（水）

こまつなの じゃこいため
サクラマスの しおこうじやき
ごはん てづくり ひじきつくだに
なめこの みそしる

私たちが住む富山県には、おいしい食材がたくさんあります。給食では、米、牛乳、ぶた肉、みそ、しょうゆは常に富山県産のものを使用しています。
今日の主菜は、射水市で育ったきときとのサクラマスを、みそしるのみそでおなじみ！南日みそしょうゆさんが作った塩こうじで味付けして焼いた『サクラマスの塩こうじ焼き』です。サクラマスには骨があります。よくかんで食べると小さな骨にも気が付きやすくなります。よくかんで食べましょう！

配付プリント

配信動画を視聴しながら
給食を食べている様子

「給食指導」で取り扱う内容は、学校以外の場で食事をする際にも大切な内容であることから、保護者向けにも配信し、家庭からも視聴できるようにしました。さらに、家庭での活用を促すため、定期的に給食だよりに動画のリンク等を貼ってお知らせしています。また、保健行事に合わせて関連する動画を再配信するなどして、動画を繰り返し視聴してもらえるようにしています。いつでも自由に視聴できることから、給食時間はもちろんのこと、授業で活用しているクラスもあります。

給食を食べながら
箸の持ち方を確認している様子

授業で箸の持ち方を
確認・練習している様子

保健行事に合わせた再配信

活動を振り返って

給食時間に郷土料理や地場産物等を紹介する動画配信を始めたことで、プリント配付のみ行っていた頃に比べて、児童生徒の献立への関心が高まっていると感じています。この関心の高まりは、食べる楽しみだけでなく、地域の産物、歴史、文化の理解にもつながります。中学部では、郷土料理や行事食について学ぶ総合的な学習の時間に、給食で登場した料理を思い出し、発表する生徒の姿が見られました。食を通じて地域や文化などに関心をもつことは、旅行に行きたい、あの料理を食べてみたいなど余暇活動の幅を広げ、余暇を楽しむために働きたい、健康に過ごしたいという、よりよく生きるための気持ちを高めることにつながると考えます。

「給食指導」の核となる、正しい手洗い、配膳方法、食器の並べ方、箸の使い方、食事のマナーについては、それらが正しく実践できることで、食事時間を共に過ごす家族や友人との良好な人間関係を構築することに役立ちます。そのため、学級担任は日々児童生徒に丁寧に指導を行っています。また、児童生徒の多くに指導を受け入れ改善しようとする姿が見られています。一方で、家庭での様子を聞き取るアンケートからは、箸を正しく持てない、よく噛まずに食べているなど、食に関する不安を訴える保護者が多くいます。このことから、学校で行っている「給食指導」を家庭に伝え、連携することが大切であることが分かります。本取り組みでは、箸の正しい持ち方、咀嚼することの大切さについて、動画配信という手段を用い家庭と連携する体制が整いました。

給食時間の指導を家庭につなげ、そして家庭がそのバトンを受け取り、学校と家庭とが連携して食の課題解決に向けてともに進んでいくことが、現在そしてこれからのウェルビーイングにつながると考え、今後も取り組んでいきたいと思います。

事例
5

知ろう！ 守ろう！こころとからだ

横浜市立矢部小学校 知的障害学級担任 門脇 絵美

性教育は、子どもたちが自分の心と体の発育について知り、よりよい生と性を充実させていくための第一歩となる学習です。「自分の体がこれからどうなっていくのか」「よりよく発育するためにはどうしたらよいのか」「身を守るためにどうしたらよいのか」について子どもたちと一緒に考えました。「生命の安全教育」をベースとした学習と小４保健体育をベースとした学習の２つを紹介します。

基本情報

＜実践①＞対象：本校特別支援学級在籍全学年の児童　26 名
内容：生命の安全教育をベースとした学習
＜実践②＞対象：本校特別支援学級在籍児童のうち小３～小６の児童　９名
内容：小４保健体育の内容をベースとした学習

活動の背景

特別支援学級の担任をしていると、人との関わり方に課題のある児童に多く出会います。自分自身の身体についての理解が乏しかったり、大人になるにつれて身体がどう変わっていくのか見通しをもちづらかったりする児童もいます。また､2023 年度より「生命の安全教育」が本格実施されるため、文部科学省ホームページには資料等も掲載されるようになりました。しかし、特に特別支援学級ではどのように実践したらよいのか分からない…という声も聞きます。

そこで思春期保健相談士の専門性を活かし、自分の体のことやこれからの発育について知り、よりよい発達や人間関係の形成につなげていくことを目標に、学級内での性教育の実践を始めました。ここで紹介する２つの実践は、どちらもユネスコが出している「国際セクシュアリティ教育ガイダンス」を参考に行いました。

取り組みの展開

(1) 全学年対象の学習

生命の安全教育をベースとした学習です。表1のような内容を取り扱いました。

表1　全学年を対象とした学習の内容

1時間目	・ふれあい遊びって楽しいね！（なべなべそこぬけ、おしくらまんじゅう） ・うれしいタッチといやなタッチがあるよ ・タッチしたいときは「いい？」、やめてほしいときは「いや！」
2時間目	・あなたの体はあなただけのもの、全部大事！ ・プライベートゾーンは特に大事な場所だよ ・絵本『だいじだいじどーこだ』読み聞かせ
3時間目	・人に見られたり触られたりして嫌な思いをしたらどうする？ ・「やめて！」・逃げる・伝えるの練習をしよう

低学年も含めた学習なので、遊びやロールプレイ、読み聞かせを多く取り入れました。たくさんの活動を取り入れることで、子どもたちは飽きることなく集中して取り組み、内容の理解にもつながっていました。特に絵本『だいじだいじどーこだ』（遠見才希子（作）、川原瑞丸（絵）、大泉書店）を見た後には、着替えのときなどに「（勝手に）さわっちゃだめよ！」という言葉も聞こえました（図1）。

図1　読み聞かせの様子

(2) 小3以上の学習

こちらは、小4保健体育の学習をベースとしました。表2のような内容を取り扱いました。学習前に子どもたちの実態を把握するため、「はじめてまなぶ　こころ・からだ・性のだいじ　ここからかるた」を使って、4～6年生の児童と一緒に数回遊びました（この時点でかなり性の学習にはなります：図2）。遊びを通して、子どもたちの「知りたい！」をたくさん聞くことができました。

図2　かるた取りの様子

<子どもの発言の一例>
・女の子はおちんちんがないのに、どこからおしっこが出るの？
・月経って何？どんなの？
・ぼく、精子が出てくるの、こわい…

表2　小3以上を対象とした学習の内容

1時間目	・子どもの体と大人の体、何が違う？ ・いつ変わるのか、どう変わるのかは、人それぞれ ・自分がどうなるのか、楽しみにしていてね
2時間目	・男の子の体って不思議！勃起・射精って何？ ・おちんちんのサイズも形も人それぞれ ・夢精したらどうしたらいいの？
3時間目	・赤ちゃんってどうやってできるの？ ・女の子の体も不思議！月経って何？ ・ナプキンに触ってみよう
4時間目	・恋する気持ちって何だろう。 ・好きになる相手はいろいろ。恋をしない人もいるんだね ・付き合うって何？振られるって何？
5時間目	・SNSは気を付けて使おう ・生活習慣のバランスが大事 ・運動と食事、睡眠・休養の大事なことってどんなこと？

特別支援学級での学習なので、「分かりやすい言葉で定義づけながら」「具体的に」「体験的に」進めることを心掛けました。子どもと大人の体の違いについてはすでに知っている子どもたち。発毛や声変わりなどの詳細と「人それぞれ違うよ」ということを確認しました。男女の内性器の発達については、怖がる子もいたので、丁寧に具体的に扱うことにしました。夢精したら水洗いしてから洗濯機に入れること、月経中に着用したナプキンはくるくる巻いてゴミ箱に入れること、男女一緒に実際に行いました。実物のナプキンを触った男の子からは「ふかふかしてる」と肯定的な感想と「邪魔そう」と否定的な感想とがありました。これから起こりうる変化について全て肯定的に捉える必要はなく、ただ受け入れやすいようにみんなで話し合いを行いました。4時間目の学習では異性愛だけではないことを挙げ、LGBTQにも触れました。最終回の感想では、「お父さんやお母さんにもっと話を聞きたい」「『ここから』の勉強、終わりたくないです」という感想もありました。

（3）保護者との連携

学習した内容や子どもたちの様子、発言についてまとめた「ここからだより」（図3）を保護者に配布しました。なかなかの好評で、「大切なことと思いつつ教え方が分からなかったので、知ることができて良かったです」「家でも話題にすることができました。お便りのイラストを見て、『これはパパ！こっちはママ！』と教えてくれました」「二次性徴の準備、早めにした方がいいんだなと思いました」のような感想を多

図3　保護者向けのお便り

くいただきました。また、面談などでも性に関する質問をされる機会が増え、「話題にしたいけどできなかった」保護者も多くいたのではないかと感じました。

（4）後日談

興味をもって「ここから」の学習に取り組んでいたＡさん。休み時間にも「ここからかるた」を取り出してカードを眺めていました。ふと私のところに来て「お裁縫してもいいですか？」と針と糸とフェルトを取り出し、ナプキンのマスコットなどを楽しそうに作っていました。月経にまつわるものをポジティブに捉えている姿が嬉しかったです。

Ｂさんの保護者との面談にて。お父さんから「『お父さんは射精したことある？』って聞かれたんですよね」とのエピソードをお聞きしました。学習内容に興味をもって家庭で質問をするＢさんも、Ｂさんの思いに答えようと家庭でのお話を進めようとするＢさんの保護者も、素敵だなと思います。

活動を振り返って

「ここから」の学習を進め、上記にもあるように、とにかく保護者からの反響が大きかったです。保護者の皆さんが「先生と性の話をしてもいいんだ。相談してもいいんだ」と思えることは、家庭での性教育の一歩にもなると思います。子どもたちに対して日常の生活の中でも、学習したことなので「こうだったよね」という声かけもしやすくなりました。自分の性について学び、自分の身を守りながら性を豊かにしようとすることはより良い生、すなわちウェルビーイングにつながります。一度の学習で定着させることは難しくても、共通言語として日々の生活の中で話題に挙げることで、子どもたちの中に少しずつ染み込んでいく様子も感じました。さらに染み込ませていくためにも、毎年少しずつ形を変えながら取り組んでいきたいと思います。

＜参考文献＞

伊藤修毅（2013）イラスト版発達に遅れのある子どもと学ぶ性のはなし―子どもとマスターする性の仕組み・いのちの大切さ．合同出版．

染谷明日香（2022）はじめてまなぶこころ・からだ・性のだいじ　ここからかるた．合同出版．

遠見才希子（作）・川原瑞丸（絵）（2021）だいじだいじどーこだ．大泉書店．

文部科学省（2021）性犯罪・性暴力対策の強化について．
https://www.mext.go.jp/a_menu/danjo/anzen/index.html（2022年10月24日閲覧）

ユネスコ（2020）国際セクシュアリティ教育ガイダンス改訂版―科学的根拠に基づいたアプローチ．明石書店．

事例 6

パラリンピック出場を夢見て

埼玉県立本庄特別支援学校 教諭　樋口 進太郎

パラリンピックに出場したいという夢を持つ小久保寛太さんが、TOKYO2020 パラリンピックの知的障害男子走り幅跳び (T20) で世界４位という輝かしい成績を残しました。私自身が、小久保さんの指導・支援を始めてから 2021 年のパラリンピックまでの７年間の中で、特に意識して取り組んできたことについて紹介します。

国際知的障害者スポーツ連盟（Virtus）が主催する世界大会では陸上競技のほとんどの種目が実施されますが、パラリンピックでは知的障害者が出場できる種目は４種目（400m、1500m、走り幅跳び、砲丸投げ）しかありません。小久保さんが得意とする 200m はパラリンピック種目には入っていないため、どちらの道を選択するか悩みました。そんな中、小久保さんが選んだのは得意種目を諦め種目を変更することでした。種目変更をし、パラリンピックに出場したいという夢を叶えるため、二人三脚で歩んできた取り組みです。

基本情報

対象：小久保 寛太さん（高等部１年生から指導に携わる）
場面：日々の練習や大会など

活動の背景

（1）小久保さんとの出会い

小久保さんとの出会いは、筆者が埼玉県立本庄特別支援学校に赴任し、彼が入学してきた 2016 年です。小久保さんは地域の中学校から本校の高等部へ入学してきましたが、中学生の頃から走ることが好きで陸上部にも所属していました。筆者は当時から日本知的障がい者陸上競技連盟の強化委員として知的障害のある選手たちへの陸上競技を支援する活動をしていましたが、体育の指導でたまたま小久保さんの走りを見た時「これは凄い選手になるかもしれない」と感じ、２人だけの朝練習が始まりました。

（2）パラリンピックを目指すために競技種目を変更

高等部２年生の時には、全国障害者スポーツ大会の少年男子 200m で大会新記録を出すほどまで強くなり、やがてパラリンピック出場を夢見るようになりました。しかし、知的障害者のパラリンピック種目には彼の得意とする200mはありませんでした。知的障害者だけが出場する世界大会には200mもあるため、その話もしましたが、「僕はパラリンピックに出たいです」と強い気持ちを伝えてくれたため、彼の気持ちを尊重し、得意とする200mは諦め種目変更をしました。その後すぐパラリンピック種目でもある400mに取り組みましたが、練習自体も嫌いになりそうな様子でした。陸上を嫌いになってほしくないという気持ちもあり、たまたま気分転換に走り幅跳びをやってみたところ、とても楽しそうに跳んでいる小久保さんを見て、走り幅跳びを本格的に始めることになりました。

取り組みの展開

（1）知的障害があることでの難しさ

①ルールが理解できない

走り幅跳びを始めるにあたり、私自身期待もありましたが、それと同じくらい不安も抱えていました。なぜなら、走り幅跳びは知的障害がある彼にとって難しい可能性もあると思ったからです。走り幅跳びの流れにはこれまで彼が得意としてきた200mとは大きく異なり、「助走・踏切・空中姿勢・着地」と４つの場面に分けられます。彼がルールを理解し、スピードをつけて走り、20cm幅の板で踏切って跳ぶことが本当にできるのかという不安が大きくありました。少しでも板を踏みこせばファールとなり記録が残りません。また、板の手前から踏み切っても計測されるのは板の先端からです。また助走・踏切だけではなく、４つの場面を全て上手にこなし、連動させなければ記録は出ません。そのため、この「走り幅跳び」という競技は知的障害がある彼にとって非常に難しい種目だと感じました。

②言葉の理解が難しい

小久保さんは、言葉だけの指示はなかなかうまく伝わりません。具体的には「脚をもっと上げて」と言うと脚を上げることだけに意識が向いてしまい、他の動作が疎かになってしまいますし、イメージしづらい抽象的過ぎる言葉がけだと理解が難しい状況でした。

③自信がもてない

気持ちの面での難しさもありました。小久保さんは自分に自信があることに対しては前向きに取り組める一方で、自信がないことについてはとても慎重になってしまうため、自分の力を十分に発揮できないことも多々ありました。

小久保さんはこのように様々な困難さがあるため、彼の抱える苦手さを把握し、寄り添い、そして得意な面を生かしながら指導する必要性を感じ、練習に励みました。

取り組みの経過

先述した、小久保さんの苦手なことやニーズを踏まえ、彼自身が前向きに、力を最大限発揮できるように、以下の観点を大事にしながら指導・支援を行いました。

(1) スモールステップで「できた」を実感

スモールステップでの動作の細分化と映像を活用しての動画分析です。走り幅跳びも、今では助走距離が 40m 近くあり 18 歩で走りますが、最初の段階では「1m を 2 歩で」から始めました。2 歩が上手にできたら 4 歩に伸ばし 4 歩ができたら 6 歩に伸ばすというように、段階的にスモールステップで歩数と距離を伸ばしていきました。

また、「腕をこう挙げて脚をこうする」と伝えても、うまく伝わりませんでした。そのため、「スーパーマリオのジャンプのように跳んでみよう」(図1) と小久保さんにとってイメージしやすい例えを伝えることでスッと理解できたようで、すぐに習得できました。

着地の練習においても立ち幅跳びから始めたり、エバーマットに着地する練習(図2)をしたりと様々な観点から練習メニューを組み立て、習得することができました。

図1　スーパーマリオをイメージして

図2　エバーマットでの着地練習

このように焦らず一つひとつの基本を「できた!」と実感しながら、自信をもって練習にも取り組むことで段階的に習得していったことがポイントだったと感じています。

（2）客観的に振り返るための動画分析

自分が跳んでいる姿を「映像を見て確認する」取り組みを行いました。助走・踏切・空中動作・着地の練習をしていく中で、自分のイメージと実際の動きの誤差をなくすためです。小久保さんに「腕をもっと高く挙げて」と言っても、本人は高く挙げているつもりでいます。そのような時には映像を見ながら「腕が頭の上まで挙がるといいね」と伝えると、次はどうしたら良いかが理解しやすくなります。映像を確認することで、小久保さん自身も自分では腕を挙げているつもりでも挙がっていなかったり、無意識に目線が下がっていたりと様々なことに気づくことができました（図３）。アプリ「Technique」（図４）を活用し、動きの比較も提示しました。良い時の動きと今の動きを確認することにより、どこが違うかを確認し、どのように修正していったら良いか理解することにつながりました。また、動画を残しておくことで、自宅でも振り返りができます。小久保さんは覚えたことをすぐに忘れてしまう傾向があるため、良いイメージを忘れず、次の練習でも良いイメージのまま練習に入れるという利点もありました。

図３　映像を見ながら動作の確認

図４　アプリ「Technique」の画面

私は、小久保さんの映像を撮ることはもちろんですが、他の選手のものも撮りためていくようにしています。すべての映像を活用するわけではありませんが、「この選手のこの部分は小久保さんの良い見本となりそうだ」と感じた部分を小久保さんに活用したりしています。

（3）痛みや疲れ、気持ちを数値化する練習日誌

小久保さんは練習が終わると毎日練習日誌を書くようにしています。その中で、トレーニングメニューを書くことはもちろんですが、脚の疲れや痛みも書くようにしています。疲れの度合いなどは数値で示し、「0123」の中で当てはまるものに丸をつける形にしました。このチェックを彼自身がすることにより、自己理解が深まり、怪我の防止にもつながると思ったため、このような形式での記録をつけています。また、客観的に自分を見ることが苦手な小久保さんにとっても良い経験にもなりました。

（4）うまくできない日は無理にやらない選択も大事

練習が好きな小久保さんではありますが、うまくいかない時には思い切ってその練習はやめて違うメニューに切り替えるようにしています。なかには「これができるまでは

終わりにしない」といった練習法もありますが、小久保さんにとっては逆効果だと思ったからです。うまくいかないことで自信がなくなったり悪いイメージを植え付けてしまったりすることを回避する意味もありました。また、疲れだけが残ってしまい次の練習にも影響が出てしまうと考え、練習は「良いイメージで終わること」を意識して現在も行っています。

活動を振り返って

今回、パラリンピック出場を目指し走り幅跳びに取り組みましたが、その中で大きな成長をみることができました。競技者としてだけではなく、人としてとても大きな成長を遂げたと感じています。パラリンピックは４年に１度の大会ですが、練習や遠征を経験することで、その「今」が豊かになっていきました。

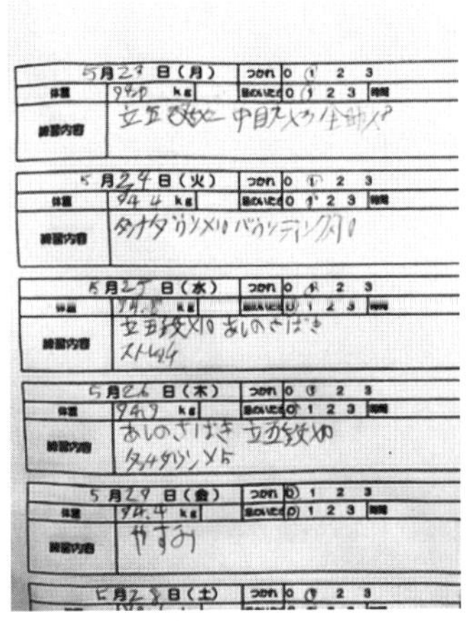

図５　練習ノートの画面

図６　遠征中の食器洗い

例えば、小久保さんは漢字の読み書きが苦手ですが、練習ノートを書くことで漢字を覚え書くことができるようになってきました(図５)。また､遠征中の洗濯を自分でしたり、部屋で食事をした際に食器を洗ったりすることで､その経験が日常でも生きています(図６)。

大会等での遠征においても、自ら目覚まし時計のアラームをセットして朝起きることや食事のバランスを考えられるようになりました。これは競技を辞めた時にも人生の財産として彼の中に残るものだと思っています。パラリンピック出場が目標ではありましたが、それを叶えるためにたくさんの経験ができ、とても貴重な体験をすることができました。また、実際パラリンピックに出場することはできましたが、たとえ出場できていなくても、小久保さんのこれらの成長は変わらなかったと感じています。そう考えると、パラリンピックという夢の舞台は、障害のある選手たちの成長の場であり、その時を充実した時間にできる素晴らしい大会なのだと感じることができました。

事例
7

「全員に金メダル」
～多様性に溢れた水泳発表会～

一般社団法人日本障がい者スイミング協会 代表理事　酒井 泰葉

当協会では、日常生活支援を軸とした個別支援形式の水泳教室と、それを支える障がい者水泳指導員の養成研修を開催しています。活動を通じて共生社会に寄与していきたいと考えています。ここでは当協会主催の「水泳発表会」を紹介します。

私たちは「水泳」というと無意識のうちに、競技規則に則った泳ぎ方で完泳することが「水泳の完成形」だと決めていないでしょうか。もちろん試合なら競技規則に則り公平性を担保し競技を進めることは重要ですが、「競技」の世界をそのまま選手ではない子供達にも伝えていることは多いと思います。その過程の「バタ足」や子供達が編み出した泳ぎ方は、その時期にしか見られない大切な成長の記録であるのにもかかわらず、そこを「完成形」として評価する公の機会は少ないと思います。特に障害のある子供達の場合は、同じ年齢で同じ障害、同じ程度であったとしても個人差が大きく、子供の数だけクラス分けのクラスがあると言っても過言ではありません。そこで競技会とは別に、子供達の日頃のがんばりを応援できる特別な機会があってもいいのではと考えるようになりました。

ボディマッピングや方向感覚、空間認知の課題等により運動支援の必要な子供達にとって、身体をコントロールしながら泳ぐことは大きなチャレンジです。子供達が積み重ねてきたそれまでの努力は、子供達の背負うランドセルよりも遥かに重いのです。そこでこれらの縛りを解放した「水泳発表会」を開催することで、個別性の高い問題を普遍的に考えながら、障害の有無にかかわらずみんなが参加できる場が叶います。その発想の転換や取り組みを提案します。

障がい者水泳の日々の取り組みや参考になるものを、当協会の無料メールマガジンで日々発信して啓蒙活動に努めています。全国の水泳業界の方、福祉業界の方、ご家族の方等、3年間で 1,000 名以上の方に幅広くご購読いただいています。

基本情報

場　　所：都内フィットネスクラブ屋内プール
開催時間：２時間
対 象 者：水泳教室参加者とそのご家族（障害の有無は問わない）
参 加 者：総勢 50 名

活動の背景

現在、水泳の記録会について、障害者は障害者が対象の記録会へ、健常者は健常者の記録会へ案内され、この２つが合流した記録会は稀でどちらにも該当しない子供は参加を見送っている現状があります。

障害者が対象のものは障害者手帳の所持が基準となり、クラス分けの対象になる子供だけが大会への申し込みができます。グレーゾーンと言われたり、障害者手帳を持っていない子供や、クラス分けの対象にならない方、障害の程度の診断が変わりやすい子供の参加できる場が少ないのです。

多様性が叫ばれるようになってきた中でも、スポーツと福祉の融合は難しくなっています。スポーツの世界では、自分一人の力で泳ぎ切ることの他、着換えや水中とプールサイドの移動などに関わることもスキルとして求められます。いわゆる医学モデルがベースになっています。例えば重度の肢体不自由により介助者や浮き具があれば泳げるにもかかわらず、通常の障害者スポーツ大会でそれらが禁止されている場合は参加ができないなど、制約を受けることが多々ありました。

私たちは、障害とはその人個人の能力や責任ではなく社会環境にあると考える社会モデルで事業を運営しています。障害者手帳の所持の有無やクラス分けにとらわれず、誰もが参加できる大会の環境を作ることで、普段とは違う雰囲気の中で日ごろの練習の成果を発揮できるチャンスが生まれます。

「習い事」とは学校や療育、リハビリとも違う、一歩外の世界で過ごす体験です。私達はその子供達の日常生活の中で社会参加にもっとも近く、家から離れた存在です。私達はこの「習い事」の立場から、家と社会（参加）の架け橋になることが一つの役割だと考えています。

取り組みの展開

競技スポーツとしての水泳はイコール競泳であり、定められた泳法でタイムを競いますが、私達は日常生活支援が軸の活動を行っているため、競技の世界にとらわれず、率直に個人の達成を讃えられる大会を開催したいと考えていました。自主開催することで、学習指導要領で「自己存在感」の支援について書かれているような「結果にこだわらず、思考過程や学習過程を認める」「自由な発想や方法が認められたり、自己選択できる場を工夫する」ことを臨機応変に組み込むことができるのが強みでした。

当協会では、いわゆるスイムの練習だけにとどまらず、パラアーティスティックスイミング等幅広い種目に対応しています。そのため、プログラムにはアーティスティックスイミングの部とスイムの部と、何か技を自由に披露できる「パフォーマンスの部」を設定しました。

スイムの部は一つの泳ぎにこだわらず、その子供が自分らしく泳げる方法での参加を伝え、子供達自身にどのような泳ぎ方で参加するのかあらかじめ決めてもらいました。自分一人で決めにくい場合は、担当支援員と相談して参加種目を決めました。

当日はビート板等浮き具利用で泳ぐ子もいれば、水泳福祉用具や介助者を横に同伴にして安全・安心の環境の中で泳ぐことを目標にする子供もいました。アーティスティックスイミングは、水泳大会よりも発表の場が少ないことから、もともとプログラムに入れたいと考えていました。スイムの部の中で２回以上泳ぎたい子供や、アーティスティックスイミングとスイムの部の両方に参加したい子供は参加できるようにプログラムの順番を検討して、当日を迎えました。また、一つの泳ぎや踊りにこだわらず、「パフォーマンスの部」を作り、担当支援員と息を合わせてイルカ飛びやひねりのあるターン等、子供の考えた技を繰り広げて披露できる部も作りました。

プログラムを作る時は、支援員は全員、子供の顔を一人一人思い浮かべながら話し合えました。大会や記録会の運営に関わったことがあり、競技経験者もいることから事前に綿密な打ち合わせを重ねることができました。前日まで欠席連絡があり、プログラムの順番については入れ替えを行っていました。子供の特性に合わせて隣り合う子供の組み合わせを考えられるのは、自主開催だからこそできたことでした。例えば、ペースメーカーが必要な子供やダウン症等視覚からの情報で感じ取る力が強い子供の隣は、競技経験者にしたり、種目が違っていても友達同士にするなどして楽しい雰囲気づくりをしました。また、障害者水泳大会と健常者水泳大会で分けられがちなきょうだいでの参加も、この発表会の場では一緒に参加していただき、家族の大切な時間を過ごしてもらえるように配慮しました。

取り組みの経過

発表会の場所は、普段の練習場所のプールとは違うプールでの開催でした。

初めての環境で、日頃の子供達の力を最大限発揮してもらうという貴重な機会でした。参加した子供は、泳いでいる途中で足が着いたとしても、演技が止まってしまったとしても、全員に金メダルを贈呈するという趣旨でいました。

一方で、場所見知りが強い子供にとっては、泳ぐことよりも参加できることそのもののハードルが高く、参加したくてもできない、という意見を直接会員から聞いていました。会員と話をしている間に「シールラリー」という案が浮かび、水中に入るプログラムの他に陸上の参加プログラムを作り、シールラリー参加者にも金メダルを贈呈するという流れにしました。この案によって、子供達にとって「泳がなければならない」という強迫観念は薄れ、日頃の練習と同じく当日の気持ちに寄り添ってくれるということで参加を決めてくれた家族もいました。

発表会前の練習では、「本番前だから」とモチベーションが高まった子供もいれば、日頃と変わらず過ごしたい子供もいましたが、子供達の気持ちの揺れに合わせて支援員が寄り添いました。支援員の中には選手経験のある人もいましたが、逆算してどんなことが必要か細かく決めることはあえてしませんでした。支援員の気持ちは子供達に伝わってしまい、また無理に支援員がモチベーションを上げようとしても、子供達の心労が重なるだけになってしまうので、できるだけワクワクした楽しい気持ちで当日を迎えてもらえるように配慮しました。

子供達の中には、「プールの時間はA先生と一緒に楽しむ時間だ！」とスケジュールを決めている子もいました。そのため、急に「本番前だからね」とレッスンの雰囲気を変えられてしまうと､戸惑ってしまう子供も出ました。その子は言葉を理解できるので、支援員が発表会当日に「一緒に楽しもうね」と伝えると、いつもの先生とのプールの時間だと思ってくれたようで、のびのび泳いで新しい技を本番中に繰り広げてくれました。

前日に同施設で事前準備をすることはできたものの、運営側の人手不足があったため仲間を増やしたいという思いもより一層強くなりました。子供が普段の練習とは違う表情を見せてくれて、家族が子供の新たな一面に気づかれ、良い距離間を作る家族支援につながるとも考えています。

活動を振り返って～課題や今後の展開予定～

今後も開催を希望する声は多くあるので、毎年の恒例行事として回数を重ねていきたいと考えています。

子供達や家族は、日常生活の様々な場面で配慮してもらえないことについてとても苦しんでいます。そのため、分かり合える人の中での開催を望む声も寄せられました。協会として、多様性と共生社会に寄与したいため、全国にいる当協会の障害者水泳指導員の生徒も集めた形での開催にすることで、既存の記録会の形にとらわれず参加したい方々の選択肢の一つになり、障害の有無にかかわらずきょうだいや家族で参加できる水泳イベントにしたいと考えています。子供達は既存のルールも先入観も知らない純粋な目で世の中を見ています。その多様性あふれる子供達がのびのび運動できる環境や法整備を整えていくことが、すなわち持続可能な共生社会に自然とつながることは間違いないでしょう。時代や参加者によりやり方を試行錯誤しながら、誰もが参加できる水泳記録会を目指していくことが、ウェルビーイングに叶うと信じています。

【問い合わせ先】一般社団法人日本障がい者スイミング協会　https://jpasa.net/

無料メールマガジンはこちらから⇒ https://jpasa.net/mail-magazine/

事例 8

日本発達支援サッカー協会の取り組み
～サッカーによる療育的実践アプローチ～

一般社団法人日本発達支援サッカー協会（JDSFA）代表理事　杉岡 英明

一般社団法人日本発達支援サッカー協会（JDSFA）は発達障がいのある子どもたちの特性に合わせた独自のサッカープログラム「さっかぁりょういく®」を提供している日本で唯一の協会です。これまでサッカーをすることを諦めていた子どもたちに継続的にサッカーができる場を提供しています。ここではみんなが体を動かすことの楽しさを体験し、さらにはサッカーを競技として楽しんでいます。保護者からも、暴言が激減した、周りが見えるようになった、自信がついて他のことにもチャレンジするようになった等の声を多数いただいています。ここにくるまでは集団での行動は無理と言われた子どもたちも多いのですが、さっかぁりょういくでは思いっきり体を動かし、みんなと笑顔でキラキラ輝いています。

私たち JDSFA は子どもたちの凸凹の凸を伸ばし、心と体の成長をサポートするため、協会独自のプログラムを習得した認定コーチを育成しています。その他専門家と連携して子どもたちへのサポートと保護者への子育て支援を行っています。地域の中で共に育ち、共に学ぶ姿を実現し、これらの活動を通じて社会への発達障がいの理解や認知拡大に貢献することで、“サッカーで障がいを個性に！”という理念を実現すべく活動しています。

基本情報

「さっかぁりょういく」とは、

①脳の働きのアンバランス改善

②コミュニケーション能力の向上

③集団ルールの理解

という療育上で重要な３つのポイントを満たす、JDSFA 独自のプログラムです。世界中で愛されているサッカーというスポーツと発達障がいのある子どもたちの自立を支援するための療育を合わせたものです。この活動を始めた当初、発達障がいのある子どもたちを集めてサッカーを提供するだけでは様々な問題が起こり、継続すること自体が難しいことを私たちは経験しました。そこで、一人一人の特性に合わせたアプローチ方法が必要だということになり、独自のプログラム開発へとつながりました。

コーチングの基本コンセプトは、認知行動療法に基づいた「**ほめて、認めて、成功体験を重ねて自己肯定感を育てる**」です。このことは障がいの有無にかかわらず導入できる、いわゆるユニバーサルなサッカー指導のモデルになります。コミュニケーションを必要とするサッカーというスポーツを行う中で、子どもたちは言語と非言語のコミュニケーションを実践的に学びます。プレイ中は思い通りにいかないことが多いサッカーですが、そこで気持ちを切り替えることはレジリエンス(折れない心)につながります。サッカーでパスする場合、相手のことを認知していないとパスは成功しません。シュートしてゴールする喜びは日常生活ではなかなか味わえない成功体験となり、チームで協力してゴールを目指すことはチームワーク（ソーシャルスキルトレーニング）の学びになります。原則、保護者は見学可能にしています。我が子のコーチや仲間とのやり取りを見て、その場を共有し、その変化や成長を感じることで、保護者自身も自分の成長を感じ、メンタルヘルスにもつながっているようです。

活動の背景

発達障がいのある子の多くは特別支援学級や通級学級で学び、サッカーをしたい場合、Ｊリーグの下部組織や地域のスポーツクラブ、スポーツ少年団等に所属します。そこで不自由ない場合ももちろんありますが、多くはコーチやチームメイトから特性を理解されないことが多いのです。否定されたり、仲間外れにされたりして、チームを辞めざるを得ない状況に追い込まれた上にサッカーも嫌いになって、学校へ行けなくなることもあります。こういう場合、本人が自分を否定することで二次的に精神へのダメージも深刻になり、なにごとにも自信を失ってしまいます。その結果、生涯にわたり生きづらさを抱えることにもつながり、これは重大な問題であると考えます。

だからこそ、成長発達の初期に、心理的安全性が確保された場で楽しく体を動かし、精神的に自己肯定感を獲得できる体験が大切です。

さらに、学校と家庭以外に自分を認めてもらえる第３の居場所としても機能します。現在は 18 歳以下を対象としていますが、その後は「さっかぁりょういく認定コーチ」として戻ってくる仕組みも作っています。

取り組みの展開

日本発達支援サッカー協会（JDSFA）が提供するさっかぁりょういくは、スポーツ、医療、教育、福祉の分野に展開しています。

（1）スポーツ

SKC（スペシャルキッズコーチング）アカデミー（さっかぁりょういくを実施するサッカー教室）を広島市、呉市、東広島市で開催しています。各カテゴリーに分け、未就学児から高校生まで計 60 数名在籍（2023 年１月現在)。４月２日の世界自閉症啓発デー

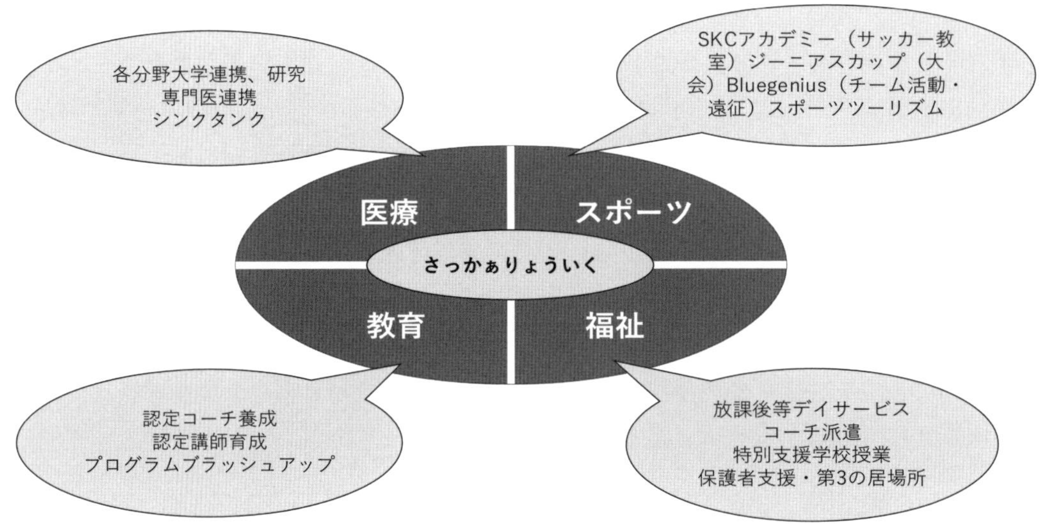

さっかぁりょういくの全体像

に発達障がい児のサッカー大会ジーニアスカップとして 2019 年より毎年開催しています。2022 年には発達障がい児のサッカーチーム「ブルージーニアス（Bluegenius)」として福岡へ遠征しました。JDSFA は日本サッカー協会（JFA）のグラスルーツ推進賛同パートナーとなっています。

（2）医療

さっかぁりょういくは、広島県立障害者療育支援センターわかば療育園で作業療法の一つとして始まりました。当時の園長であった河野政樹医師（現東広島市虹の子どもクリニック院長）を医療アドバイザーとし、他にも発達障がい、スポーツ医学、小児感覚器科の専門医師の協力をいただいています。今後は発達障がいに関連する大学・病院等とさらに連携し、多方面から研究や支援をいただきたいと考えています。

（3）教育

さっかぁりょういく認定コーチの養成コースを設け、さっかぁりょういく認定アシスタントコーチ(ボランティアコーチ)、さっかぁりょういく認定チーフコーチ(プロフェッショナルコーチ）を養成しています。

さっかぁりょういくの座学である初級認定ベーシック講座と初級認定アドバンス講座を教えるさっかぁりょういく認定講師を育成しています。

（4）福祉

さっかぁりょういく認定コーチを広島県内の放課後等デイサービス 13 カ所（2023 年 1 月現在）に派遣しています。SKC アカデミーでは JDSFA 協力臨床心理士、公認心理師による保護者面談を定期的に行っています。U-18 卒業以降、さっかぁりょういく認定コーチ資格を取得し、さっかぁりょういく認定アシスタントコーチとして関わっている OB が 3 名在籍しています（2023 年 1 月現在)。

取り組みの経過

発達障がいのある子どもたちだけを集めてさっかぁりょういくを提供することは、一見インクルーシブな社会を目指すことに反するように見えます。しかしながら、日常生活を送る中でうまく適応していない場合、まずは一人一人に合わせた取り組みが必要です。個別対応から安心安全な集団へ、そしてインクルーシブな社会へとつながるように、その子のペースに合わせた支援ステップが大切です。その過程で人として認められ、自己肯定感をもつことで将来自立して生きていくことにつながると考えています。

「サッカーは少年を大人にし、大人を紳士にするスポーツだ」とは日本サッカー界の父と呼ばれるデッドマール・クラマー氏の言葉です。個の人間的成長を促し、集団での社会性を学ぶツールとしてサッカーというスポーツは大変有効です。

近年、保健、医療の分野では、考え方のパラダイムシフトの一つにCure（治療）からCare（予防）へという流れがあります。発達障がいのある子どもたちや保護者のウェルビーイングに関しても同様な考え方が必要です。成人して以降、社会に適応できず、うつやその他の精神疾患を患うケースが多発しています。そのことへの対応も欠かせませんが、その前に早期の運動（サッカー）による療育（さっかぁりょういく）で成長を支援することで、自信をもって将来自立して生きていけることにつながればと考えています。

同時に、社会の側の誤解や偏見、あるいは無理解・無関心の解消も必要です。発達障がいの課題解決には当事者の成長への支援は言うまでもありませんが、社会の変革にはどちらも必要であり、これはいわば車の両輪です。お互いが知り合い、理解し合うこと、すなわちよりよいコミュニケーションを取り合うことが柔軟で誰もが生きやすい世界につながります。世界で最もポピュラーなスポーツであるサッカーをキーアイテムにしてそれを実現させたい。未来は子どもたちのためにあります。今後は多方面の方々と協力しながら、さっかぁりょういくをさらに広げていきたいと思っています。

※発達障がいには知的障がいも含まれます。

事例 9 全国の発達凸凹の子どもに運動を届ける活動
～NPO法人judo3.0の取り組みを通して～

NPO法人judo3.0 代表理事　酒井 重義

運動は、心身の発達を促したり周囲とのつながりを得たりする効果があり、知的・発達障害のある人のウェルビーイングを実現するために大変重要です。しかし、地域の中でインクルーシブな運動環境はまだ不十分です。そこで、筆者は日本の国技である「柔道」に注目し、NPO 法人 judo3.0 の活動を通して、全国の知的・発達障害の診断を受けた子どもや、「グレーゾーン」と言われる子どもたちに運動を届ける活動をしています（これらの子どもたちを本稿では「発達凸凹の子どもたち」と表現します）。

柔道のコミュニティは全国に 7,000 カ所以上あります。ここをインクルーシブ化することにより、全国の発達凸凹の子どもが地域で運動を可能にする場ができるのです。

現在は、地域の柔道コミュニティで使える練習メニューや指導方法に関するワークショップを行ったり、全国の優れた実践を集めて整理し書籍化をしたりしています。また、世界自閉症啓発デーの啓発イベントにも取り組んでいます。

取り組みについて

NPO 法人 judo3.0 の日々の活動はホームページ（https://judo3.org/）で随時更新をしています。本稿では主な取り組みの概要を述べます。

（1）発達凸凹に関する研修（図１）

柔道有段者で発達障害の専門家によって、発達凸凹に関する研修プログラムを開発しました。研修内容は、発達障害の理解、運動の発達、特別支援教育の支援技法、脳科学など多岐にわたります。プログラムの詳細は、書籍『発達が気になる子が輝く柔道＆スポーツの指導法』（NPO 法人 judo3.0）にて紹介しています。

図１　研修会の様子（東京）

発達凸凹の研修会は、北海道・

栃木・東京・新潟・石川・三重・大阪・兵庫・広島・愛媛・鹿児島等など全国各地で行っており、延べ300名以上の柔道指導者や保護者が参加しました。

参加者の感想には以下のようなものがあります。

- どのスポーツ少年団にも発達が気になる子がいます。明日からの活動に活かしていきたいです。
- 発達凸凹に関する正しい知識をもった指導者が増えることは、保護者としてとてもうれしいです。注意ばかりされる子が減り、褒められる子が増え、自信をつけられる場が増えることはとても望ましいです。
- 発達が気になる子への指導の工夫、ポイントも学べました。何より柔道に誠実に向かい合う仲間がたくさんいることに勇気づけられました。

（2）全国の優れた指導のノウハウの共有

judo3.0の活動の認知度が高まるにつれ、全国各地の優れた指導者同士のネットワークができてきました。特に近年のコロナ禍によりオンライン化が進んだ結果、オンラインによる情報共有が容易になってきました。

そこで、judo3.0は2020年3月から毎週金曜日にオンライン上の勉強会を開催し、国内外から100人超の指導者の優れた実践を紹介しました。この膨大な情報を収集し整理した結果、書籍『誰一人取り残さない柔道　柔道人口が増える3つの視点』（酒井・西村，2023）の出版につながりました。

2021年2月には、「発達が気になる子が輝く柔道サミット」を開催しました（図2）。柔道指導者16名によって発達凸凹の子どもに対する優れた指導実践が報告され、日本各地から計51名が参加しました。報告では、少年柔道クラブ・中学校柔道部・福祉施設・医療機関など、様々な場における柔道の実践例が紹介されました。

図2　発達が気になる子が輝く柔道サミット

（3）世界自閉症啓発デーの啓発イベント（図3）

世界自閉症啓発デー（4月2日）に合わせて、有志の柔道クラブと啓発イベントを実施しています。2022年は7つの柔道クラブで柔道未経験の発達凸凹の子ども向けの柔道体験会を開催したり、発達障害と柔道に関するオンライン講座を開催したりしました。

参加者からは「楽しかった」という感想をたくさんいただき、また指導者からは「このイベントを通じて、これまであまり接点がなかった、小学校の特別支援学級の先生や市役所の福祉課の職員、放課後等デイサービスや当事者団体の関係者などと話すことができた」などの声が寄せられました。また、「柔道クラブがこういうことをするようになったんですね。うれしいですと言われ、これまで発達凸凹の子どもが地域でスポーツする機会に恵まれていなかったことを実感した」というような感想をいただきました。

地域の教育・福祉・医療関係者が「発達凸凹の子どもに運動をさせたい」と思ったとき柔道クラブを勧めるようになったら、そのクラブは地域に欠かすことができない存在になると考えています。

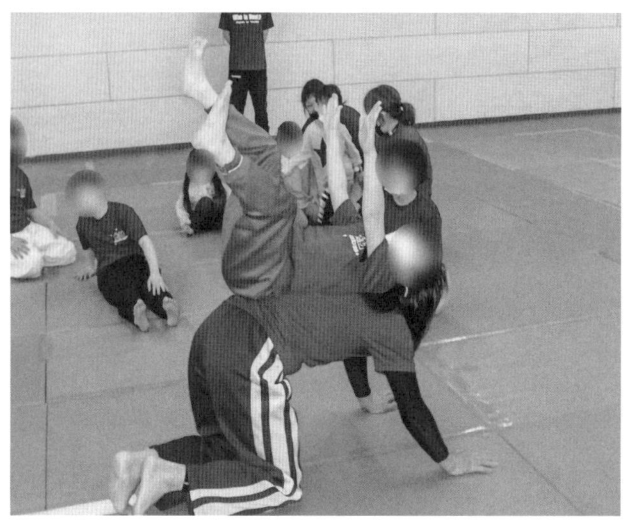

図3　イベントの様子（北海道・釧路旭町柔道少年団）

活動の背景

発達障害は、社会性・対人関係や学習面において注目されてきました。しかし、近年では、感覚過敏や不器用さにも関心が高まっています。例えば、不器用さを主訴とする発達性協調運動症（DCD）に関しても学会が設立されたり、自閉スペクトラム症や注意欠如・多動症、限局性学習症の診断を受けた子どものかなりの割合が不器用さも抱えていることが明らかになったりしています。

柔道の指導者は、柔道という競技の性質から、身体の使い方や動かし方の理解と指導方法に習熟しています。そのため、発達障害の知識と指導技術を習得することで、発達凸凹の子どもたちに適切な運動を指導できると考えられます。

また、発達凸凹の子どもの中には、野球やサッカーなどの集団競技にうまくなじめず、スポーツをしていなかったり、散歩やボウリングなど１人でする運動に取り組んだりする子どもが少なくないように感じます。そのため、２人で行う運動を通して対人的な競技への基礎を身に付けることは有益です。

柔道は、２人で取り組むことができる運動です。また、柔道は相手を倒すかおさえ込むことで勝負が決まる分かりやすい競技です。さらに、柔道の国際化により視覚的にも明確なルールへと変わってきました。

これまでは、柔道は勝利至上主義の傾向があると言われていました。しかし、近年では国内外において、知的・発達障害の発達について良い影響があると言われるようになってきました。そして、国内では放課後等デイサービス事業所においても柔道を取り入れているところが増えてきました。

活動を振り返って

以上のことから、発達凸凹の子どもたちにとって、柔道コミュニティはウェルビーイングを支える有効な地域資源になり得ると考えています。柔道を創設した嘉納治五郎は「精力善用自他共栄」という言葉を残しました。今後、judo3.0は、それぞれの地域の柔道クラブが発達凸凹の子どもにとって仲間と楽しく身体を動かすことができる居場所となることをビジョンとして、指導法のワークショップの開催地域を増やし、指導ノウハウを共有したりして、自他共栄の社会づくりに寄与していけたらと考えています。

<引用・参考文献>

酒井重義・西村健一（2023）誰一人取り残さない柔道　柔道人口が増える３つの視点．NPO 法人 judo3.0

西村健一・長野敏秀・浦井重信・酒井重義（2020）発達が気になる子が輝く柔道＆スポーツの指導法．NPO 法人 judo3.0

事例 10

茨城県サッカー協会 インクルーシブ委員会の取り組み

公益財団法人茨城県サッカー協会インクルーシブ委員会 副委員長 藤田 武士

茨城県サッカー協会では、2019年にインクルーシブ委員会という部門を立ち上げ、茨城県内の障がい者サッカーの普及、育成、強化の３本柱で活動を行っています。

基本情報

普 及：フレンドリーサッカーフェスティバル（県内５地区で開催）
育 成：ほほえみチャレンジマッチ（年間６回実施）
強 化：茨城 ID トレセン（毎週日曜日）
その他：茨城県サッカー協会内の他の種別や委員会と連携した各種イベントの共催や指導者講習会での特別講義と実技を実施

活動の背景

JFA の「JFA グラスルーツ宣言」の中では、「サッカー、そしてスポーツの持つすばらしさを、もっともっとたくさんのみなさんと分かち合い、育みたいという考えから、年齢、性別、障がい、人種などに関わりなく、だれもが、いつでも、どこでもサッカーを身近に心から楽しめる環境を提供し、その質の向上に努める（一部抜粋)」と宣言されています。また、日本障がい者サッカー連盟の理念には「広くサッカーを通じて、障がいの有無に関わらず、誰もがスポーツの価値を享受し、一人ひとりの個性が尊重される活力ある共生社会の創造に貢献する」と記されています。

そして、茨城県サッカー協会は、「茨城県においてサッカーの普及・育成・競技力の向上を図り、サッカーを通じて県民に“夢”“希望”“感動”を与え、豊かなスポーツ文化の発展と心身の健全な発達に寄与する」と理念を定めています。

こうした宣言や理念を受けて、茨城県サッカー協会インクルーシブ委員会も、障がいのある方が「いつでも、どこでも、だれとでも」サッカーを楽しめる環境づくりと障がいの有無にかかわらず、サッカーファミリーとしてのウェルビーイングな活動を目指して、委員会活動に取り組んでいます。

取り組みの展開

（1）普及：フレンドリーサッカーフェスティバル（県内5地区で開催）

インクルーシブ委員会として組織ができる前は、茨城県知的障がい者サッカー連盟という任意団体として、様々な活動をしており、このフレンドリーサッカーフェスティバル（通称：フレフェス）は、知的障がい者サッカー教室という名称で実施していました。この頃は、茨城県知的障がい者サッカー連盟のスタッフが指導者としてサッカー教室を運営していましたが、フレフェスでは、インクルーシブ委員会のスタッフが指導者として関わるほか、大学や高校のサッカー部の選手も一緒に参加し、参加者とペアで活動に取り組むパートナー制度を導入しました。また、障がい者のサッカー教室を運営しているNPO法人の指導者の方に来ていただき指導していただくこともあります。参加者はサッカーを通じて、様々な人と関わり、サッカーだけでなく、コミュニケーションや社会性も育むことができればと考えています。

（2）育成：ほほえみチャレンジマッチ（年間6回実施）

以前は、ほほえみカップサッカーチャンピオンシップ大会として、予選をリーグ戦で、決勝をトーナメント戦で実施していました。もちろん優勝を目指して……ということは大切なのですが、より多くのサッカーファミリーが試合に出て、サッカーを楽しむという原点に立ち返り、順位をつけないサッカーのゲームを楽しむ大会にシフトしました。

（3）強化：茨城IDトレセン（毎週日曜日）

茨城IDトレセンは、茨城県内の知的障がい者サッカーのトップチームとして、全国障害者スポーツ大会の優勝を目指し、活動をしています。指導者は、JFA公認の指導者、ライセンスB級及びC級のライセンスを持ったスタッフが指導にあたっています。このトレセンに参加しているのは、高校生（高等部生）から社会人まで、幅広い年齢の選手が参加しています。サッカーの技術向上はもちろんですが、一選手、一社会人として、茨城県の名前を背負う意識や行動についても学んでいます。

毎週日曜日のトレーニングのほかに、関東地区のリーグ戦や全国障害者スポーツ大会の予選に出場したり、近隣の都県の知的障がい者サッカーのトレセンチームや県内の中学校や高校のサッカー部などとのトレーニングマッチ、茨城県のデフサッカーチームとの交流試合なども行っています。

（4）連携：JFA公認コーチ養成講習会での講義と実技

茨城県サッカー協会では、指導普及委員会と連携して、JFA公認コーチ養成講習会のC級とD級の講習会で、障がい者サッカーに関する特別講義と実技を実施しています。これは、全国に47あるサッカー協会で唯一のものです。

取り組みの経過

（1）普及：フレンドリーサッカーフェスティバル

インクルーシブという考えから、高校や大学のサッカー部の選手と参加者がペアになったり、親子で一緒に参加したり、いろいろな人との関わりを意識して取り組んでいます。参加者同士がサッカーという活動を通じて、お互いを理解し合う、できた、できなかったという喜びや悔しさを共有することで、できた経験を共感し、どうすればできるようになるのかという試行錯誤を一緒に体験する――こうした活動が、相互理解を考える第一歩になるのではないかと考えています。

フレンドリーサッカーフェスティバル

初めはなかなか保護者から離れられなかった参加者が、大学生や高校生に声をかけられ、保護者と一緒にサッカーに取り組み始めると、自然と距離が縮まり、フレンドリーサッカーフェスティバルが終わる頃には、きょうだいかのように仲良くなり、一緒に写真を撮って終了するといった姿がよく見られます。

（2）育成：ほほえみチャレンジマッチ

参加するチームは、２つのブロックに分かれてゲームを楽しみます。

①「チャレンジブロック」

サッカーの競技性を追求。８人制でルールは通常のルール。

②「エンジョイブロック」

とにかくサッカーを楽しむ。５人制でルールは比較的緩やか。

ほほえみチャレンジマッチ

チャレンジブロックは、少年用のサッカーコートで８人制、サッカーのゲームを追求し、高いレベルで試合をします。一方、エンジョイブロックは、年配の選手でも参加できるよう、５人制でピッチサイズはフットサルのコートなのですが、ゴールは少年用のゴールを使用し、ボールを触る、蹴る、シュートをする――サッカーを楽しめるようにしています。下は中学生（中学部生）から、最高齢では60代の選手まで、幅広い選手が出場しています。

（3）強化：茨城IDトレセン

毎週日曜日に活動しています。トレセンと銘打っていますので、茨城県の知的障がい者サッカーのトップチームとして強化はもちろん、育成も並行して行っています。各選手が所属するチームより、もう一歩高いレベルでサッカーをしたい、将来は茨城県の選抜選手として茨城県を代表して全国障害者スポーツ大会を目指したいという選手を受け入れ、共にサッカーの技術の向上と、意識の向上を図っています。

また、トレセンチームからは過去に、知的障がい者サッカー日本代表として、「もう一つのワールドカップ」に出場した選手もいます（ドイツ大会１名、南アフリカ大会３名、ブラジル大会２名）。

茨城IDトレセン

（4）連携：JFA 公認コーチ養成講習会での講義と実技

講習会では、Ｃ級とＤ級の受講者を対象に、障がい者サッカーの講義と実技を特別講義という形で実施しています。講義では、７つの障がい者サッカーの紹介だけではなく、障がいのある方との接し方という視点を通じて、物事の考え方や捉え方、伝え方や言葉掛けの工夫などを一緒に考えながら行っています。実技では、視覚障がい者サッカーとアンプティ（切断者）サッカーの体験を通じて、一つ一つのプレーの意味や言葉掛けの工夫、伝え方の方法を試行錯誤しながら学びます。障がいの有無にかかわらず、伝わりやすい話し方であったり、分かりやすい説明であったりというユニバーサルデザインを意識した視点を共有し、実際の指導に活かせることができればと考えています。

活動を振り返って

これまでに紹介した取り組みのほかにも、茨城県サッカー協会インクルーシブ委員会として、様々な活動に取り組んでいます。これまでは、障がい者サッカーという枠組みでの活動が多かったのですが、「インクルーシブ委員会」というように“インクルーシブ”と委員会名につけていることからも、健常者と障がい者の垣根を超えて、障がいの有無という概念を取り外して、一つのサッカーファミリーとして、サッカーを楽しむことができる活動にも取り組んでいければと考えています。

例えば、キッズ委員会のイベントにインクルーシブ委員会も共催として参加し、障がいのある子どもたちも安心して参加できるイベントに変えていったり、中学生年代の３種委員会と連携して、中学生のリーグ戦に出場したり、障がい者サッカーの体験会をチームのイベントや企業、団体の研修などで展開したりすることが考えられます。サッカーをお互いがお互いを理解し、よりよく生きる、よりよくスポーツに取り組むためには、どのようなかかわりをすることでお互いが楽しむことができるか、そうした社会を作っていくことがインクルーシブ委員会の大きな目標の一つだと考えています。

事例 11

発達の特性に配慮したゆるゆる大運動会

ヴィスト株式会社ヴィストカレッジ ディレクター
富山県放デイゆるゆる大運動会 実行委員長 林原 洋二郎

「富山県放課後等デイサービスゆるゆる大運動会実行委員会」では、2019年から「放課後等デイサービスゆるゆる大運動会」を実施しています。富山県に後援をいただき、実行委員会を設置し、高等教育機関による協議内容の検討と当日実施のボランティアの協力、地域企業による備品や会場準備など、地域と連携し実施しました。

基本情報

	開催年	参加事業所数	子どもの参加数
第１回目	2019年	12 －	99名
第２回目	2020年	16 （内オンライン11）	106名
第３回目	2021年	19 （すべてオンライン）	166名
第４回目	2022年	23 （内オンライン13）	228名

※ 2020年にコロナ感染症の影響により、事業所からオンラインで参加できる「オンライン種目」を作成し、体育館等の現地会場でも、各放課後等デイサービス事業所からでも参加できる「ハイブリッド型運動会」に展開していきました。

活動の背景

放課後等デイサービスは2012年に創設されたサービスです。対象者は学校に就学している小学校１年生から高校３年生で、授業終了後又は学校の休業日に、生活能力の向上のために必要な訓練、社会との交流の促進、その他の便宜を供与することが、放課後等デイサービスガイドラインには述べられています。放課後等デイサービスの事業所数は2012年から2020年までで８倍に増加しており、その背景として、知的障害を伴わない、発達障害のある子どもの増加があります。

「放課後等デイサービスゆるゆる大運動会」は、放課後等デイサービスに通所する子どもたちの意見から始まりました。学校の運動会では発達障害のある子どもは多くの場面で苦痛を感じます。例えば、競技が始まる前には「並んで待つ」ことが求められますが、特性として「待つ」ことが苦手、ラジオ体操などの「一斉指示」で全員が同じ動きを求められる場面では、誰が指示を出しているのかを把握するのが苦手、他の人の動きを真似するのが苦手、聴覚過敏がある子どもは徒競走のスタート・ゴールの音や大きな会場アナウンスが苦手、感覚に過敏がある子どもは、グラウンドに座った際に砂が体につくのが嫌いです。そういった子どもたちが思いっきり「運動会を楽しみたい」「思いっきり体を動かしたい」という声から検討が始まりました。

取り組みの展開

（1）2022年の例：タイムスケジュールとプログラム

時　間	現地会場	オンライン会場（各事業所内）
9時30分	受付開始	映像・通信機器準備
10時	開会式	
10時20分	①玉入れ	
10時40分	②大玉転がし	②ボール運びリレー
11時	休　憩	
11時10分	③サイコロリレー	③サイコロふってハイタッチ！
11時30分	④綱引き	
11時50分	閉会式	

現地会場とオンライン会場ができるだけ一体感をもつような競技編成にしています。

①④の玉入れと綱引きは、現地会場とオンライン会場では、使用する用具は違いますが、スタートと終了を同じ時間帯にできる工夫しました。②では「ボールを運ぶ」を共通項とし、③は「サイコロの使用」を共通項としました。

（2）ゆるゆる大運動会　活動の様子

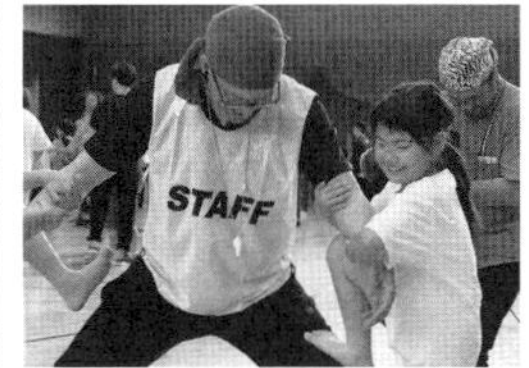

取り組みの経過

（1）実施時における配慮の例

①活動の構造化

「競技を待っているのが苦手」「衝動性があり見たものをしたくなる」という子どもに

関しては、現地会場では「A 運動会プログラムゾーン」と「B フリープログラムゾーン」に分けました（図1）。運動会プログラムゾーンでは、綱引き、玉入れなど、開始時間を決めて行います。競技と競技の合間に「待つ」時間ができてしまうので、フリープログラムゾーンでは、「くつしたまいれ」「パラバルーン」「ストラックアウト」など、自由に行える活動を準備して実施しました。

図1　会場のエリア分け

また、「子どもが必ず行う種目」も設けませんでした。子どもが参加したい時に参加して、他の種目に参加したくなったら自由に参加できる環境をつくりました。

②オンライン種目の実施

当初は、「コロナ感染症予防の観点」からオンライン種目は始まりましたが、実際オンラインを始めてみると、「不安感が強く、大勢の人数の中には入ることができない」「感覚過敏があり、大勢の声を聞くのが苦手」などのお子さんには、各放課後等デイサービス事業所からZoomを利用してオンラインで参加していただくことで、安心して活動に参加できることが分かりました。

③ルールの視覚化

競技前にはファシリテーターがルールを説明しますが、口頭のみの説明では、聞き逃してしまった時に活動に参加することができません。特に、「視覚優位」な子どもが多いので（口頭のみのルールの説明だと理解が難しい）、ルールを説明する際には極力、視覚情報を利用するようにしていました。図2は、オンライン種目の「サイコロふってハイタッチ」の説明動画です（競技前日までに大学生に作成をしてもらいました。競技当日は、この動画を見てもらった後に競技に移ります）。

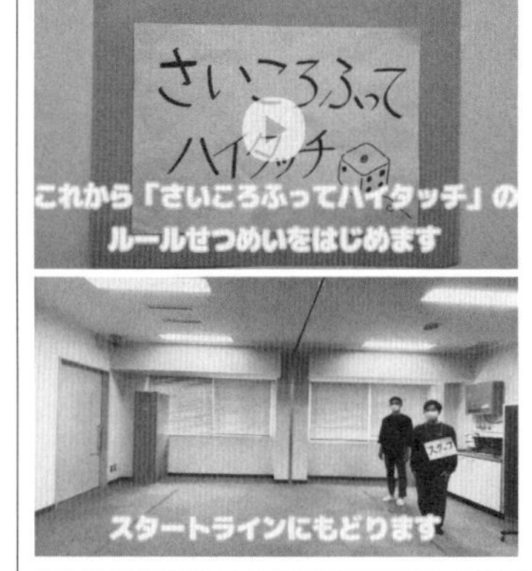

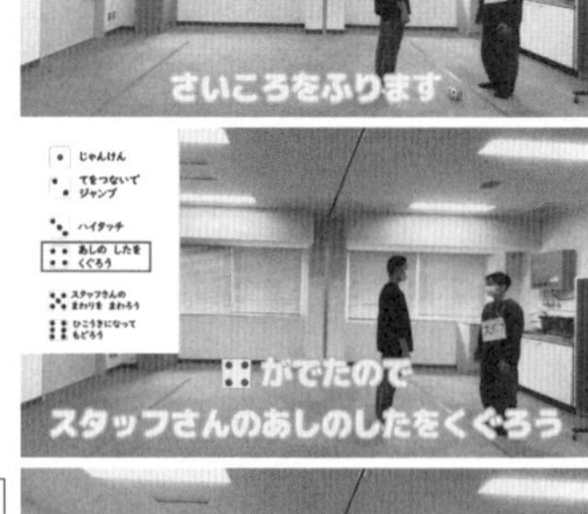

図2　オンライン種目の説明動画

「玉入れ」「綱引き」といったすでにルールが一般的に周知されている種目以外で、新しく取り入れる種目に関しては、特に、現地種目では「スタッフのモデリング」、オンライン種目では「説明動画」を用いて、ルールがより分かりやすくなるように工夫をしました。

④勝ち負けに関して

「勝ちを目指したモチベーション」も大切ですが、「勝ち負け病」ともいわれる「勝ち負けへのこだわり」が極度に強い子どもがいます。勝つためにルールを守れなかったり、負けてしまうと次の競技に移れなかったりします。

ゆるゆる運動会では、一般の運動会のような、赤組、白組のような「チーム制」は行いません。それぞれの子どもが参加した競技や種目にチャレンジできたことを、運営スタッフが目一杯称賛します。

ただ、どうしても勝敗がついてしまう競技もあります。最後の競技の綱引きは、勝敗がつきます。その際は、子ども同士で数回行った後に、「大人チーム対子どもチーム」で競技を行います。力加減をすると子どもは見抜いてしまいますので、子どもたちが勝つことのできる人数を大人チームに配置します。その際に、大人チームは見た目にも強そうな少人数のスタッフを配置すると、子どもたちの達成感は上がるようです。

⑤感覚過敏や発達の特性理解に関して

最近の地域の小学校の運動会を見ても、極端に音の出る用具（スタートのピストル）のようなものは、電子ピストルに変わっており、その配慮の一端が見えます。ゆるゆる運動会でも、電子ピストルの使用、会場アナウンスの際の予告（この時間にアナウンスが入ります）など、感覚過敏の子どもに対しできるだけ刺激が少なく競技できるよう工夫を行っています。

また、競技を一緒に運営するボランティア（社会人・大学生）には、発達の特性に関して実行委員から、必要に応じて事前に勉強会を行っています。

（2）実施後アンケート（2022年）

運動会の実施後に、運動会に関してのアンケートを実施しています。その内容の一部を紹介します。

①参加した子どもの年代

参加した子どもは、現地では小学校高学年（23.9%）、オンラインでは小学校低学年（32.1%）が多かったです（表1）。

表1　参加した子どもの年代

	全体(n=151)		現地(n=67)		オンライン(n=84)	
	人数(人)	割合	人数(人)	割合	人数(人)	割合
未就学	10	6.6%	8	11.9%	2	2.4%
小 低学年	41	27.2%	14	20.9%	27	32.1%
小 中学年	33	21.9%	11	16.4%	22	26.2%
小 高学年	31	20.5%	16	23.9%	15	17.9%
中学生	19	12.6%	11	16.4%	8	9.5%
高校生	14	9.3%	6	9.0%	8	9.5%
無回答	3	2.0%	1	1.5%	2	2.4%

※割合は四捨五入されたものであるため、その合計値は100%にはならない。

②運動会に参加して楽しかったか

参加者中80.8%が「とても楽しかった」「楽しかった」と、楽しく参加してくれたようです（表２）。

表２　運動会に参加して楽しかったか

	全体(n=151)	
	人数(人)	割合
とても楽しかった	74	49.0%
楽しかった	48	31.8%
普通	6	4.0%
あまり楽しくなかった	3	2.0%
楽しくなかった	4	2.6%
無回答	16	10.6%

③楽しかった理由

楽しかった理由として、「みんなと一緒にやれたから」（62人）、「運動が好きだから」（54人）などが挙げられました。

表３　楽しかった理由（複数回答）

	人数(人)
運動が好きだから	54
他の事業所と関われたから	14
みんなと一緒にやれたから	62
応援してもらえたから	29
いつもと違う場所だったから	19
あんしんできたから	16
新しいことができたから	33
うまくできたから	39
その他	6

活動を振り返って

2022年度は４回目の開催であり､コロナ禍においても現地とオンラインのハイブリッド形式によって感染症対策を十分に図りながらも実施することができました。

毎年、参加者数も増えて確かな手応えを感じています。アンケートを見ても、全体的に子どもたちが楽しく安心安全に運動会を楽しんでいることがうかがえます。

この活動は教育・福祉関係者、学生、企業、団体等の多くの方に運営に協力していただく、地域協働型の事業です。支援の必要な子どもたちを地域一体となり支え、事業を継続することによって、より多くの子どもたちのウェルビーイングに貢献していきたいと思います。

事例
12
「ダウン症児の赤ちゃん体操」と親の会「なないろビーンズ」の活動

金沢医科大学病院看護部 保健師・日本ダウン症療育研究会 認定体操指導員　髙瀬 悦子

「ダウン症児の赤ちゃん体操教室（以下、赤ちゃん体操教室）」は、日本ダウン症療育研究会が認定する赤ちゃん体操指導員が、全国 34 カ所の病院や療育施設で、ダウン症のある乳幼児のための早期療育として行っています。当院では、2003 年から開始しました。「赤ちゃん体操教室」は、ひとり歩きができるようになると卒業ですが、その後も家族同士がつながりをもちたいという希望が多く、親の会「なないろビーンズ」へと発展しました。

赤ちゃん体操教室は、出産後に不安が大きい家族の精神的支援と、子どもたちの将来に向けての健康づくりを目的とした個別対応の場です。一方、親の会「なないろビーンズ」は、家族同士の交流によるピアカウンセリングや情報交換、仲間づくりの場となっています。ここに 20 年間に及ぶ取り組み・活動について紹介します。

基本情報

【赤ちゃん体操教室】

対象：発達に遅れがみられる、特に筋緊張が弱い乳幼児

内容：日本ダウン症療育研究会認定の体操指導員による体操指導で、正しい姿勢でのひとり歩きが目標

【赤ちゃん体操教室から発展した親の会「なないろビーンズ」】

対象：ダウン症のある子と兄弟姉妹、家族

内容：家族同士の交流や情報交換の場、ダウン症に関する学習会、発達の個別相談

活動の背景

ダウン症のある児や先天性疾患のある児の支援を考えるとき、診断を告げられた後の家族へのフォローアップは重要です。特に、同じ経験をもつ親同士のピアカウンセリングは、児の受容過程において有効であるといわれています。教室を開始する以前は、臨床遺伝専門医が家族へ診断を告げる場面に遺伝外来保健師（筆者）も同席し、その後のフォローアップとして、赤ちゃん体操の指導や親の会の情報提供を個別に行っていました。その中で家族からは、「同じような子どもさんはおられますか」「この子たちの将来

はどうなるのでしょうか」「障害者手帳・療育手帳の手続きはどうしたらいいのでしょうか」「家族のネットワークはありますか」などの共通した質問や、「ほかの家族の方と会いたい。連絡をとりたいのですが……」など交流を求める思いが聞かれました。

当院で赤ちゃん体操教室を始めたきっかけは、2001 年 10 月に JDSN（日本ダウン症ネットワーク委員会：2009 年に解散）主催の日本ダウン症フォーラムが金沢で開催され、当大学が会場になったことです。このフォーラム開催に際し、兵庫県立塚口病院(現 兵庫県立尼崎総合医療センター）で、「赤ちゃん体操教室」を開設された小児科医の藤田弘子先生とスタッフのみなさんが出向いてくださり、赤ちゃん体操教室が実際に行われました。

「赤ちゃん体操」は、親子のためのプログラムで、日々の生活の中で体操を通じて親子のふれあいを高めることで、親子のコミュニケーションや愛着が形成されることを目的としています。また、運動機能を獲得する過程で筋緊張が弱いために生じる関節の変形を予防し、正しい歩行（正しい体の使い方）の獲得をめざしています。

このフォーラム時に実施した診断告知と教育に関するアンケート調査では、家族の意見として、「診断告知は十分な情報をもったうえで行ってほしい」「親の心のケアをしてほしい」「親の会の情報や早期療育、福祉・保育・就学・就労に関するいろいろな情報がほしかった」等、心のケアや情報を求める声が数多くありました。

この頃、遺伝外来で個別にフォローしていた 4 家族が、外来受診の際に顔見知りになっていました。みんなで赤ちゃん体操を行いたいとの希望があったため、4 家族一緒に「赤ちゃん体操教室」を開始しました。

最初は、小児科外来の待合コーナーで行っていましたが、参加を希望する家族が増え、院内の広い会議室を会場として実施することになりました。内容も、個別の赤ちゃん体操だけではなく、家族同士の交流の時間をもつことにしました。赤ちゃん体操は、ひとり歩きができるようになったら卒業なのですが、卒業後も家族同士でつながって集まりたいという声から、親の会「なないろビーンズ」が誕生しました。

個別に対応する「赤ちゃん体操教室」と親の会「なないろビーンズ」の活動を同時に行うことで、先輩家族とつながりやすくなりました。さらに、交流することによりピアカウンセリングの機会となり、知りたい情報が得られ、将来への見通しがつくことで安心して子育てができるようになったものと思われます。

取り組みの展開

（1）赤ちゃん体操の個別相談

2003 年より体操教室を開始しましたが、その後、参加者は年々増加。2005 年より「赤ちゃん体操教室」は「赤ちゃん体操の個別相談」として、予約制で当院のゲノム医療センターの外来診療として行われています。

【相談方法】予約制（自費診療：500円＋消費税）
　　　　　　1～2カ月に1度の個別指導（45分間／回）

【日　　時】火曜日・木曜日 10：00～16：00　土曜日（不定期）9：00～12：00

【場　　所】ゲノム医療センター　プレイルーム

【内　　容】

①臨床遺伝専門医による診察、発達の評価、必要に応じて耳鼻科・眼科など院内各科への紹介、健康管理のフォロー

②ダウン症療育研究会認定指導員による体操指導。卒業式（図1・2）とその後のフォロー

図1　楽しかった赤ちゃん体操教室、卒業です。自分の卒業証書をじっと見つめるお子さんと、笑顔のお母さん。しっかり歩けるようになりました！

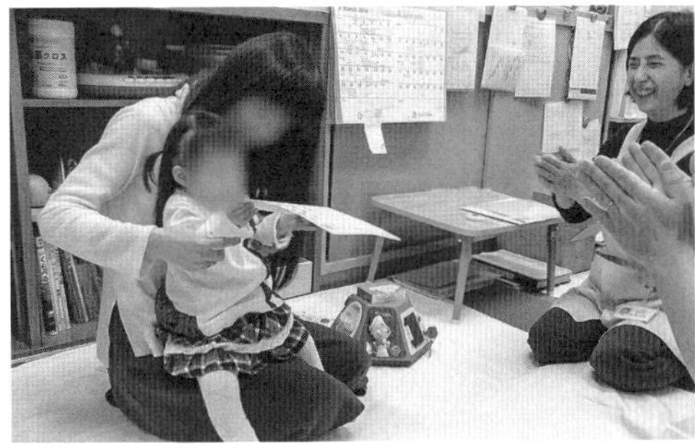

図2　一人で歩けるようになったら卒業式です。卒業証書も自分でちゃんともらえました！

③育児相談、療育相談、情報提供。必要に応じて、他の家族との交流によるピアカウンセリングの設定など

④図書・DVDの貸し出し

（2）親の会「なないろビーンズ」

2003年8月より、家族スタッフが中心となり月に1回のペースで活動。赤ちゃん体操を卒業した子どもたちの成長・発達に伴う様々な課題について学習する機会や、家族同士の交流の場として継続しています。学習会のほか、音楽療法士によるミュージックケアやクリスマス会などのイベントも行い、兄弟姉妹が一緒に楽しく過ごせる時間にもなっています。

【参加方法】予約なしで自由参加（初めての方は要連絡）

【日　　時】月1回　第2土曜日（ときどき変更あり）13：30～16：00

【場　　所】当院新館12階大会議室および特別会議室（新型コロナウイルス感染対策のため、現在は金沢市内の公共施設で年4回実施）

【内　　容】

①家族同士の交流会

②学習会
③ボランティアによる兄弟姉妹の遊び

取り組みの経過

（1）赤ちゃん体操教室となないろビーンズの経過

2003年、4家族のみなさんと赤ちゃん体操教室を開始した後、少しずつ参加者が増え、学習会を開始しました。会の名称をみんなで考え「なないろビーンズ」としました。

2005年、院内に遺伝子医療センターが開設され、「赤ちゃん体操教室」は遺伝子医療センター（現 ゲノム医療センター）で個別に行い、「なないろビーンズ」は家族主体で親の会として行うことになりました。

個別対応の「赤ちゃん体操教室」では、藤田弘子先生の『ダウン症児の赤ちゃん体操』の本（2000年、メディカ出版、図3）やビデオを参考にして、家族が家でできる体操をお知らせしています。また、生活する中での心配事、療育や保育についての相談も受けています。

図3　藤田弘子先生による赤ちゃん体操のテキスト

家族が中心になって活動している親の会「なないろビーンズ」では、先輩家族から保

表1　「なないろビーンズ」の学習会のテーマ（実施してきた内容の一部）

「福祉情報・福祉サービス」について（先輩家族）
「療育」について（ポーテージプログラムの指導者）
ミュージック・ケア（音楽療法士）
「甲状腺機能」について（小児科医）
「子どもの目の発達」について（視能訓練士）
「言葉の発達」について（言語聴覚士）
「子どもの足と靴」について（幼児・子ども専門シューフィッター）
「歯」について：お話と歯科検診・個別相談（歯科衛生士）
「防災」について（なないろビーンズ代表）
「子どもの発達心理」について（臨床心理士）
「離乳食・呑み込み（嚥下）」について（嚥下専門看護師・管理栄養士）
*ワークショップ：教えて先輩（保育所・学校のこと）
*ワークショップ：パパの会（パパの気持ちを話したり、聞いたり…交流しよう！）
*ワークショップ：年度予定、今後の「なないろビーンズ」について、みんなで考える！
*ワークショップ：兄弟姉妹について、いろいろ話そう！
*クリスマス会
*新年会（お抹茶とお菓子を食べながら家族同士の交流会）

育所や学校などの経験談を話してもらい、アドバイスをいただいて、ピアカウンセリングの場にもなっています(図4)。学習会のテーマについては、家族スタッフと一緒に考え、子どもたちの成長発育に関係の深いテーマを選んでいます（表1）。

子どもの足と靴の話、食べることに関係が深い離乳食や歯の健康管理の話、乳幼児期だけでなく今後の成長に伴う合併症の予防や生涯に必要な健康管理の話は、専門家の皆様に依頼しました。院内外の小児科医や眼科医、聴覚言語療法士、歯科衛生士の方々にもご協力いただき、子どもたちの成長発育に応じて必要な検査や健康管理に関するテーマで話していただきました（図5）。さらに、保育所や小学校、福祉情報等について先輩家族からアドバイスをもらえるワークショップも企画してきました。

また、祖父母や看護学生、一般ボランティアの方に参加してもらい、子どもたちや兄弟姉妹も楽しく過ごせるように、音楽療法士によるミュージック・ケア（図6）や新年会、クリスマス会などを行ってきました。家族同士の交流時間は、家族同士が最もリラックスして話し合える時間にもなっています。

赤ちゃん体操教室は、すでに全国各地で、それぞれに工夫され行われています（日本ダウン症療育研究会のホームページ参照)。当院の教室の特徴は、院内で行っているためか医療の必要な子どもたちが多く、合併症のある子どもたちも多いのが現状です。ただし、当院に通院中でない場合でも参加していただけることになっています。

図4　なないろビーンズ交流会：初めてのご家族が先輩家族からアドバイスをもらったり、ゆっくり話を聞いてもらったりして、お互いにほっとする時間です。

図5　学習会：歯科衛生士さんによる虫歯チェックと健康相談。個別に対応してもらえて、ゆっくり相談できました。

図6　音楽療法士によるミュージック・ケア：親子・兄弟姉妹・ボランティア、みんなで行います。とても楽しい時間です！

2020年に新型コロナウイルス感染症が流行してからは、院内で活動を行うことができなくなり、２年間休止していました。そのような状況下でも家族から強い再開希望があり、2022 年からは、地域の公的な場所を借りて感染対策をしながら再開しています。

新しいスタッフが加わり、インターネットでの情報発信はインスタグラムを使ってのものになりました。今後も先輩家族を中心に活動が継続される予定です。

活動を振り返って

診断告知後間もないショック期にある家族にとって、その後のフォローアップは大切です。医学的・精神的な支援の場としての「赤ちゃん体操教室」は、ゲノム医療センターで個別相談として継続し、より充実させていきたいと考えています。また家族は、同じような経験をした他の家族と交流できる場、情報交換ができる場を求めており、「なないろビーンズ」は貴重なよりどころになっていると考えられます。

課題としては、「なないろビーンズ」の活動開始から 20 年が経ち、最初から関わっていた家族スタッフと子どもたちが成人を迎える年齢になったことです。世代交代の時期になり、新しい家族スタッフに活動をつないでいかなければなりません。

また、時期的に、新型コロナウイルス感染症の流行のため院内での「なないろビーンズ」の活動ができなくなり、今後は地域の場を確保していく必要があります。これまでは無理なく会場が確保できていましたが、地域の会場を確実に定期的に予約するのは難しく、今後の大きな課題です。

さらに、兄弟姉妹の保育ボランティアの確保も必要です。子どもたちへの理解を深めるためにも、医療関係者や学生などに参加を呼びかけ、一緒に遊びを通じてふれあう機会をもってほしいと考えています。

ダウン症や先天性疾患のある発達がゆっくりな子どもたちとその家族が、安心して、豊かに、生き生きと生活していくためには、支援システムが重要です。その中でも人的環境が特に大切であり、人と人がつながることを基本として、医療従事者としてできることをしていこうという思いから活動を継続してきました。

そして、このような支援においては出産直後からの関わりが重要であると同時に、乳児期・幼児期・学齢期・青年期・成人期と、切れ目のない支援システムが必要です。それぞれの時期に、医療・福祉・教育関係者が結びつき、チームで支援することが、「子どもたちとその家族のウェルビーイング」につながるのではないかと考えます。

事例 13 在学中、一人一台端末時代ではなかった卒業生にもデジタルリテラシーを丁寧に学ぶ機会を

熊本大学教育学部附属特別支援学校 教諭　後藤 匡敬・古里 王明

本校卒業生の同窓会組織「すずかけの会」で、卒業生向けに「ICT に関する学習会」を担当しました。2021 年度、Zoom で「オンラインすずかけの会」を開催した際、30 代の卒業生の参加率が低く、考えられる要因に「Zoom の利用の難しさ」がありました。その勉強会を行い、今後の Zoom オンラインすずかけの会への参加へとつなげようという取り組みです。オンラインでのコミュニケーションのスキルを学ぶ機会を、卒業生にも提供することを通して、余暇だけでなく、オンライン診療など、先々のデジタルリテラシーを高めることを目指しました。

基本情報

対象：本校卒業生・保護者
場面：特別支援学校の同窓会

活動の背景

本校は 2023 年度に創立 58 年を迎える県内唯一の国立大学法人附属の知的障害特別支援学校です。1980 年の創立 15 周年を機に同窓会組織「すずかけの会」が設立され、現在、約 400 名の会員を持つ全国でも有数の同窓会組織です。「卒業式はあっても卒業のない学校」の合言葉のもと、卒業後のフォローアップの一環として本校運動会への案内、すずかけの会総会（本人部会･保護者部会）、一日バス旅行、学校祭「すずかけ祭り」への案内、新年会（新成人・還暦者祝い）など、積極的に活動を行っていましたが、新型コロナウイルス感染症の流行により、１カ所に集まっての活動ができなくなっていました。そこで、2021 年 10 月 31 日（日）に一日バス旅行に代わり、Zoom を使った「オンライン同窓会」を実施し、50 人を超える卒業生、旧職員が参加しました。その後もオンライン新年会を実施しましたが、近年の卒業生と比較的高齢の卒業生（最高齢 70 歳）は参加するものの、コロナ禍以前は参加していた卒業 10 年を超えた卒業生（主に 30 代）の参加者が減少しました。原因として、Zoom や Google フォームといったオンラインツールの利用に関する抵抗感や難しさ、操作を支援する周囲のスキル面の不十分さがあ

ると考え、2022年10月30日（日）に対面形式ですずかけの会同窓会を実施し、その中で「ICTに関する学習会」を実施しました。

取り組みの展開

本校体育館で「すずかけの会同窓会【ICTに関する学習会】」を実施しました。新旧の本校職員なども同窓会員として集まり、新型コロナウイルス感染対策のため、「卒業10年未満」「卒業10年以上」の２グループに分け、２部構成で実施しました。

■2022（令和4）年10月30日(日)　すずかけの会同窓会　　会場：本校体育館

8：30	スタッフ集合・打ち合わせ
9：00	第１部受付
9：20	開会　（１）会長あいさつ（会長） （２）学校代表あいさつ（校長） （３）本日の日程等説明（古里）
9：30	ICTに関する学習会（後藤）
9：45	アロマハンドマッサージ体験（KP5000）
10：00	歓談
10：20	閉会（古里）後解散、スタッフは椅子の消毒
10：40	第２部受付
11：00	開会　（１）会長あいさつ（会長） （２）学校代表あいさつ（校長） （３）本日の日程等説明（古里）
11：10	ICTに関する学習会（後藤）
11：25	アロマハンドマッサージ体験（KP5000）
11：40	歓談
12：00	閉会（古里）後解散 椅子等の消毒、片付け後スタッフ解散

（１）環境

【学　校】大型スクリーン、プロジェクター、AppleTV、iPad、椅子、長机、配付物、QRコードを印刷したプリント

【参加者】通信可能なスマートフォンまたはタブレット

（２）「ICTに関する学習会」の展開：(15分)

① iPadの映像をApple TVを接続したプロジェクターに転送し、スクリーンに投影

距離を置きながら座席を配置し、参加者にはステージ上のスクリーンが見える座席に座ってもらいました（図１）。

図１　すずかけの会同窓会全景

②コロナ禍で変容した世の中の事例を紹介

図２の写真をスクリーンに投影し、「校外学習で訪れた最寄駅は、２つのホームがある比較的利用者の多い駅ですが、コロナ禍に無人化されていました。駅員の代わりにタブレットが置いてあり、尋ねたいことがある場合は、自分でタブレットを操作してコールセンターに呼びかける仕組みになっていました」と話しました。他にも、コンビニエンスストアの支払いがタッチパネル式となったことなどに触れ、コロナ禍をきっかけに、利用者自身で機器の操作をする仕組みに世の中が変わってきていることを伝えました。そしてこの仕組みは、日本人の人口が減っていることもあり、コロナが収束しても残る仕組みであろうということを話しました。また、オンラインの普及にも触れ、機器の操作ができれば、遠くの距離にいてもすぐにつながることのできるオンラインのメリットを伝えました。

図２　無人化された駅の窓口

③ Zoomへの３つの壁の話

具体的にどのようにすればZoomを使って遠く離れた人とタブレットの画面越しにつながることができるのか、「Zoomへの３つの壁」（図３）という話をしました。

1）アプリのダウンロードとインストール
2）ミーティングIDとパスコード入力
3）カメラとマイク

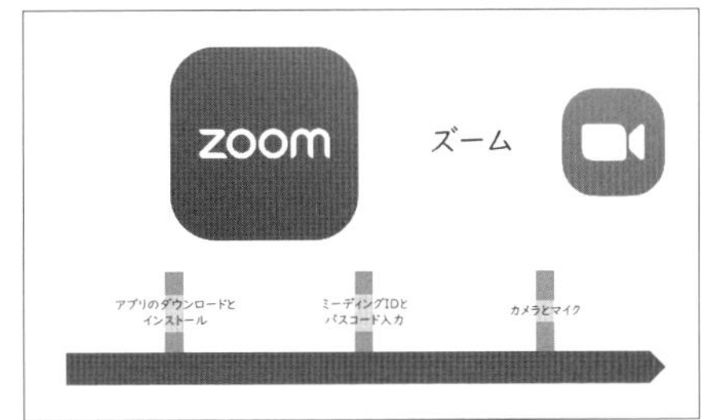

図３　Zoomへの３つの壁

今回は時間の都合上、２）と３）の話を中心に行いました。その後、ミーティングIDとパスコードを印刷した紙をグループごとに配付し、手持ちのスマートフォンを操作しながら入力し、実際にZoomで接続してもらいました。接続した画面は、スクリーンに投影しました。入力操作の場面では、本校職員が技術的なサポートを行いました（図４）。

図４　Zoomをつないでみる

④ Googleフォーム入力

Zoomだけでなく、Googleフォームの操作も体験しました。カメラアプリで二次元バーコードを読み取り、Googleフォームを表示して、名前を入力したり、回答を選択肢から選んだりしました。

取り組みの経過

第1部は「卒業10年未満」のグループの参加でした（図5・6）。卒業したばかりの生徒は、在学中に一人一台端末で授業を受けていたこともあり、操作については慣れている様子が多く見られました。家族で参加している場合は、親子で伝え合いながら自分のスマートフォンを操作して、ZoomやGoogleフォームに取り組むことができていました。

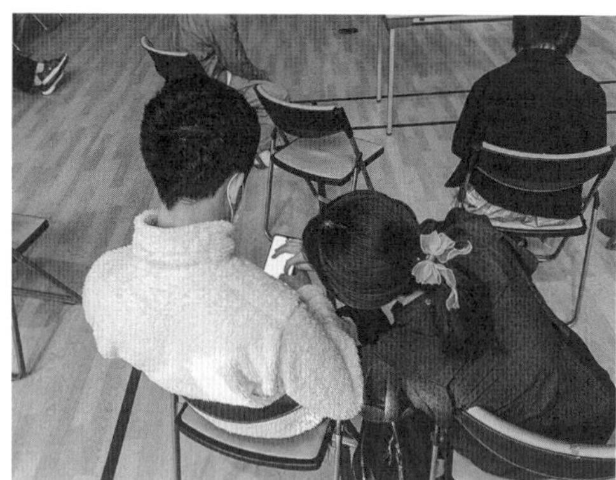

図5・6　第1部の様子

第2部は「卒業10年以上」のグループでした（図7）。コロナ禍前の同窓会には積極的に参加されていたのですが、オンライン同窓会には参加されていない方が多いグループで、卒業からしばらく経過していること、在学中はタブレットが一人一台ある環境ではなかった世代であることなどから、今回の取り組みのターゲットとしていました。第1部よりも内容を焦点化し、話すスピードも抑えて、より丁寧にお話ししました。

卒業から約20年近くたったある女性は、障害程度が軽度の方で、一人で参加されていました。前年度のオンライン同窓会への参加の意欲はあったようですが、方法が分からず参加されていませんでした。自分のスマートフォンを使って、ZoomやGoogleフォームの入力に挑戦し、顔を知った本校職員のサポートを受けながら、方法の理解ができたようでした。Googleフォームの入力を終えた後、講師で話していた面識のない私に「先生！できたよ。(Googleフォーム）送りました」と伝えに来てくれました。無事に送信されていることをタブレットの画面を使って見せると、とても喜んでいました。

図7　第2部の様子

活動を振り返って

今回､卒業生と触れ合う中で､卒業生のスマートフォンの使用は当たり前のようになっていることが実感できました。スマートフォンについては、卒業生が在学中に存在していなかった機器であることから、具体的な端末の活用方法や情報モラル・情報セキュリティの面も含めたデジタルリテラシーについて、十分伝えることはハードルが高いと感じました。では、どのような取り組みをすればいいのか。一つは、情報活用能力の育成がポイントであると考えます｡デジタル機器を活用するデジタルリテラシーについては、様々なデジタル機器を実際的に活用しながら学ぶことが大事ですが、それ以外にも、デジタル機器の扱いだけでなく、情報自体をどのように活用するか、という視点が重要で、それは、どんな場面でも活用できる力となると思っています。在校生には、「情報機器を生活の味方に」と日頃から伝えていますが、卒業生に対しても学習できる機会の設定が重要で、学校だけでなく社会と手を取り合って、すべての方のウェルビーイングの実現に向けた気概が必要であると、実践を通して改めて感じました。

<参考文献／サイト>

古里王明（2022）「GIGA スクール × 卒業生フォローアップ」熊本大学教育学部附属特別支援学校　令和３年度研究報告，59-60.
https://www.educ.kumamoto-u.ac.jp/~futoku/kenkyu2021-data.html

古里王明（2023）「情報活用能力の視点で見た卒業生の姿から～卒業生 ICT 機器活用アンケート調査報告～」熊本大学教育学部附属特別支援学校　研究紀要第 34 集，60-61.
https://www.educ.kumamoto-u.ac.jp/~futoku/kenkyu2022-data.html

事例
14

障害が重くても楽しめる eスポーツ大会

筑波大学附属桐が丘特別支援学校 教諭　和久田 高之

重度障害児・者を対象に、「EyeMoT」と呼ばれる簡単な操作で参加できるゲームを使い、eスポーツ大会を実施した事例です。「EyeMoT」は視線入力装置やスイッチを使って参加できるゲームで、オンライン上で対戦ができます。重度の障害により体を動かしたり言葉を発したりすることが難しい方も、自分の力でゲームに参加することができました。

基本情報

対象：重度障害児・者　20人程

場面：アイ♡スポ～重度障害児・者のｅスポーツ全国大会～（以下、アイ♡スポ）

活動の背景

重度障害児・者は、歩行や筆記などの日常生活動作が困難なために、活動の参加に制限がある場合があります。また、重度障害児・者の実態によっては、一見すると本人の意思を周囲が認識しづらい傾向があります。しかし、近年、視線入力装置やスイッチ等のICT機器の活用によって、障害児・者のコミュニケーションや意思表示が促進されてきています。視線入力装置は、視線の動きをセンターが検知し、視線でマウスを動かして機器の操作ができます（図１）。スイッチは、種類によって操作方法が様々あり、利用者に応じた手指の動き等で機器のクリック操作ができます（図２）。

重度障害児・者は、学校以外で社会との接点が希薄になる場合も多いです。そこで、夏休み期間中に、大型スクリーンを設置し観戦者がいる会場と、各地域の家庭をオンラインでつなぎ、ｅスポーツ大会を実施しました。

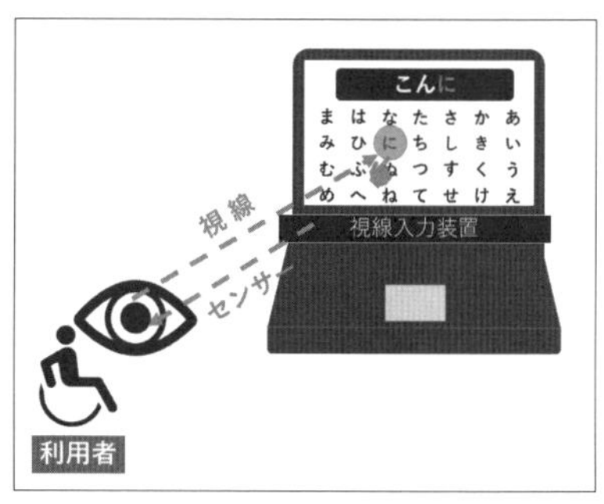

図１　視線入力装置のイメージ図

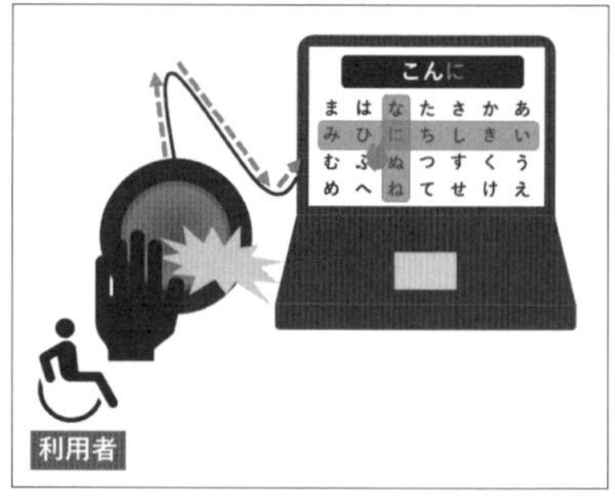

図２　スイッチのイメージ図

取り組みの展開

（1）アイ♡スポについて

アイ♡スポは、島根大学・伊藤史人氏が企画（筆者はスタッフとして参加）した重度障害児・者を対象にしたｅスポーツ大会です。「どんなに重い障害があっても同じ土俵でみんなでガチンコで楽しめるゲーム大会を！」をテーマに開催しました。大型スクリーンを設置し観戦者がいる会場と、各地域の家庭をオンラインでつなぎ、「EyeMoT」で対戦を行いました（図３）。「EyeMoT」は、重度障害児・者の支援アプリで、成功体験を得ながら視線入力の操作等を練習できます。近年は、その中でも「EyeMoT」でオンライン対戦する取り組みが注目されています。アイ♡スポでは、「EyeMoT」シリーズの①3DXGame_00「運動会」（以下、運動会）と②3DXGame_01「対戦ぬりえ」（以下、対戦ぬりえ）を行いました。

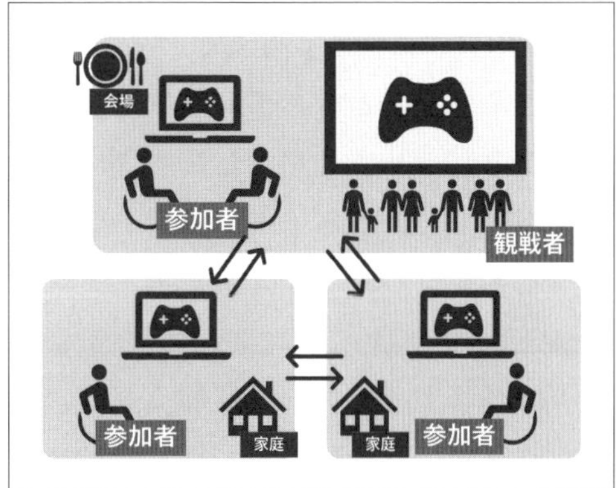

図３　eスポーツ大会のイメージ図

（2）運動会について（図４）

運動会は、徒競走と綱引きの２種類があります。どちらもスイッチを押したり視線入力で丸いボタンを見たりして、キャラクターを走らせたり、綱を引かせたりします。スイッチを押した回数や丸いボタンを見た回数で競います。徒競走は、数名でオンライン対戦ができます。綱引きは、２つのチームに分かれ、対戦することができます。

図４　運動会（徒競走）の画面

（3）対戦ぬりえについて（図５）

対戦ぬりえは、視線入力でマウスを動かして画面にインクを塗るゲームです。見た場所がインクで塗られていき、塗った面積を競います。塗る色を変えたり、太さを変えたりすることもできます。また、インクを上書きできるルールや、インクを補充するルール等、利用者の実態に応じてゲームのルールを変えることもできます。

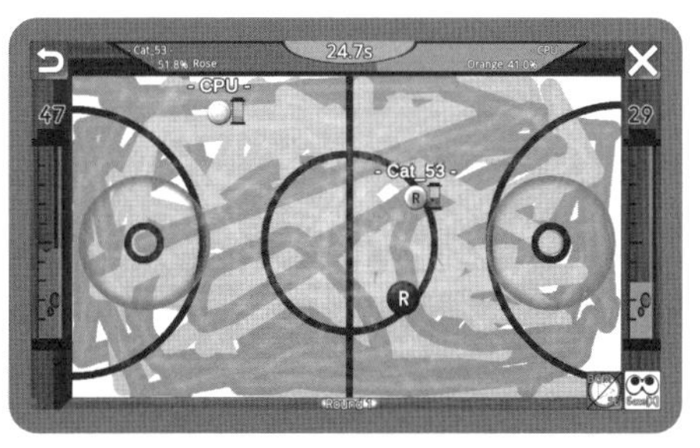

図５　対戦ぬりえの画面

取り組みの経過

アイ♡スポに参加したAさんとBさんについて、本人・保護者の方にインタビューした内容をもとに紹介します。

（1）Aさん〜保護者インタビューより〜

Aさんは､食べることが大好きな中学３年生（当時）です。言葉でのコミュニケーションは難しいですが、発声や表情で気持ちを表出します。学校や家庭でスイッチを使ったり、視線入力に取り組んだりしています。

①アイ♡スポに参加するまで

Aさんは、もともとテレビやパソコン等の画面に興味がありませんでした。画面に注目させたいと思っていても、すぐに目を閉じるような様子もありました。その中で、アイ♡スポ等の「EyeMoT」でのイベントに参加させたいと思い、練習してきました。以前、同様な大会に参加したときは、視線入力で行う対戦ぬりえに参加しましたが、視線を画面に向けられなかったです。今回の大会は、スイッチ操作で参加できる運動会もあり、参加を決意しました。

図６　Aさんが徒競走に参加している様子

②アイ♡スポの様子について（図６・７）

運動会の綱引き（最初の種目）は眠気があり、参加することが難しかったです。徒競走では、練習よりも好タイムでゴールすることができました。友達に勝つことはできませんでしたが、同じスタート地点に立てることも魅力と考えています。対戦ぬりえは､初めて勝つことができ、以前の大会のリベンジができました。

図７　Aさんが勝利したときの会場の様子

③今後の期待

本人に何もできないと思って､保護者の方が一緒に手を取っていたこともありました。しかし、それではAさんの意思ではないと思い、スイッチを押す練習を始めました。取り組みの中で、スイッチを押したらいいことが起こると分かってきました。今後は､「このようなICT機器を活用して意思が選択できたらいいな」と思っています。また、アイ♡スポは、全国各地の重度障害児・者を対象にしていましたが、「地域に暮らすいろいろな子とゲームができたら楽しいな」と考えていると話していました。

（2） Bさん～本人・保護者インタビューより～

Bさんは、人工呼吸器を使用している小学４年生(当時)です。言葉で日常的な会話ができます。普段からICT機器を活用しており、タブレットを用いてメタバースで遊んだり、OriHime(遠隔から操作できる分身ロボット)を使用して旅行をしたりしています。

①アイ♡スポに参加するまで

Bさんは大好きな会場（分身ロボットカフェDAWN）で対戦ぬりえができることから参加しました。また、以前から視線入力を使っていたことも参加した理由の一つです。同様な大会が開催された際も友達と対戦しており、楽しみにしていました。

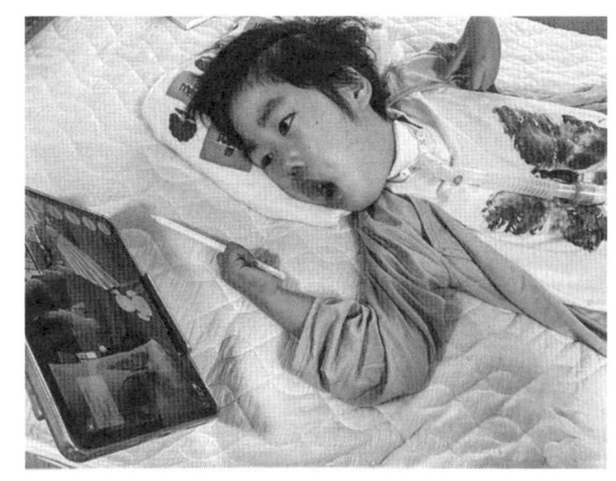
図８　Bさんがタブレットを使う様子

②アイ♡スポに参加した感想（図８・９）

Bさんは「分身ロボットカフェで対戦ぬりえができて楽しかった」と話していました。保護者の方は、「負けて悔しいという経験をすることでもいい」と話していました。負けて悔しいということを経験することも貴重なことと感じます。また、「みんな（重度障害児・者）が自分の力だけでできるので楽しい、友達もいい表情をしていた」と話していました。

図９　Bさんが参加している様子(画面左上)

③今後の期待

Bさんはアイ♡スポで変化したことは「ナッシング」と言っていました。それほど、アイ♡スポのような大会が特別なことではなく、日常にある一つの場面と位置づいているのだと感じます。今後の期待としてBさんは「これからも視線入力の大会とか、メタバースやったりとか、インターネットの世界を楽しみたい」と話していました。

活動を振り返って

「EyeMoT」と視線入力装置やスイッチを使うことで、障害の有無や程度にかかわらず友達同士で一緒にゲームができます。一緒にゲームをしたことを通して、交友関係が広がったり深まったりするかもしれません。また、社会とのつながりが増えたり、社会から認められたりすることもあります。アイ♡スポ等のようなイベントを通じて、重度障害児・者が様々な場所で社会とつながる機会が広がってほしいと思います。

事例 15

知的障害者の余暇としてのスポーツクライミングの可能性

宇都宮大学共同教育学部 助教　齋藤 大地

本取り組みは、知的障害者の余暇スポーツの一つにスポーツクライミングがなり得るかどうかについて検討したものです。クライミングに関しては近年競技人口が増え、専門のジムが増加するなど環境面が整ってきています。また、クライミングの特性上、障害の有無だけでなく老若男女の誰もが楽しめるインクルーシブスポーツとしての可能性も兼ね備えています。

基本情報

対象：知的障害特別支援学校　高等部生徒４名
（ダウン症２名、自閉スペクトラム症２名、障害の程度は中度～軽度）
場所：市営のスポーツクライミング施設

活動の背景

スポーツクライミングとは、フリークライミング（岩や壁を登る際、登る行為の助けとなる道具を使わないスタイルのクライミング）から冒険性や危険性を極力排除し、整備された環境で行われるクライミングジャンルです（水村・羽鎌田・西谷，2015）。スポーツクライミング（以下、クライミング）は2021年の東京オリンピックで初めて正式種目となり、近年競技人口が急増し国内の愛好者の数は約50万人といわれています。クライミング専用のジムやクライミングウォールが設置された公園などが増えてきており、環境面での整備も進んでいます。

障害児者のクライミングに関しては、パラクライミング世界選手権や日本選手権が行われてはいるものの、身体障害者が主な対象であり、知的障害者を対象にした大きな大会は開催されていないのが現状です。しかし、クライミングはルールの明快さ、必要とする運動動作の単純さなどから、知的障害者にとって参加しやすいスポーツなのではないかと考えました。さらに、クライミングには個別に課題設定ができ成功体験を得やすいという利点や、一緒に壁に挑む他者との関わりを深めやすく友人関係が広がるなどの利点があり、知的障害者の生涯スポーツにもなりうると考えました。

取り組みの展開

本取り組みを始めるにあたり、知的障害者のクライミング教室を定期的に開催しているNPO法人モンキーマジックが運営するボルダリングジムに、スタッフ2名とともに見学及び体験に行きました。NPO法人モンキーマジックは、自らも視覚障害クライマーである小林幸一郎氏が代表を務める法人で、障害者向けクライミング事業のほか、多様性理解促進クライミング事業等にも取り組んでいます。我々が見学に行った際にも、ジムの一部を貸し切って知的障害者向けの教室が開催されていましたが、それ以外の部分では一般のお客さんが利用していました。また、ジムによっては交流型のイベントを開催しており、クライミングを接点として意図的に多様な属性の人々の交流を生み出そうとしています。

我々もこのようなコンセプトに共感し、ファーストステップとして知的障害者を対象とした教室を開催することで、彼らに対する有効な手立てや課題を明らかにし、その後、セカンドステップとしてインクルーシブな教室を展開しようと活動の方向性を定めました。本稿ではファーストステップについてご紹介します。

取り組みの経過

(1) 参加者の募集と事前アンケート

参加者を募集するために、栃木県内の知的障害特別支援学校1校の高等部全員（30名程度）にチラシを配布しました。知的障害者にとって、クライミングは馴染みの薄いスポーツであると考えたため、チラシにはスタッフ1名が実際にクライミングをしている動画を視聴できるQRコードを載せました。応募があったのは、高等部1年生から3年生までの4名の生徒でした。

クライミング教室を実施する前には、彼らの余暇やスポーツに関する実態、そしてクライミングに対するイメージについて把握するためのアンケート（保護者が回答）を実施しました。アンケートの結果、平日休日共に室内の余暇活動が主であり、保護者からは余暇活動としてのスポーツへの期待が高いことが分かりました。また、スポーツや運動をする頻度に関しては、［週5回以上］1人、［週1・2回］1人、［月に1回］1人、［ほぼない］1人となり、個人によってばらつきが大きいことが明らかとなりました。クライミングに関しては、テレビ等で見た経験のある生徒が3名、実際にやったことのある生徒が1名でした。クライミング教室に応募するきっかけに関しては、「以前から興味があった」「本人がとても興味を示して、やってみたいと言ったから」などの回答があり、クライミングに対する期待の高さがうかがえました。さらに、「楽しくスポーツをしてほしいと思っているが、ルールが理解できない、道具を使うことは難しい、他の人に迷惑がかかる等の問題があった。以前から、クライミングは個人競技というイメージで、これらならできるかも、やらせてみたいと思っていた」という回答があり、事前に我々が想定していた知的障害者の生涯スポーツとしてのクライミングのメリットを保護者の方がすでに十分に理解されていることが分かりました。

(2) クライミング教室

クライミング教室は、市営のスポーツクライミング施設を会場として、1回1時間程度で開催しました。利用料金が1時間300円と安価であること、体育館の2階を改修してクライミングウォールを設置したコンパクトな会場であったことから、生徒や保護者にとって参加のハードルが低いだろうと考え選びました。初めて利用する際には、施設職員の方から約30分間の施設利用のルールに関する説明があるとのことで、事前に22のルールを視覚化した教材（図1）を作成し、それを見ながら説明を聞くこととしました。

図1　クライミング22のルール（ルール2）

ルールに関しては22個もあるため、生徒が一度にすべてを理解するのは困難だと予想しました。そのため、ルールに優先度をつけ、安全上重要なルール（例えばルール2）に関しては、毎回の教室の最初に全員で確認することにしました。1回の教室の流れに関しては、時間で明確に区切るのではなく、大まかに1）準備体操、2）個々の課題、3）成果発表、4）整理体操、の流れで進めるといったゆるやかなものにしました。1回の教室には3～4名の生徒が参加し、スタッフも同程度の人数であったため、マンツーマン体制をとることができました。

個々の課題を明確にするため、「クライミングすごろく」を作成し、自分ができた課題にはチェックをつけるようにしました。“できた”“できない”という二元的な評価ではなく、“一人でできたか”“誰かと一緒にできたか”といった段階的な評価にしました。その結果、数回後には生徒達が「クライミングすごろく」に記録されている自分自身の課題を確かめ、自ら取り組むといった姿が見られるようになりました。一方で、生徒の中にはどうしてもクリアできない課題を前にして、やる気が下がってしまった生徒もいました。そのような時には、共にクライミング教室に参加する仲間の存在が非常に重要でした。教室におけるスタッフの心構えとして、誰かと比べて評価をしない、個々ができるようになったことや取り組もうとするチャレンジ精神を評価することを大切にしてきました。ただし、クライミングを続ける上で仲間の存在も重要な要素だと考え、成果発表の時間を教室の最後に設けました。成果発表の時間は、自分ができるようになったこと、仲間に見せたいことを紹介する時間です。生徒達は学年こそ違えど同じ学校に通っていますので、これまでの関係性をベースとして教えあったり、励ましあったり、称賛しあったりする姿が見られました（図２）。

図２　生徒が教えあう姿

（3）事後アンケート

５回の教室が終了したのち、保護者を対象としたアンケートを実施しました。その結果、参加した４家族全てが教室に対してポジティブな印象を抱いたことが分かりました。教室に参加して生徒にとって良かったことに関する質問では、「グループの中で、楽しく積極的に運動ができたことで、達成感や自己肯定感が上がった気がします」「できないと思っていたことに挑戦できたこと」「仲間との交流や、達成感や成功体験を実感できたこと。自分以外の人が成功すると自分のことのように喜び、自分もまた頑張ろうと思い何度も挑戦していました」「クライミングというスポーツを体験できたこと。学校で顔見知りの方々と一緒に活動できたこと」などの回答があり、当初我々が想定していたクライミングの利点がいくつも挙げられていました。一方で、課題もいくつか挙げられました。その一つが「自力で行ける場所でなければ送迎が必要になること」でした。

活動を振り返って

本取り組みによって、クライミングが知的障害者の余暇としてのスポーツの一つになり得ることが分かりました。一方で、かねてより指摘されていた余暇活動へのアクセスに関する保護者の負担も明らかになりました。そこで、現在ではより交通アクセスの良い、民間のクライミングジムにおいて教室を開催しています。民間のクラミングジムではこれまで知的障害者を受け入れたことはないとのことでしたが、事前に教室の話をすると代表の方が快く受け入れてくれました。民間のジムには、一般のお客さんも大勢いますので、今後はセカンドステップとしてのインクルーシブ教室への展開も視野に入れ、継続的に活動していきたいと考えています。

<引用・参考文献>

水村信二・羽鎌田直人・西谷善子（2015）スポーツクライミング競技における公共施設の重要性．明治大学教養論集，509，91-116.

事例 16

教習所における免許取得支援「つばさプラン」

株式会社鹿沼自動車教習所 つばさプラン担当主幹　佐藤 みゆき

「運転免許　つばさプラン」（以下、つばさプラン）では、軽度知的障害や発達障害のある方の運転免許（以下、免許）取得支援を行っています。AT 限定普通免許取得のため、コーディネーター（以下、Co）という個別支援専門職員を配置し、学科・技能・教習所での生活面など包括的な支援を実施しています。就職や移動手段としてだけではなく、身分証として免許を使ってみたい、免許を取ることで自信をつけたいという理由から取得を目指す方も多く、成功体験を重ねながら進めるよう合理的配慮の在り方を検討し、実践しています。

基本情報

つばさプランでは、教習を開始する前に事前面談や専門家と共に開発したアセスメントツールにより、教習を希望している方の状況を把握し、支援計画を作成しています。すぐに教習を始めるには困難さが大きい方には、NPO 法人と連携し教習を開始する前に勉強やトレーニングを行う機会を提供しています。

教習開始後は支援計画に沿って進めていき、通常の教習内容に加えて発達障害や福祉に関する研修を受けたつばさプラン担当指導員による指導上の配慮や Co による個別支援（図１）を実施します。つばさプランの教習生のため、空き時間や個別学習の際に利用できる静かな個室を用意し、教習のスケジュールは教習生の都合や希望を聞き取りながら、無理なく進めるように柔軟に調整して、その都度スケジュール表を作成し教習生に渡して管理できるようにします。

学科教習支援
学科教室に同席し、不安が強い教習生の場合には隣に座り、様子を見守る。

技能教習支援
教習開始前に手順書などで内容を説明し、後部座席に同乗して、終了後に操作のポイントを用紙にまとめて渡す。

勉強支援
学科試験に向けて、個別に学習指導を行う。絵図や模型で視覚的な説明を行い、専門用語や文章表現の意味を説明する。

教習生活支援
教習スケジュールの作成・調整、送迎予約のサポート、日頃の見守りや声掛け、相談に対応する。

図１　コーディネーターによる個別支援例

Coはご家族の方と連絡調整を行い、家庭での様子や生活状況について聞き取りを行ったり、教習の進捗状況や教習中の様子などを共有したりして、家庭とも協働し進めていきます。また、つばさプラン担当教習指導員とも連携を図り、教習生への理解の促進や指導方法を検討しながら、卒業まで支援を行います。

取り組みの背景

鹿沼自動車教習所の専務であった古澤氏（現社長）は、現代において増加している引きこもりやニートの若者に目を向け、新たなサービスの切り口として教習所における支援の検討を始めました。宇都宮大学の門を叩き、専門家と協議を重ねる中で、背景に発達障害がある場合が少なくないことが分かり、宇都宮大学との共同研究事業として、平成23年から発達障害者の免許取得に関するパイロット事業を始めました。その中で、NPO法人や栃木県内の支援団体と連携し教習所では不可能な支援まで幅を広げていきました。全日本指定自動車教習所協会連合会は、教習所における障害者施策の推進の一環として先駆的な試みを行っている鹿沼自動車教習所の取り組みに注目し、平成24年から「発達障害者の教習に関するパイロット事業調査研究委員会」を設置し、3年に渡り調査研究を行いながら支援体制を構築しました。50名のパイロット事業事例を経て、平成27年から正式に「運転免許　つばさプラン」としてスタートしました。

取り組みの展開

つばさプランで教習を行う場合、事前面談とアセスメントにて、どのような不安や心配があるのか聞き取りを行うとともに、教習の制度やつばさプランのシステム、支援内容について十分な説明や提案を行って合意形成を図ります。免許を取得するためには、教習生本人、教習所が努力するのはもちろんのこと、ご家族の方の理解と協力を得ることが肝心です。事前面談では複数のCoで対応し、合同で話を聞いた後、分離して別々に話をする機会をつくり、家族・本人それぞれに教習や運転することについての不安感を聞き取ります。同時に教習所内の見学やアセスメントツールを実施する中で、本人との信頼関係や教習へのイメージづくりを行います。

教習で直面する困りは、①学科（勉強）面、②技能（運転）面、③生活面（コミュニケーションを含む）の3つに大きく分けて考えられます。つばさプランではいくつかのコース（図2）を用意しており、事前面談やアセスメントの結果から、コースを提案します。それぞれのコースはCoによる学科教習支援、技能教習支援、勉強支援の回数に違いがあり、教習生活支援については、全てのつばさプラン教習生に実施しています。

その時間に教習を受けるためには、教習所ごとに決まりがあります。弊社では、受付

トータルサポート	技能教習のサポートをメインに、学科教習・勉強のサポートがあり、教習生活全般のサポートを行う。
スタディーサポート	1対1の個別学習をメインに行う。宿題や自習時間の管理により、学習をサポート。

※それぞれに支援の回数が少ないミニコースあり

図2　つばさプラン　サポートコース種類

にあるボックスに教習手帳というものを入れて受付完了です。教習所に来たら、いつ、どこで、何をすればいいのか入所の申し込みのときに説明し、一緒に行動したり声掛けをしたりして教習所での自立を目指し、見守ります。

仮免学科試験は50問を30分で、免許センターでの本免学科試験は100問以上を50分間で回答し、どちらも90点以上で合格です。試験対策には、読むことが苦手で時間がかかってしまう人には、最初は読み上げながら少ない問題数から取り組んでもらったり、勉強に対しての自信がない人には、常識的な交通規則の問題から始めて“分かった・できそう”と思えるようにしたり、教習生の様子を見ながら進めていきます。模型や図、イラスト等を用いて交通状況を視覚的に説明し（図3）、難しい文章表現は簡単な言葉に置き換えて解説します。

図3　模型を使って視覚的に説明

技能教習では、教習生1人につき担当指導員3～4名が配置され、その場でイラストを書いて車の動き方を説明したり、指差しを交えてコースの指示を行ったりと教習生が理解しやすい方法を共有しながら進めます。難しい項目の前にはCoからイラストや模型で操作のポイントを説明し、不器用さのある教習生には、場合によって最初の技能教習の前に、Coとシミュレーターを使ってハンドルの回し方などを練習します。教習の進捗や様子を見て、その時に必要な支援を指導員と共に検討し、実施していきます。

教習は、免許取得という目標の下、一つ一つの課題が明確で、技能の検定や学科試験では一般の教習生と同じように自分の力だけで乗り越えていかなければなりません。その分、成功体験を積むには絶好の機会となる可能性を秘めていますので、頑張ったところ、できるようになったところを日頃からフィードバックする機会を多くし、モチベーションの維持や向上を図りながら、関わっていきます。

取り組みの経過

つばさプランにはパイロット事業の50名を含め、これまでに436名が参加し、現在教習中は14名､卒業生は413名です(2022年12月末)。本免学科試験には406名の方が合格されており、つばさプランへの参加がきっかけでNPO法人の就労支援や自立訓練に繋がる方､県外から栃木県へと移住する方など卒業してからも交流が続く方もいます。

また、約3割の方は他の教習所で教習経験があり、教習所を卒業できなかったり本免学科試験に受からなかったりした方です。勉強や運転が上手くいかなかった方もいますが、指導員との関わりに悩み傷つき、教習所に通えなくなった方もたくさんいます。教習所自体に拒否感がある方もいますが、教習を始める前から関わるCoの存在やつばさプラン担当指導員たちの丁寧で穏やかな指導により、安心感をもって教習を進められることが、卒業へとつながります。

活動を振り返って

検定や学科試験は個別実施が認められておらず、日々の教習では配慮できる範囲でも検定場面では難しいことがあります。検定場面や学科試験を想定し、検定当日の動き方を具体的に説明して心構えをしてもらう時間を作ったり、教室での効果測定（学科試験の模擬試験）の機会を多く作って慣れてもらったりと、本人への負担が大きくならない範囲で進めていきますが、学科試験では最低限ひらがなを読んで意味を理解していくことや、検定場面では他の教習生が後ろに乗る状況で運転をすること、教習期限（9カ月間で卒業しなければならない）など、変えられない制度上の決まりがあります。

鹿沼自動車教習所では閑散期での受け入れから始まり、現在では時期に関係なく年間を通して60名前後の方に参加していただいていますが、もともと社員が30名程度の会社ですので、一時期に受け入れられる人数には限界があります。仕事をされていたり学生の方だったりと教習を希望する時期の偏りもあり、教習できる期間が限られてしまうため、タイミング次第で希望の時期に教習ができないこともあります。つばさプランでの教習は教習生に合わせて緩やかに進めていきますので、時間の面でも費用の面でも一般の教習よりは負担が大きくなります。費用の面では居住する自治体によって補助金の制度がありますが、条件が厳しく支給されない場合もあります。

全国のつばさプランを希望する方が支援を受けられるように、鹿沼自動車教習所は、平成30年につばさプラン全国研究会を設立し、13社21校（2023年2月現在）が加盟しています。鹿沼自動車教習所にて数日間の研修を受け、現在は既に受け入れを始めている教習所もあり、順次拡大していく予定です。一人でも多くの方が専門的な支援を受け、失敗経験をすることなく免許を取得し、豊かな生活へ繋がるよう加盟校拡大を目指しています。

【問い合わせ先】

鹿沼自動車教習所「つばさプラン」 https://www.kanuma-ds.co.jp/yell/

事例 17

知的障がい者の大学教育を目指して
～社会的自立への移行期としての学び～

一般社団法人エル・チャレンジ L'sCollegeおおさか 校長　辻 行雄

私たちは、「学ぶ」「働く」「暮らす」を充実させてこそ、豊かな人生を送れると考えています。これまで、特別支援学校の役割は高等部卒業後に、経済的自立を目指し、社会的に自立することが大きな目標でした。しかし近年、社会情勢が変化する中で健常な高校生が大学等に進学する率が60%を超えるようになり、障がい当事者や家族の意識に大きな変化が見えてきました。そのため兄弟、姉妹が進学する中で、障がい者だけが後期中等教育（高校）を卒業しても、働く以外の選択肢がないことに、疑問を感じています。また、発達がゆっくりであるからこそ、ゆっくり学ぶことが必要だとの思いです。図１、図２は、健常者の高等学校卒業後の進路と特別支援学校高等部卒業者の進路の比較です。健常者の場合、大学・専門学校を含めての進学が71%に対して、特別支援学校高等部卒業者の場合は、訓練機関を含めての進学は、3.6%にとどまっています。このことからも、障がい者の進路は、福祉的就労を含めて、働く選択を迫られている割合が92.3%に達しています。また、就職した知的障がい者の職場定着率が低いことも知られているところです。これは、働くことと働き続けることでは、社会生活力に違いがあるからだと考えられます。職場で孤立しないためには、コミュニケーション力だけではなく柔軟性や計画性、自己肯定感など、経験を自身の生活力として蓄積する力、つまり学ぶ力が求められているのだと思います。

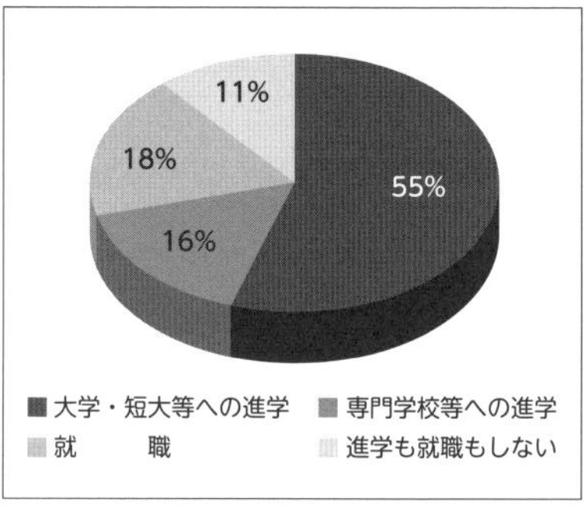

図１　健常者の高等学校卒業後の進路

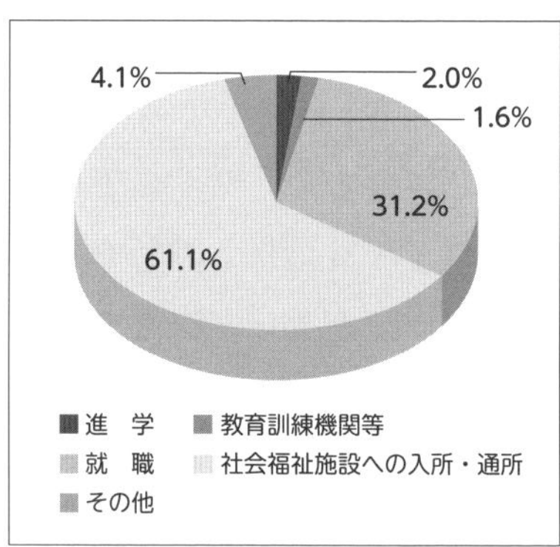

図２　特別支援学校高等部卒業後の進路
(2018年文部科学省「学校基本調査」より)

取り組みの背景

L'sCollegeおおさかは、自立訓練と就労継続支援Ｂ型を活用して、４年間のサービスを提供しています。2022年現在55名が在籍しており、18歳から22歳までの４年間をかけて、社会へ出ていく準備をしています。私たちは、この4年間を学校教育から社会への移行期と捉え、学びを通じて社会へのステップを登ってもらいたいと考えています。私たちの取り組みは、教育そのものであり、障がい当事者に寄り添い、自立のために必要な生きる力を育成することです。これは、福祉も同じであり、人が成長していくための取り組みに、教育も福祉も隔たりはないと考えます。生きる力というのは、人が社会生活を営む上において必要とされる力であり、コミュニケーションや協調性、情報を収集する力や理解する力など多岐にわたりますが、最も大切なことは、保有している力をいかに組み合わせて、周囲の環境に適合できるように使えるかということです。

そのためには、保有している力をしっかりと表出させることに尽きます。自分の力を出すことができなければ、新しい力を取り入れることも困難となります。そして、多面的なアプローチが必要だと私たちは考えています。つまり、学校教育に準ずる形で、プログラムを考え、見通しをもって個々の力を引き出す学習に取り組んでいます。自立訓練の2年間は基礎コースとし、就労継続支援B型の2年間を応用コースとして、4年間の取り組みを提供しています。図3の時間割は、自立訓練の2年間の例を示しています。

L's college

時間割（例）

		月	火	水	木	金
	9:00 9:15	ホームルーム	ホームルーム	ホームルーム	ホームルーム	ホームルーム
1	9:15 10:05	生活数学 （生活に生かす数の力）	コミュニケーション国語 （読む・書く・聞く・発表の力）	生活数学 （生活に生かす数の力）	生活社会 （社会生活の視野の広がり）	外国語 （コミュニケーションの多様化）
	10:05 10:20	休憩	休憩	休憩	休憩	休憩
2	10:20 11:10	ものづくり 調理実習 特別活動 （レザークラフト・ペーパークラフト・美術等）	音楽 （自己表現と集団活動）	コミュニケーション国語 （読む・書く・聞く・発表の力）	生活理科 （生活の中の理科）	身体・健康 （自身の体を知る）
	11:10 11:25		休憩	休憩	休憩	休憩
3	11:25 12:15		基礎学習 （教科等の反復）	クラブ活動 （コース別）	漢字学習 （級別での学習）	課題自主学習 （学習課題への解決力）
	12:15 13:15	昼休み	昼休み	昼休み	昼休み	昼休み
4	13:15 13:55	課題自主学習 （学習課題への解決力）	校内清掃 （衛生と清掃）	情報 （パソコン学習）	体育/生徒会活動 （グラウンドでの体育）	校内清掃 （衛生と清掃）
	13:55 14:10	休憩	休憩			休憩
5	14:10 14:50	家庭科 （生活力の向上）	ホームルーム 14:30 下校			ホームルーム 14:30 下校
	14:50 15:15	ホームルーム		ホームルーム	ホームルーム	
	15:30	下校		下校	下校	

図3　時間割例

応用コースでは、午後からの時間を作業学習（働くための学習）として、身体と手指の巧緻性を促す学習に取り組んでいます。また、L‘s College おおさかでは、知識を積み上げるのではなく、学習は１つのアプローチであり、その学習を通じて、生活力の向上を目指しています。その観点は、以下の 16 項目です。

①集団行動（集団中で周囲を意識して行動する力）

②コミュニケーション力（言葉を介して人との関係を築く力）

③対人関係（人との距離感や相手の立場を理解する力）

④学習の姿勢（興味や関心をもって積極的に学習しようとする力）

⑤集中力（課題に対して一定時間、取り組む力）

⑥学習意欲（学ぶことに対するモチベーションを高める力）

⑦協調性（人と一緒に協力的に活動する力）

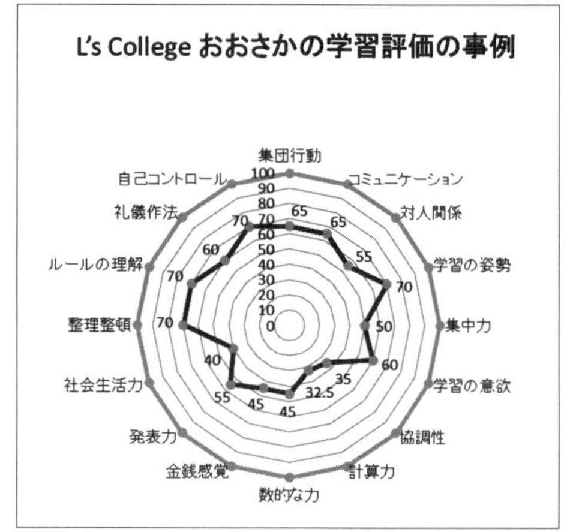

図４　学習評価

⑧計算力（数的な力の中の計算をする力）

⑨数的な力（文章を読み取りルールを理解したり組み立てる力）

⑩金銭感覚（お金を理解し生活に使える力）

⑪発表力（自分の考えを人に伝える力）

⑫社会生活力（社会での生活に必要な基礎的な力）

⑬整理整頓（持ち物の管理や貴重品の扱い方などの力）

⑭ルールの理解（様々なルールの基本的理解と約束を守る力）

⑮礼儀作法（社会生活に必要な集団スキルの基本的な力）

⑯自己コントロール（社会生活に必要な対人スキルの基本的な力）

評価は、１項目５問、計 80 のチェック項目により担当者がチェックして、ご家族との懇談に使用しています（図４）。

取り組みの展開

取り組みの状況の一部を写真で紹介します（図５）。

図5　様々な取り組み

紙幅の関係ですべての授業を紹介できませんが、音楽では、合唱や楽器演奏など、みんなで協力して作り上げることに努めています。家庭科では、自立して生活することを意識して洗濯や服のたたみ方、アイロンや掃除機の使い方、調理や健康管理などを学んでいます。情報学習では、パソコンの使い方やプレゼンテーションまでの実践を学んでいます。買物学習では、調理実習の買い物から、季節の行事などの買い物まで、お金の学習を踏まえて取り組んでいます。また、美術では、彫塑や色彩感覚、素材を生かしたレザーやペーパークラフトに取り組んでいます。服飾発表会は、アパレル関係の講師の方を招いて、出前授業に取り組み、その結果として自分でTPOに応じた服を選択して、発表会をしています。学習発表会では、毎年恒例のイベントとして、各学年創意を凝らした発表に取り組んでいます。

1回生は団体演技として、「エルカレソーラン」を学年全員で取り組み、2回生は日常的な学習にちなんだ朗読や音楽、理科の実験などを舞台発表しています。3・4回生は劇に挑戦したり、影絵やグループでの研究発表など、各学年の特徴が色濃く反映される取り組みとなっています。

学びに関する保護者の意見

2019年に大阪府の特別支援学校3年生（知的障がい）のご家族1,200名にアンケート調査をした結果では、特別支援学校卒業後の学びの場に期待することについて、多かった回答は、自立に向けての学びがあること（22％）、楽しめる取り組みがある（22％）、働くためのスキルの獲得（23％）となっています。L'sCollegeおおさかのプログラムから考えると、ほぼご家族が望まれている内容を含んでい

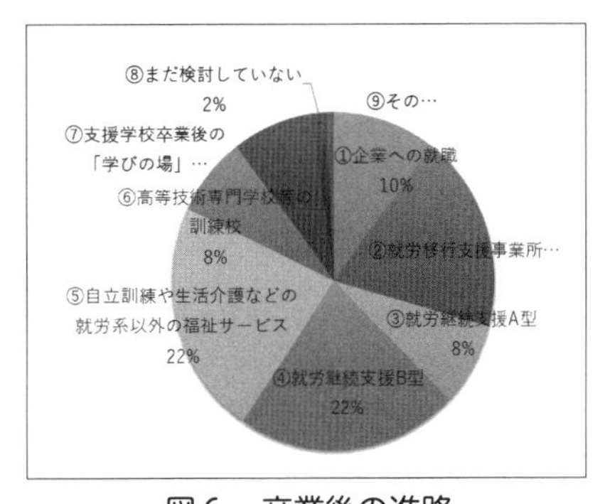

図6　卒業後の進路

ると自負しています。また、図6のグラフの進路選択については、約50%のご家族が、自立訓練を含む福祉系の進路を希望されています。これまでの卒業後は就労という意識から、しっかりと準備をさせてから、社会へ送り出したいという意識の変化が見えるようになってきました。兄弟姉妹が進学するのに、障がいのある子どもが、なぜ、高卒で働かなければならないのかという疑問が、根強く反映されています。

卒業生の事例

Aさんは、内部疾患を含め障がいの重複がありました。また、通学が90分近くかかることもネックであり、ご希望に添えないと当初考えていましたが、ご家族並びにご本人の強い希望があり、恐々でしたがL'sCollegeおおさかでお受入れしました。高校時代は、肢体不自由校のため友だちも少なく、消極的な学生生活を送っていたと話されていました。ただ、L'sCollegeおおさかに入学後は、願って入学をしたという意識から弱音を吐かず、入退院を繰り返しながらも、4年間登校し続け、生徒会長にも立候補して当選するなど、「今が青春」と卒業式で話されるまでになりました。また、4回生の時には、自身の過去を振り返った絵本を描き、「今の私を見て」と堂々と発表されるようにもなりました。現在は、体調をコントロールしながら、パン作りを主とする工房で創作活動に取り組んでおられます。Aさんは、当時を振り返って、「行事や授業など楽しいことがたくさんあったけど､最も学んだことは友達づくりでした。一緒に勉強したり、互いに励まし合ったり、学習発表会でみんなの心が一つになった経験です。トラブルもあったけど、それを乗り越えて、友情をより深められたことで、私自身も成長できました。卒業した今でも当時の友達とつながっています。私と出会ってくれた多くの方に、感謝しています」と感想を話してくださいました。

今後の展開

このようにL'sCollegeおおさかでは、学校教育に準じた取り組みの中で、学力ではなく学習評価で示すようにし、生活に根差した力を育むことを心がけています。また私たちは、後期中等教育を卒業された知的障がい者の選択肢を広げるために、知的障がい者の大学教育を目指して、今後も、学ぶことを通じて、社会で自立していく力の獲得に取り組んでいきたいと思っています。そして、社会的自立への移行期の重要性が広まっていくことを期待しています。

Colummn

「アート」を仕事にする

アーツカウンシルしずおか　チーフプログラム・ディレクター　櫛野 展正

伊藤輝政さんが制作したデコトラ

車体は工作用紙、銀色に光り輝く部分はアルミホイル、タイヤはホームセンターで買った木材、荷台の扉の可動域にはストローを使うなど、すべて身近な素材で制作された紙製のデコトラ（デコレーショントラック）たち。その数はざっと800台以上に及びます。これらはすべて、伊藤輝政さんが独学で制作を続けている作品です。

1975年生まれの伊藤さんは、広島県広島市にある小高い住宅街の一角で、両親と暮らしています。出生時から心臓に障害があり、その影響で極端に運動が制限されるため、これまで生活のほとんどを自宅で過ごしてきました。そんな彼がデコトラをつくり始めたのは、幼少期に観た菅原文太の映画『トラック野郎』シリーズがきっかけでした。この映画がブームとなり、電飾で飾りペイントを施して走るデコトラが全国で流行しましたが、彼がつくったのは紙製のトラックでした。伊藤さんは、雑誌やインターネットで見た実在の特装車たちを見事に三次元化し、幼少期から誰に見せるわけでもなく、30年以上にわたって手を動かしてきました。

我が国でこうした障害のある人たちの芸術活動に大きな注目が集まるようになったのは、1990年代に入ってからのことです。1983年から国連による「障害者の10年」の取り組みが始まったことを機に、障害のある人が社会参加する方法のひとつとして、主に福祉施設で障害のある人たちへの創作活動の取り組みが盛んに行われるようになりました。それまで余暇やリハビリの観点からでしか語られてこなかったもの

制作活動中の伊藤さん

伊藤さんと作品の数々

が、次第に個人の才能や個性として捉えられ、芸術分野で注目されるようになったのです。

近年では、企業などと連携して障害のある人の表現を活用した経済的自立や雇用を目指す動きも見られるようになってきました。ところが、その多くはグッズ販売など一過性のものである場合が多く、まだまだ発展途上の分野です。仮につくったものが商品化されたり展覧会に出展されたりしても、一時的に収益を得ることができる程度で、「それはそれとして生活のためには働かなければならない」という現状を多くの障害のある人たちは打破することができていない状況です。

しかしながら、伊藤さんの場合は画期的です。伊藤さんは、2015年から広島市内の運送会社に障害者雇用の枠で正式採用されています。話を伺ったとき、運送会社への就職ということで、伊藤さんの身体のことをとても心配しました。でも、伊藤さんの働き方は、とてもフレキシブルです。会社へ出勤するわけではなく、朝になると会社に作業開始のメールを入れ、夕方には作業終了のメールを入れるという在宅勤務です。自室で交通安全運動の一環として、会社のトラックなどをペーパークラフトで再現するなど、得意の創作能力を存分に役立てているようです。

彼のように、好きなことがお金になる仕組みはとても新しいし、何より理解を示してくれた会社の方針は本当に素晴らしいものだと感じています。変わるべきは障害のある人ではなく、障害のある人を取り巻く社会や環境の側なのです。

ひと通り伊藤さんから仕事の話を伺った後、「今日は外出しても大丈夫なの」と問うと、彼は笑顔で教えてくれました。「これ、出張扱いなんです」と。

クレーン車をペーパークラフトで再現

伊藤輝政さんは2023年5月に逝去されました。謹んでご冥福をお祈り申し上げます。

編集・執筆者一覧

編　集

西村 健一　島根県立大学人間文化学部 教授

水内 豊和　島根県立大学人間文化学部 准教授

執　筆

はじめに　西村 健一　前掲

第1部

第1章　西村 健一　前掲

第2章　西村 健一　前掲

第3章　西村 健一　前掲

第4章　澤江 幸則　筑波大学体育系 准教授

杉山 文乃　アスペ・エルデの会

第5章　水内 豊和　前掲

第6章　水内 豊和　前掲

第7章　佐々木 邦彦　スポーツ庁 スポーツ戦略官
（併）健康スポーツ課 障害者スポーツ振興室長

第8章　西村 健一　前掲

第2部

事例1　後藤 匡敬　熊本大学教育学部附属特別支援学校 教諭

事例2　藤田 武士　茨城県立協和特別支援学校 教諭・小学部主事

事例3　藤田 武士　前掲

事例4　神代 博晋　元 熊本大学教育学部附属特別支援学校 教諭

後藤 匡敬　前掲

事例5　関口 あさか　埼玉県立本庄特別支援学校 教諭

事例6　関口 あさか　前掲

事例7　越智 早智　香川県立香川中部支援学校 教諭

事例8　後藤 匡敬　前掲

事例9　山崎 智仁　旭川市立大学経済学部 助教
（元 富山大学教育学部附属特別支援学校 教諭）

事例10	関口 あさか	前掲
事例11	関口 あさか	前掲
事例12	関口 あさか	前掲
事例13	菱 真衣	東京都立あきる野学園（元 東京都立青峰学園）教諭
事例14	菱 真衣	前掲
事例15	菱 真衣	前掲
事例16	和久田 高之	筑波大学附属桐が丘特別支援学校 教諭
事例17	山崎 智仁	前掲

第3部

事例1	齋藤 大地	宇都宮大学共同教育学部 助教
事例2	窪田 友香里	富山大学教育学部附属特別支援学校 養護教諭
事例3	伊藤 志織	富山大学教育学部附属特別支援学校 栄養教諭
事例4	伊藤 志織	前掲
事例5	門脇 絵美	横浜市立矢部小学校 知的障害学級担任
事例6	樋口 進太郎	埼玉県立本庄特別支援学校 教諭
事例7	酒井 泰葉	一般社団法人日本障がい者スイミング協会 代表理事
事例8	杉岡 英明	一般社団法人日本発達支援サッカー協会（JDSFA）代表理事
事例9	酒井 重義	NPO法人judo3.0 代表理事
事例10	藤田 武士	公益財団法人茨城県サッカー協会インクルーシブ委員会 副委員長
事例11	林原 洋二郎	ヴィスト株式会社ヴィストカレッジ ディレクター 富山県放デイゆるゆる大運動会 実行委員長
事例12	髙瀬 悦子	金沢医科大学病院看護部 保健師 日本ダウン症療育研究会 認定体操指導員
事例13	後藤 匡敬	前掲
	古里 王明	熊本大学教育学部附属特別支援学校 教諭
事例14	和久田 高之	前掲
事例15	齋藤 大地	前掲
事例16	佐藤 みゆき	株式会社鹿沼自動車教習所 つばさプラン担当主幹
事例17	辻 行雄	一般社団法人エル・チャレンジ L's College おおさか 校長

コラム	櫛野 展正	アーツカウンシルしずおか チーフプログラム・ディレクター

（2023年8月現在）

編著者プロフィール

西村 健一（にしむら・けんいち）

島根県立大学人間文化学部保育教育学科 教授

公認心理師、臨床発達心理士 SV、柔道四段。

香川大学教育学部養護学校教員養成課程卒業、香川大学大学院教育学研究科特別支援教育専攻修了。修士（教育学）。文部科学大臣奨励賞受賞（第 11 回特殊教育学習ソフトウェアコンクール：2002 年）。23 年間の特別支援学校での現場経験を活かし、実践的な研究を行う。島根県立大学人間文化学部保育教育学科 准教授を経て現職。

主な著書は、『子どもが変わる！ホワイトボード活用術（見る・聞く・書く・話す・参加するために）』（読書工房）、『発達が気になる子が輝く柔道＆スポーツの指導法』（特定非営利活動法人 judo3.0）ほか。主な論文は「小学校の校内委員会におけるアイディア発想法の導入による新運営方法の検討」（特別支援教育実践研究 (2), 38-49, 2022）など多数。

水内 豊和（みずうち・とよかず）

島根県立大学人間文化学部保育教育学科 准教授

公認心理師、臨床発達心理士 SV。

岡山大学教育学部養護学校教員養成課程卒業、広島大学大学院教育学研究科博士課程前期幼年期総合科学専攻修了、東北大学大学院博士課程教育情報学教育部教育情報学専攻修了。博士（教育情報学）。

富山大学人間発達科学部准教授、帝京大学文学部心理学科准教授を経て現職。

主な著書に、『よくわかる障害児保育』（ミネルヴァ書房）、『よくわかるインクルーシブ保育』（ミネルヴァ書房）、『新時代を生きる力を育む　知的・発達障害のある子のプログラミング教育実践１・２』（ジアース教育新社）、『新時代を生きる力を育む　知的・発達障害のある子の道徳教育実践』（ジアース教育新社）ほか。

※「臨床発達心理士」は、「一般社団法人臨床発達心理士認定運営機構」の登録商標です。

新時代を生きる力を育む

知的・発達障害のある子のウェルビーイング教育・支援実践

2023年8月26日　第1版第1刷発行

編　著　　西村 健一・水内 豊和
発行人　　加藤 勝博
発行所　　株式会社ジアース教育新社
　　　　　〒101-0054　東京都千代田区神田錦町1-23　宗保第2ビル
　　　　　TEL：03-5282-7183　　FAX：03-5282-7892
　　　　　URL：https://www.kyoikushinsha.co.jp/

カバー・本文デザイン　水戸 夢童（909 design studio）
DTP・印刷・製本　　　アサガミプレスセンター 株式会社
Printed in Japan
ISBN978-4-86371-664-3
○定価はカバーに表示してあります。